Manual Cognitivo Conductual *para la* ansiedad

Esta publicación está destinada a ofrecer información precisa y autorizada con respecto al tema tratado. Se vende dando por hecho que el editor no se dedica a la prestación de servicios psicológicos, financieros, legales u otros servicios profesionales. Si se necesita asistencia o asesoramiento experto, se deben buscar los servicios de un profesional competente.

Título original: The Cognitive Behavioral Workbook for Anxiety. A Step-by-Step Program
Traducido del inglés por Roc Filella Escolá
Diseño de portada: Editorial Sirio, S.A.
Maquetación: Toñi F. Castellón

www.editorialsirio.com
sirio@editorialsirio.com

I.S.B.N.: 978-84-10335-12-7
Depósito Legal: MA-3057-2024

Impreso en Imagraf Impresores, S. A.
c/ Nabucco, 14 D - Pol. Alameda
29006 - Málaga

Impreso en España

Puedes seguirnos en Facebook, X, YouTube e Instagram.

Dr. William J. Knaus

Manual Cognitivo Conductual *para la* ansiedad

EDITORIAL SIRIO

Índice

Agradecimientos

Quiero agradecer a las siguientes personas sus magníficas aportaciones y sus útiles consejos para los lectores de este libro:

Doctor Bob Alberti, doctor Irwin Altrows, doctora Judith Beck, doctor Joel Block, doctor Elliot Cohen, doctor Daniel David, doctora Pam Garcy, Ed García, doctor William Golden, Michael Gregory, doctor Russ Grieger, doctor Steven Hayes, Dale Jarvis, doctor Howie Kassinove, doctor Sam Klarreich, doctor Cliff Lazarus, doctor John Minor, doctor George Morelli, doctor Ron Murphy, doctor John Norcross, doctor Rick Paar, doctor Vince Parr, Will Ross, doctor Jeff Rudolph, Justin Rudolph, doctor Jack Shannon, doctora Susan Krauss Whitbourne y, en especial mi esposa, la doctora Nancy Knaus, que revisó este libro mientras yo lo escribía y aportó un consejo para prevenir la ansiedad.

Prefacio

Mis abuelos emigraron de Suecia, y me solían decir: «De una cosa pequeña, la inquietud genera una gran sombra». Muchos hábitos de la mente se nos transmiten a través de este tipo de aprendizaje transgeneracional. Algunas cosas que aprendemos nos ayudan a enfrentarnos a la vida y otras –entre ellas los miedos, la ansiedad y las fobias– suelen ser destructivas.

Alfred Adler explicaba que la ansiedad tiene un propósito: es un mecanismo de salvaguarda que nos provoca un miedo que nos impide actuar. Podríamos simplemente decidir no hacer ciertas cosas, pero entonces es posible que tuviéramos que enfrentarnos a nuestros complejos y admitir que los tenemos. Con la ansiedad como mecanismo, afirmamos que tenemos demasiado miedo para intentar cualquier cosa (Carlson, Watts y Maniacci, 2006). Estos patrones aparecen con frecuencia sin que seamos directamente conscientes de ello ni lo hagamos a sabiendas.

La ansiedad afecta a un tercio de la población en algún momento. Si se busca en la Red solo la palabra *ansiedad*, aparecen casi sesenta millones de entradas. Las diversas listas describen las muchas estrategias que supuestamente alivian esta dolencia. Son estrategias que van desde los fármacos hasta pasajes de la Biblia o dietas y remedios populares.

Lo peculiar de este libro, un auténtico éxito de ventas, es que ofrece estrategias que se han investigado y cuya eficacia ha quedado demostrada. No prometen una solución inmediata sino que nos enseñan a asumir la responsabilidad de nuestra propia vida. Demasiada gente culpa a los demás de sus problemas personales. Como afirma Bill Knaus: «La culpa, como el aire, está en todas partes». Este libro ofrece tres recetas básicas para ayudar a resolver el problema de la ansiedad:

1. Entrenar tu razonamiento de modo que no permita ni ideas ni reacciones parasitarias (cambiar tus pensamientos).
2. Aprender a desarrollar la tolerancia emocional (fortalecer tus emociones).
3. Abordar los efectos del miedo en tu conducta y desensibilizarte de él (actuar).

El hecho de que estas intervenciones integren modos de pensar, sentir y actuar posibilita que utilices los puntos fuertes y preferencias que te son propios.

La forma más rápida de eliminar la ansiedad de tu cuerpo es hacer unas cuantas respiraciones diafragmáticas profundas. Parece que la respiración torácica va unida a la generación de ansiedad, mientras que la diafragmática está relacionada con su disminución. Si sientes ansiedad, puedes esperar hasta que te calmes, para que tu respiración se ralentice. Pero si tienes prisa por librarte de esa ansiedad, puedes respirar conscientemente con mayor lentitud y observar cómo desaparece.

Al concentrarnos en la respiración creamos una sensación de serenidad. Podemos aprender a aceptar la realidad del miedo, a sentirlo plenamente, y a avanzar de modo que impida que el temor interfiera en las decisiones que tomemos en la vida. Como dice David Richo

(2008, págs. 21-22): «Todos tenemos miedo en algunos momentos. Es un sentimiento natural que puede indicar un peligro o una amenaza reales. Al mismo tiempo, a veces tenemos miedo sin ninguna razón. La imaginación y las fantasías sobre lo que nos pueda ocurrir provocan que no dejemos de sentir miedo de hechos y experiencias que es posible que nunca vivamos. De nada sirve intentar eliminar el miedo por completo, sea un miedo realista o imaginado».

Este libro revisado se suma a la impresionante serie original de técnicas que se pueden emplear para generar el coraje necesario para enfrentarse a las angustias y los miedos. El doctor Knaus también ofrece treinta «buenos consejos» que han aportado los más importantes especialistas actuales en trastornos de ansiedad. Todas las estrategias hunden sus raíces en el trabajo de los grandes psicólogos Alfred Adler, Aaron Beck, Albert Ellis y Arnold Lazarus, y han resistido el paso del tiempo. Son estrategias que pueden cambiar tus patrones de aprendizaje transgeneracionales ayudándote a desarrollar el coraje y el autocontrol.

La profesión de la psicología ha avanzado en el poco tiempo transcurrido desde que se publicó la edición original (en inglés) de este libro. La obra completamente revisada sigue siendo un recurso de máximo valor para los terapeutas y pacientes que deseen aprender sistemas innovadores de tratamiento de la ansiedad. Esta nueva edición es más que un libro de autoayuda sobre esta dolencia. Los lectores aprenderán no solo a eliminar todo tipo de desazón y de miedo, sino también a evitar que se repitan. Además, el libro ofrece un programa para desarrollar la autoeficacia, la serenidad, la confianza y el control necesarios para vivir una vida completamente satisfactoria.

Al leer el excepcional recurso que es este libro, recuerdo el poder de la mente. Bill Knaus expone claramente muchas estrategias efectivas con las que podrás resolver tus propios problemas. Este tipo de solución mejorará la solidez psicológica y la autoeficacia de la población. Hoy es posible ir más allá de las muchas prisiones autoimpuestas. Eleanor Roosevelt lo expresó mejor: «Debes hacer las cosas que crees que no puedes hacer».

Jon Carlson,
doctor en Psicología, doctor en Educación,
miembro del American Board of Professional Psychology
y profesor distinguido de la
División de Psicología y Asesoramiento
Governors State University

Introducción

¿A veces te sientes abrumado[*] por tus angustias y tus miedos? ¿Una pena sigue a otra? ¿Te aferras a nobles ideales y temes no poder alcanzarlos? ¿Evitas con determinación todo lo que te asusta aunque sabes que el miedo no tiene sentido?

Pocos son los que viven sin tener su parte de zozobras y temores irracionales; algunos, una parte mayor de la que podría corresponderles en justicia. Hay angustias que son como tormentas recurrentes. Pero, a diferencia de los patrones climáticos, que no puedes cambiar, tienes la capacidad de hacer muchas cosas para variar la intensidad, la duración y el curso de tu ansiedad y tus miedos.

El hecho de sentirte angustiado no significa que estés loco. Puedes sentir miedo al sistema y alarmarte fácilmente. Es posible que te angustie o te asuste un mayor ritmo cardíaco, la sudoración y las jaquecas. El problema no es si tienes o no miedos y angustias; el problema es qué puedes hacer para librarte de los que sean innecesarios.

* N. del T.: Por razones prácticas, se ha utilizado el masculino genérico en la traducción del libro. Dada la cantidad de información y datos que contiene, la prioridad al traducir ha sido que la lectora y el lector la reciban de la manera más clara y directa posible.

Los métodos de la terapia cognitivo-conductual (TCC) son efectivos para frenar unos y otras.

Esta es la idea: tus cogniciones (pensamientos, imágenes mentales, recuerdos), emociones y conductas se mezclan. Los cambios en una de estas áreas afectan a las demás. Así, si una situación ya no se te antoja un peligro, tu ansiedad desaparece. Puedes acercarte a lo que antes te daba miedo. Esta es la solución de la ansiedad. Los cambios cognitivos y conductuales que hagas son relativamente duraderos (Gloster *et al.,* 2013).

Hay una pregunta que te deberías hacer: ¿dónde están las pruebas de que la TCC es efectiva para tratar la ansiedad?

LA INVESTIGACIÓN SOBRE LA TCC

Durante los últimos cuarenta años, la TCC ha acumulado sólidas pruebas que demuestran su eficacia para reducir y eliminar estados de ánimo angustiosos, como la ansiedad y la depresión (Öst, 2008):

- Los metaanálisis confirman la efectividad general de la TCC (Butler *et al.*, 2006) y, en especial, para combatir la ansiedad (Olatunji, Cisler y Deacon, 2010).
- Un estudio de 269 metaanálisis de la TCC demuestra que el sistema es efectivo en personas que padecen una amplia diversidad de problemas, como drogadicción, depresión y ansiedad. Los resultados apuntan a la TCC como un método de sólida consistencia para reducir la ansiedad (Hofmann *et al.*, 2012).
- Estudios específicos demuestran que se puede usar la TCC para disminuir las obsesiones que provocan ansiedad (Reinecke *et al.*, 2013), para reducir el pánico (Rayburn y Otto, 2003), para superar la ansiedad social (Furukawa *et al.,* 2013) y para moderar esas partes de ansiedad y miedo artificiales de tu cerebro que se entretejen como una red (Kircher *et al.*, 2013).

- La TCC es un sistema de entrenamiento del cerebro. Después de trabajar con esta terapia se observa el perfecto funcionamiento del cerebro y sus cambios estructurales (Collerton, 2013).
- El sistema de la TCC es una sólida alternativa a los ansiolíticos e hipnóticos que se usan en el tratamiento médico de la ansiedad. Este tipo de fármacos son adictivos y van asociados a un aumento de la mortalidad (Weich *et al.*, 2014).
- La TCC se considera el patrón oro para el tratamiento de la ansiedad (Otte, 2011).

A lo largo de este libro encontrarás referencias a artículos y diferentes estudios e investigaciones. Son ilustrativas, no exhaustivas, lo cual significa que puedes disponer de una larga lista de estudios para la mayoría de los temas que tratemos. Ayudan a responder la pregunta: «¿Dónde están las pruebas?».

Curarse mediante la lectura

¿Puede funcionar un enfoque de biblioterapia (curarse mediante la lectura) de la TCC? Un libro de autoayuda que parta de sistemas de TCC basados en la evidencia te puede ayudar a reducir tus angustias (Hirai y Clum, 2006). Los libros de psicología y autoayuda más valorados son obra de doctores profesionales especialistas en salud mental, y se ocupan de problemas específicos (Redding *et al.*, 2008). Los que tratan de cómo afrontar los estados que habitualmente generan ansiedad, como los problemas de autoimagen y el miedo a sentir miedo, pueden cobrar notoria popularidad en el futuro (Craske, 2012).

El futuro es ahora. Lo que descubras con tus esfuerzos de autoayuda puede producir resultados favorables. Pero has de conocer tus limitaciones. No tienes que andar este camino solo. Cuando convenga, busca la ayuda de un terapeuta que trabaje con la TCC o un amigo comprensivo y servicial.

Planifica avanzar a un paso razonable dadas tus circunstancias. No esperes frutos de la noche a la mañana. Es verdad que se producen cambios rápidos, pero son más la excepción que la regla.

«La capacidad de hacer se adquiere haciendo; los conocimientos entran por los ojos siempre abiertos y con las manos ocupadas; y no hay conocimiento que no implique poder» (Emerson, 1870, pág. 287). En parte, la eficacia de un enfoque psicológico de autoayuda está en profundizar en el conocimiento de ti mismo y emprender acciones para resolver tus problemas.

RESOLVER SIMULTÁNEAMENTE MÚLTIPLES PROBLEMAS

La mayoría de las personas que padecen ansiedad y miedo recurrentes tienen también otros problemas estresantes (Gadermann *et al.*, 2012). Algunos están relacionados entre sí. Fíjate bien en los patrones de tu ansiedad. ¿Crees que eres incapaz de afrontarlos? Este *pensamiento de impotencia* interviene en la ansiedad, la depresión y el *shock* postraumático. Al actuar para superar el pensamiento de impotencia, puedes ver múltiples estados que están conectados con esta idea de que eres incapaz de enfrentarte a los problemas.

Asimismo, puedes usar la relajación para abordar la ansiedad. Con el cuerpo más sosegado, también puedes darte cuenta de que te preocupas menos. Al reducir tu tendencia a preocuparte, te sentirás menos angustiado. En otras palabras, muchas veces puedes ocuparte simultáneamente de múltiples problemas emocionales mediante lo que técnicamente se llama *enfoque transdiagnóstico*: cuando una intervención ayuda a ocuparse de más de un estado anímico.

El problema, evidentemente, es determinar qué intervenciones pueden generar cambios en múltiples áreas. Los estudios sobre los sistemas transdiagnósticos, aunque estén aún en su infancia, son prometedores.

La terapia cognitivo-conductual es un enfoque transdiagnóstico que puedes utilizar con toda confianza para la ansiedad. Por ejemplo, las técnicas de la TCC para tratar una forma de ansiedad pueden aquietar a la vez otros tipos de ansiedad (McEvoy *et al.*, 2013) o determinadas técnicas para aliviar la ansiedad pueden controlar una depresión concurrente (Beck y Dozois, 2011). Lo habitual es que te encuentres con una mezcla de perfeccionismo, ansiedad y trastornos alimentarios (Fairburn *et al.*, 2009), y enfrentarte al perfeccionismo puede producir un efecto transdiagnóstico en los otros problemas. La sensibilidad al peligro puede generar y agravar muchas formas de ansiedad (Bar-Haim *et al.*, 2007), y aprender a ser menos sensible al estrés puede reducir los sentimientos de angustia.

Conseguir múltiples beneficios de unas pocas intervenciones productivas es alentador. Sin embargo, ¿qué ocurre si superas un problema de ansiedad pero otros siguen? ¿Por ejemplo, si ya no te dan miedo los animales pequeños, pero te sigue angustiando hablar en público?

El método ABCDE del psicólogo Albert Ellis para cambiar el pensamiento negativo y emprender una acción positiva es un original sistema transdiagnóstico que se aplica a prácticamente cualquier estado cognitivo, emotivo y conductual nocivo (ver el capítulo once). Si lo utilizas con éxito para superar una angustia, puedes aplicar lo que hayas aprendido a otra. Al ir mejorando en el uso de este método, lo puedes usar con menos frecuencia, porque tendrás que afrontar menos problemas de ansiedad.

Asignación de tareas psicológicas

Asignar tareas psicológicas es una parte esencial de la terapia racional emotiva conductual (TREC) de Ellis, en la que se asienta la terapia cognitivo-conductual. Las tareas psicológicas son una práctica estándar de la TCC: una técnica transdiagnóstica que puede ser especialmente útil para combatir diversos tipos de ansiedad y miedos. Por ejemplo, si padeces de pánico y agorafobia, realizar tareas para enfrentarte al objeto de tus miedos suele reducir ambos estados. (Cammin-Nowak *et al.,* 2013). La realización de las tareas psicológicas guarda relación con la autosuperación (Lebeau *et al.*, 2013).

Si te fijas objetivos semanales, te asignas tareas para conseguirlos y te esfuerzas de verdad para llevarlas a cabo, es muy probable que obtengas mejores resultados que si te mantienes al margen retorciéndote las manos.

ADÓNDE TE LLEVARÁ ESTE LIBRO

El libro que tienes en tus manos ofrece una orientación por etapas para afrontar la ansiedad y los miedos parasitarios. Encontrarás muchas ideas y múltiples ejercicios para enfrentarte a ellos. En concreto, hallarás lo siguiente:

- Una amplia bibliografía que parte de ideas clásicas y recientes sobre cómo superar las diversas formas de ansiedad y los miedos. Al final del libro se citan sus principales fuentes y se añade una lista de otras lecturas recomendadas.
- Intervenciones que he utilizado con mis pacientes y que estos han considerado que han sido efectivas. Durante los últimos cuarenta y cinco años, he diseñado numerosas intervenciones y he seleccionado otras para incluirlas en libros sobre el tema. Dispondrás de muy diversas opciones, de modo que puedas elaborar el programa que mejor te funcione.
- Enseñanzas sobre cómo aprender a aplicar los métodos de superación personal de la TCC a diferentes contextos (la generalización) para refutar falsos supuestos sobre la ansiedad, adquirir tolerancia a la tensión, y llegar a dominarte a ti mismo. Encontrarás técnicas básicas que se pueden aplicar a diferentes problemas y otras múltiples para un tipo específico de ansiedad. Si no ves clara una idea clave en un capítulo, es probable que le encuentres un determinado uso más adelante.

- Buenos consejos de expertos. Invité a un grupo de los mejores especialistas sobre la ansiedad para que aportaran los consejos que consideraran de mayor provecho. Los encontrarás a lo largo del libro, con lo que podrás disponer de distintas perspectivas sobre lo que podrías hacer para vencer tus angustias y tus miedos.
- Ejercicios escritos para la superación personal. Puedes utilizar el diario personal y la escritura para desarrollar tu perspectiva, regular tus emociones y mejorar tu actitud psicológica (Stockdale, 2011). Poner los problemas por escrito es una intervención terapéutica que puede contribuir a reducir la tensión innecesaria (Emmerick, Kamphuis y Emmelkamp, 2008). Escribir en primera persona va asociado a unos niveles superiores de autosuperación (Seih, Chung y Pennebaker, 2011).

He dividido este libro en cuatro partes. La primera parte es una introducción al mundo de las distintas formas de ansiedad y miedo. Te mostrará cómo separar los miedos reales de los ficticios y a utilizar formas cognitivas, emotivas y conductuales para superar esos estados. Te enseñaré a romper el círculo vicioso de la ansiedad mediante habilidades de autoobservación objetiva, a detener la escalada de la ansiedad, a progresar usando un sistema de autogestión, y a traspasar las barreras de la procrastinación que puedan interferir en un cambio positivo.

La segunda parte muestra cómo utilizar paisajes naturales para serenarse, cómo relajar el cuerpo, cómo regular los sentimientos que las cogniciones desencadenan, cómo usar un modelo ABCDE clásico para combatir la ansiedad, y cómo utilizar métodos conductuales fundamentales para vencer el miedo.

La tercera parte analiza cómo romper los patrones de la preocupación, gestionar la ansiedad debida a la incertidumbre, calmar sensaciones físicas desagradables, superar el miedo, combatir las fobias y organizar un ataque multimodal contra la ansiedad y el miedo.

La cuarta parte aborda cómo desactivar las expectativas que generan ansiedad, acabar con las inhibiciones nocivas, vencer las ansiedades que puedas tener respecto a ti mismo, liberarte de la ansiedad social y superar la mezcla de ansiedad y depresión. El último capítulo te ayudará a aprender a percibir los beneficios que has obtenido.

¿A qué ritmo puedes avanzar en este programa? El paso dependerá en parte del punto en que te encuentres en este camino de la curación. Es posible que ya hayas empezado a afrontar los motivos de tu ansiedad. También dependerá de tu red de complicaciones (todos las tenemos); estas redes surgen de problemas nucleares, como la vulnerabilidad a la ansiedad que se refleja en la inquietud y el pensamiento negativo. Tu ritmo dependerá asimismo de si tiendes a procrastinar. Por ejemplo, es posible que esperes que la motivación te llegue de la nada. Si es así tendrás que aguardar mucho tiempo.

Afortunadamente, incluso la ansiedad y los miedos más complejos y dolorosamente recurrentes tienen características simples y manejables. Empieza con lo que sepas gestionar. Construye a partir de ahí. Pero no pospongas el comienzo.

EJERCICIO: ¿QUÉ TIPO DE ANSIEDAD ES LA QUE MÁS TENSIÓN TE PROVOCA?

El filósofo chino Lao Tzu dijo estas sabias palabras: «El viaje de mil millas comienza con el primer paso». Como primer paso de la inacción a la acción, escribe en el espacio que sigue el tipo de ansiedad que más te oprime:

No existe ninguna intervención psicológica contra la ansiedad que sea efectiva para todas las personas y todos los estados. Al ir avanzando en este programa, encontrarás muchas formas de afrontar los problemas de ansiedad. Elige y utiliza los sistemas que mejor te funcionen para desarrollar el autocontrol, y ese autocontrol puede ser la mayor recompensa.

PRIMERA PARTE

Técnicas básicas para superar la ansiedad y el miedo

- Haz un test y descubre los principales focos de tu ansiedad (y a qué recurrir para conseguir soluciones).
- Aprende a distinguir la ansiedad y los miedos reales de los de tipo ficticio o exagerado.
- Analiza cómo gestionar una situación de peligro en que se mezcle lo real y lo imaginario.
- Inicia tú mismo un camino cognitivo, emotivo y conductual para calmar tu ansiedad.
- Rompe los ciclos de ansiedad antes de que se te vayan de las manos.
- Sustituye el pensamiento catastrófico por habilidades de autoobservación positiva.
- Averigua cómo desarrollar un autocontrol con el que te sientas seguro.
- Da los siete pasos necesarios para dejar de preocuparte emocionalmente.

- Sigue un sistema de seis fases para hacerte con el control de tu ansiedad y tus miedos.
- Evalúa tu progreso con un sencillo método de tres pasos.
- Utiliza la tecnología del aplazamiento para hacer un seguimiento de la superación de tu ansiedad y tus miedos.
- Libérate de la ansiedad resolviendo un complicado dilema de doble motivación.

CAPÍTULO 1

Bienvenido al mundo de la ansiedad y los miedos

Cuando el miedo hace que huyas de un peligro que ponga en riesgo tu vida, es tu amigo. Pero algunos miedos tienen esta sórdida historia que contar:

> *Soy el miedo. Hago que tu mente se descontrole. Hago que tu cuerpo esté tan tenso como la piel de un tambor. Intentas esconderte de mí. Te encontraré. Mira por encima de tu hombro. Estoy detrás de ti. Mira hacia delante. Mi sombra cruza tu camino. Mírate en un espejo y me verás burlándome de ti.*

Tus ansiedades y miedos exagerados agotan tu tiempo y tus recursos y no te ofrecen nada positivo a cambio, por esto en este libro los llamo «parasitarios». Como dijo Mark Twain en cierta ocasión: «Soy viejo y he padecido muchas calamidades, pero la mayoría de ellas nunca sucedieron en realidad».

Cuando padeces miedo y ansiedad, puede ser difícil imaginar otra forma de ser. Pero eliminar el miedo y la ansiedad es algo que puedes lograr de modo progresivo. Puede que sea útil iniciar este viaje a través de los ojos de algunas personas que convirtieron sus propios miedos y ansiedad en recuerdos que se fueron desvaneciendo.

NO ESTÁS SOLO

No eres la única persona que sufre ansiedad y miedo.

- El 28,8 % de quienes viven en Estados Unidos padecerán a lo largo de su vida una u otra forma grave de ansiedad (Kessler *et al.* 2005). La cifras de las personas que padecen ansiedad y miedos son también importantes en otras partes del mundo occidental (Baumeister y Härter, 2007).
- La ansiedad es una dolencia común en todo el mundo y que no respeta fronteras ni límites nacionales, raciales ni económicos. Avalan esta conclusión estudios al respecto realizados en Qatar, Turquía, Nepal, Chile, el África subsahariana, Marruecos, China y otros países. En efecto, en todos los continentes la ansiedad tiene su puntos calientes. Los habitantes de la región de Arcángel de Rusia, por ejemplo, muestran unos elevados niveles de estrés. El 69 % de las mujeres y el 32,3 % de los hombres dicen que sufren un alto grado de ansiedad, depresión y problemas para dormir (Averrina *et al.* 2005).
- Si eres mujer, corres mayor riesgo de padecer ansiedad que si eres hombre (McLean *et al.*, 2001).
- Ser joven no significa estar protegido contra la ansiedad. Esta es común en niños preadolescentes (Perou *et al.*, 2013) y adolescentes (Kessler *et al.* 2012). La ansiedad aumenta en la mediana edad (Scott *et al.* 2008). Las cifras optimistas de niveles inferiores de ansiedad grave entre la gente mayor pueden ser un mito (Wolitzky-Taylor *et al.* 2010).

PONGÁMOSLES CARA A LA ANSIEDAD Y LOS MIEDOS

Puedes aprovecharte de lo que otros han descubierto al trabajar en grupo con sus problemas de ansiedad. Tienes a continuación lo que John, Elaine, Larry, Joy y Tom han estado haciendo para vencer sus diversas formas de ansiedad y miedo.

El pánico de John

John era un visitante asiduo del servicio de urgencias del hospital local por ataques de pánico. Siempre que le faltaba el aire y le dolía el pecho, llamaba a emergencias. Creía que le estaba dando un infarto y estaba a punto de morir. Después de más de veinte visitas a la sala de urgencias, y por recomendación de su médico de familia, John se unió a un grupo de tratamiento psicológico. Al cabo de tres sesiones del grupo, comprendió que sus dificultades para respirar y el dolor en el pecho eran síntomas de pánico. Le tranquilizó enterarse de que la mayoría de las personas que sufren de pánico y aprenden a usar la exposición, la relajación, la respiración profunda y otros métodos cognitivos y conductuales progresan de forma significativa y duradera (Sánchez-Meca *et al.*, 2010). John se propuso formar parte de ese club.

El silencio de Elaine

Elaine era el miembro mudo del grupo. Le aterraba la idea de que pudiera decir alguna estupidez. Después de ocho semanas de decir muy pocas cosas, confesó que si el líder y los miembros del grupo realmente la conocieran, la echarían a patadas. La pregunta «¿dónde están las pruebas de tal conclusión?» hizo que Elaine empezara a pensar de otro modo. Se tranquilizó al descubrir que su miedo al rechazo reflejaba las dudas sobre sí misma, y no las opiniones de los otros miembros del grupo. A partir de la retroalimentación del grupo, se dio cuenta de que lo que había creído que los demás pensaban de ella no podía ser cierto de ningún modo. El grupo no tenía sobre ella necesariamente las mismas opiniones que ella misma.

El estrés de Larry

Larry contó al grupo que se estresaba fácilmente. Al igual que John, tenía momentos de pánico en los que le costaba respirar, se sentía mareado y el corazón le latía descompasadamente. Dijo que ese pánico le entraba cuando estaba «atrapado en algún lugar con mucha gente en un espacio muy reducido». Dijo también que tenía jaquecas. Le asustaba que pudiera tener un tumor cerebral.

Larry quería ocuparse de su problema, pero en cuanto empezaba a enfrentarse a una ansiedad o un miedo, pasaba a otro problema sin antes resolver el primero. Se encontraba en el centro de una puerta giratoria de dilación. Se sentía abrumado, porque sus problemas no dejaban de volver. Dijo: «Es demasiado para que lo pueda manejar». Su «demasiado» era parte de un monólogo interior en el que exageraba la capacidad aterradora de sus tensiones. Al mismo tiempo, Larry minimizaba su capacidad de salir adelante. Sin embargo, una vez que empezó a ocuparse de los problemas de uno en uno, descubrió que era capaz de reducir la cantidad de cosas que le provocaban ansiedad y miedo. Empezó a sentirse como un ser humano emocionalmente más libre.

La aprensión de Joy

Joy se sentía de todo menos alegre. Le contó al grupo que era una estúpida en un mundo lleno de gente brillante. Decía que cometía muchos errores. Le aterrorizaba la idea de que las personas la descubrieran y vieran que era una farsante.

Joy estaba terminando segundo en la escuela de posgrado. Contaba que estudiaba compulsivamente hasta que creía que tenía una posibilidad razonable de aprobar. Decía: «Pasar de curso me cuesta tres veces más que a los demás». Se quedó sin palabras cuando John le preguntó: «¿Cómo sabes cuánto tiempo dedican al estudio los demás? ¿Has hecho alguna encuesta?».

Los profesores elogiaban la calidad del trabajo de Joy; sin embargo, ella afirmaba que los había engañado a todos. La pregunta «¿Cómo es posible que una persona que se considera estúpida pueda engañar a otras a las que ve como auténticas eminencias?» la desconcertó. Después, Elaine señaló que la razón principal por la que Joy se sentía una estúpida era porque manipulaba un regulador de intensidad de la luz y se dejaba a sí misma casi a oscuras. Joy dijo: «Nunca se me había ocurrido». Con el cambio de percepción de sí misma, estaba en mejor posición para celebrar sus logros. Ya no se sentía una impostora.

La autocomplacencia de Tom

Tom pensaba que era productivo por la única razón de que sus miedos lo empujaban a rendir al máximo. Sin ellos se sentiría satisfecho de sí mismo. Tom tenía miedo a la autocomplacencia.

Odiaba que sus miedos lo dirigieran pero, si se tranquilizaba, creía que iba a hacer las cosas mal, y no soportaba los fallos. El pensamiento de «todo o nada» de Tom sobre la fuerza del miedo que lo impulsaba significaba que o bien lo controlaba el miedo, o bien lo controlaba la utocomplacencia. Empezó a reconsiderar su posición cuando le preguntaron: «¿Qué hay entre los extremos?».

John, Elaine, Larry, Joy y Tom participaban en un grupo de apoyo en el que se sentían libres de analizar sus propios pensamientos, sentimientos, conductas y relaciones mutuas. Este ambiente favorecía las condiciones para un cambio positivo. El siguiente apartado te ayudará a explorar cómo adoptar un sistema de apoyo parecido.

ADOPTAR UN ENFOQUE EXENTO DE CULPA

Vivimos en una cultura de la culpabilidad en la que nos hemos pasado de raya con la culpa y nuestra defensa contra ella. Verás a diario muchos ejemplos de negación, racionalizaciones y dedos que apuntan a la defensiva: todo para mitigar la culpa. En efecto, la culpa forma parte tan consistente de nuestra ansiedad que la puedes obviar e ignorarla. Es un error. La ansiedad provocada por el sentimiento de culpa atraviesa la mayoría de las formas de angustia humana innecesaria, un enorme factor transdiagnóstico que pocas veces se aborda.

Si adoptas un enfoque en el que no se contemple la culpa, es posible que te sientas más inclinado a experimentar nuevas formas de pensar, sentir y comportarte. Y, por el contrario, concentrarte en la culpa no te llevará a ninguna parte.

Cómo funciona la culpa

En términos técnicos, la culpa es un medio para atribuir la responsabilidad. Al ser responsable, o asumir la responsabilidad de corregir tus problemas de ansiedad, es más probable que pruebes soluciones. Sin embargo, como quizá ya imagines, lo habitual es que la culpa esté cargada de significado negativo, lo cual puede convertirla en contraproducente.

Más en concreto, la culpa se suele presentar en forma de *excesos* de culpa (quejas, críticas detalladas, búsqueda de defectos), *extensiones* de la culpa (desvalorización y condena) o *exculpaciones* (negaciones, excusas y culpar a otros), todas ellas actitudes problemáticas. Las extensiones de la culpa son especialmente destructivas. En este caso se da un proceso típico: te condenas a ti mismo por cualquier falta real o imaginada, te degradas por el error y te castigas (de pensamiento y acción) por las infracciones. Si no se tratan, estas extensiones son un importante obstáculo para el cambio positivo.

Cómo funciona la autoaceptación

Puedes abordar las extensiones de la culpa pensando con una actitud de autoaceptación. La aceptación de uno mismo prevalece sobre la ansiedad generada por la culpa. Sin embargo, vivimos desde hace mucho tiempo en una cultura de la culpabilidad, por lo que puede ser difícil conseguir y mantener la aceptación de tus errores inevitables.

¿Vale la pena el esfuerzo de intentarlo? ¡Definitivamente sí! Una actitud amable, incondicional y de autoaceptación contribuye a acallar la ansiedad provocada por la culpa.

¿Cómo puedes cortar la conexión entre la culpa y la ansiedad? En primer lugar, culpa estrictamente como un medio de responsabilidad. Haz responsables a los demás de los daños que provoquen. Acepta la responsabilidad de tus propios errores y contratiempos. Después concéntrate en desarrollar mayor tolerancia a tus errores y en fortalecer tu voluntad de emprender acciones correctoras.

Un buen consejo: concentra tus esfuerzos con inteligencia

El doctor Daniel David es profesor titular de la cátedra Aaron T. Beck de Ciencias Cognitivas Clínicas de la Universidad Babeş-Bolyai de Rumanía y profesor adjunto de la Mount Sinai School of Medicine de Nueva York. Es el editor jefe de *Rational and Irrational Beliefs in Human Functioning*. Juntos, David y yo desarrollamos este consejo importante para vencer la ansiedad y los miedos:

> Puedes aliviar la ansiedad recurrente de tres formas interactivas: disminuyendo la *intensidad* de tus sentimientos de angustia (sentirte mejor); cambiando la *calidad* de tus sentimientos (por ejemplo, pasar de la ansiedad disfuncional a la sana preocupación), pasando tu pensamiento de las exageraciones al pensamiento realista, y tomando medidas para *afrontar* lo que temes innecesariamente (hacer y mejorar).

Para disminuir la intensidad de tu ansiedad:

- Utiliza métodos de relajación para contrarrestar la agitación. Por ejemplo, prueba con la respiración cuadrada. Inhala durante cuatro segundos, contén la respiración cuatro segundos, exhala durante cuatro segundos, y mantente en vacío también durante cuatro segundos. Repite el ciclo unos dos minutos (la respiración cuadrada puede ayudar a reducir la agitación).
- Distráete fijando un objetivo. Por ejemplo, llama a un amigo de confianza para que te aconseje. Lee algún libro o artículo sobre cómo tranquilizarte cuando tu ansiedad te parezca incontrolable. Estos sistemas indirectos te pueden ayudar a disminuir la tensión provocada por la ansiedad. Sin embargo, si recurres a las distracciones, considéralas como el preámbulo para pasar de tu reacción normal de evasión a tomar medidas concretas y efectivas para afrontar la situación.

Para cambiar la calidad de tu experiencia:

- Identifica los pensamientos que te provocan ansiedad y combátelos (reestructúralos). Por ejemplo, si te dices: «Todo lo que haga lo debo hacer perfectamente bien, si no es terrible», te estás exigiendo algo absurdo e imposible. Se comprende que te angustien los resultados. Para cambiar la calidad de tus sentimientos y pasar de la ansiedad disfuncional a la sana preocupación, sustituye el pensamiento imposible por el realista. Es realista que te digas: «Prefiero muchísimo más hacerlo bien, y me prepararé para hacerlo lo mejor que pueda dadas las circunstancias. Si no lo hago tan bien como quisiera, está mal pero no es el fin del mundo».

- Prepárate para la crisis inesperada haciendo acopio de mantras racionales. Podrías llevar en el bolsillo o en la cartera una tarjeta con expresiones que te ayuden a calmar la ansiedad debida a la propia ansiedad. Si surge una crisis, saca la tarjeta y repite las ideas de superación, por ejemplo: «La ansiedad es desagradable, pero puedo vivir con ella. Si la vida no es como espero que sea, la puedo aceptar tal como es».

Para afrontar directamente tus miedos:

- Al exponerte a una situación de miedo, sin utilizar tus habituales estrategias de evasión, has dado un sólido paso hacia la construcción de confianza en tu capacidad de superar el miedo. Un ejemplo: tienes miedo a las serpientes. Decides ir al zoo a observar los movimientos de una serpiente a una distancia prudencial. Mantente a esta distancia. Es posible que al principio sientas cierta ansiedad. Continúa en la misma posición y con el sentimiento de ansiedad hasta que percibas que esta disminuye. Avanza unos pasos cada vez que vayas a ver la serpiente. Al final te acostumbras a esta situación, hasta el punto de que eres capaz de tolerar esa inquietud.
- Busca ejercicios para afrontar la vergüenza. Supongamos que tienes miedo de cometer un error y sentirte expuesto y avergonzado en público porque crees que te has equivocado. Al exponerte intencionadamente a lo que te da miedo, puedes cambiar a la vez la evitación de la autoderrota y las conductas escapistas y los pensamientos irracionales que subyacen en ellas. Por ejemplo, ponte dos calcetines de distinto color durante un día. Lee rutinariamente tu tarjeta de mantras para recordarte que la mayoría de las personas no te van a señalar entre la multitud

por el color de tus calcetines. Si alguien se da cuenta, tampoco se acaba el mundo.

Al trabajar de forma habitual en mejorar tus habilidades emotivas, cognitivas y conductuales, tendrás menos razones para sentir ansiedad, porque sabrás que dispones de un sistema verificado para afrontarlas.

NIVELES DE CAMBIO BÁSICOS, EMPÍRICOS Y PRÁCTICOS

¿Qué puedes hacer cuando la ansiedad y el miedo te agobian de verdad? Con intervenciones básicas, empíricas y prácticas, puedes conseguir cambios profundos y duraderos.

Intervenciones básicas

A *nivel básico*, te enfrentas a problemas más profundos y personales que van unidos a patrones improductivos de tu vida. Por ejemplo, puedes ponerte trabas tú mismo debido a problemas básicos, como la baja autoestima, la ambigüedad y vivir atormentado por la posibilidad de cometer algún error. Si tu ansiedad va asociada a la autoestima, analiza las situaciones en que dudas de ti mismo y por qué lo haces. ¿Qué situaciones van asociadas a la ansiedad?

Si sientes ansiedad y te sientes deprimido, busca en ti razonamientos sobre tu impotencia, pensamientos de que eres incapaz de hacer nada distinto. Del mismo modo que los pensamientos negativos pueden influir en lo que piensas, tus procesos de razonamiento pueden empeorar los sentimientos de desazón. Si sientes ansiedad por diversos motivos, ¿están estos unidos a ideas que no puedes superar o no lo puedes hacer en el grado debido? ¿Te preocupas demasiado, no dejas de elucubrar y pospones acciones correctoras que la sensatez aconseja que emprendas de inmediato?

Intervenciones empíricas

A *nivel empírico*, te pones la bata de científico. Supongamos que piensas que nunca vas a superar la ansiedad. ¿Reconocer esta visión derrotista y etiquetarla como una *expectativa equivocada* te ayudará a situar el problema en la debida perspectiva? Ocurre a menudo que etiquetar un pensamiento detonante de ansiedad puede darte la sensación de que lo controlas. Ahora bien, ¿qué intervenciones basadas en la evidencia avalan lo que se quiere conseguir? Este tipo de razonamiento te sitúa en un camino empírico.

Intervenciones prácticas

A *nivel práctico*, utilizas técnicas de sentido común para producir los cambios que quieres conseguir. Por ejemplo, recaba más información sobre la forma de ansiedad –y sus antídotos– que más quieres controlar. Lleva un diario de tus pensamientos detonantes de ansiedad para que te ayude a desvelar patrones del razonamiento de tu ansiedad. Prueba soluciones prácticas, por ejemplo imaginar que un pensamiento de angustia desaparece como una pompa de jabón. Repite ejercicios de este tipo para aliviar la tensión.

EJERCICIO: HACER UN INVENTARIO DE TUS ANGUSTIAS Y MIEDOS

Evalúa cada enunciado de la columna etiquetada como «Problemas de ansiedad y miedo» de acuerdo con el grado en que se hayan podido dar en tu caso durante el último mes. Si el enunciado no representa lo que piensas y sientes, rodea con un círculo «No». Si de algún modo apunta a cómo te sientes, rodea con un círculo «Un poco». Si refleja un problema persistente y molesto, rodea con un círculo «A menudo».

Inventario de tus problemas de ansiedad y miedo

Problemas de ansiedad y miedo	Escala de valoración			Capítulos para la intervención
«Evito situaciones que debería afrontar».	No	Un poco	A menudo	**12**, 2, 3, 7, 10, 16, 17
«Me da miedo el rechazo».	No	Un poco	A menudo	**22**, 1, 18, 19, 21
«Se me amontonan los problemas».	No	Un poco	A menudo	**7**, 2, 5, 19, 23
«Me preocupa cometer errores y equivocarme».	No	Un poco	A menudo	**19**, 2, 7, 14, 21, 22
«Me da miedo hablar en público».	No	Un poco	A menudo	**6**, 19, 21, 22
«Me siento angustiado la mayor parte del tiempo».	No	Un poco	A menudo	**10**, 3, 13, 14, 15, 19, 23
«Doy más importancia de la que debería a una situación negativa».	No	Un poco	A menudo	**5**, 1, 2, 14, 15, 17, 21, 23
«Siento que estoy limitado».	No	Un poco	A menudo	**20**, 3, 4, 13
«No sé qué hacer con mi ansiedad».	No	Un poco	A menudo	**2**, 3, 4, 6, 11, 13, 14, 23
«Mis miedos y fobias me controlan la vida».	No	Un poco	A menudo	**17**, 2, 3, 12, 18
«Siento ansiedad respecto a mí mismo».	No	Un poco	A menudo	**21**, 2, 13, 19, 22, 23
«Me preocupo demasiado».	No	Un poco	A menudo	**13**, 3, 4, 5, 12, 14, 16, 22, 24

Problemas de ansiedad y miedo	Escala de valoración			Capítulos para la intervención
«Mi vida es como una crisis tras otra».	No	Un poco	A menudo	**4**, 5, 7, 13, 14, 15, 19
«Soy hipersensible respecto a cómo me siento».	No	Un poco	A menudo	**15**, 16, 14, 21, 22, 23
«Me siento angustiado y deprimido».	No	Un poco	A menudo	**23**
«Me incomoda hacer cambios».	No	Un poco	A menudo	**4**, 6, 7, 10, 21
«Los pensamientos que me provocan ansiedad no van a cesar».	No	Un poco	A menudo	**11**, 2, 4, 5, 9, 10, 13
«Debo tranquilizarme».	No	Un poco	A menudo	**9**, 8, 12, 15, 17
«He de cuidarme mejor».	No	Un poco	A menudo	**24**, 3, 4, 15
«Mi ansiedad y mis miedos son complicados».	No	Un poco	A menudo	**18**, 10, 11
«Mi ansiedad es horrible, no puede ser peor».	No	Un poco	A menudo	**1**, 3, 5, 16, 23

Después de cumplimentar el inventario, centra tu atención en los problemas de ansiedad y miedo que más te angustien. Los números de la derecha corresponden a los capítulos de este libro donde encontrarás prácticas intervenciones para tus problemas. Los que están en negrita, a los capítulos que contienen más información sobre el tema.

Puedes hacer copias de este inventario para su uso futuro. Lo puedes utilizar de nuevo para evaluar tu progreso. Una buena idea es cumplimentarlo una vez al mes. Los resultados pueden servir como un sistema preventivo de alarma para impedir la recurrencia de la ansiedad y los miedos parasitarios.

INFORME SOBRE TU PROGRESO

Al final de cada capítulo encontrarás un espacio como este para que registres tu progreso y anotes la información que merezca la pena recordar:

- Ideas fundamentales del capítulo que te han parecido útiles.
- Acciones que puedes llevar a cabo para combatir una determinada ansiedad.
- Describir el resultado de estas acciones una vez concluidas.
- Exponer lo que hayas aprendido de la experiencia y qué acciones aplicarías de nuevo, modificarías o descartarías.

Escribe lo que hayas aprendido de este capítulo y qué acciones piensas llevar a cabo. Después, anota el resultado de estas acciones y lo que hayas conseguido.

¿Cuáles son las tres ideas fundamentales que has sacado de este capítulo?

1.

2.

3.

¿Cuáles son las tres principales acciones que puedes llevar a cabo para combatir una ansiedad o un miedo determinados?

1.

2.

3.

¿Cuáles fueron los resultados de esas acciones?

1.

2.

3.

¿Qué beneficios te ha reportado el hecho de actuar? ¿Qué harías de otro modo la próxima vez?

1.

2.

3.

Hacer este ejercicio al final de cada capítulo te ayudará a concentrarte en los métodos de la TCC que mejor te funcionen. Al identificar personalmente ideas relevantes, decidir qué hacer, y verificar las ideas a través de la acción, es probable que avances con mayor rapidez en tu empeño por acabar con tu ansiedad y tus miedos.

CAPÍTULO 2

La ansiedad y los miedos como amigos y enemigos

En la mitología griega, el terror y el espanto son el quehacer de dos hermanos gemelos, dioses de la guerra: Fobos y Deimos. Fobos se ocupa del peligro real y presente. Ataca a la mente con el terror, el pánico y la huida. Deimos utiliza la aprensión para aterrorizar a la mente por lo que va a suceder. Los antiguos lo entendían perfectamente. El miedo y la ansiedad comparten muchas conexiones comunes, pero funcionan de distinta forma (Perkins *et al.*, 2010).

El miedo está en una dimensión de proximidad. Cuando estás cerca de lo que temes, intentas escapar. La ansiedad está en una dimensión temporal. Temes algo que va a pasar. Tomas medidas para evitarlo. Conocer esta relación te puede ayudar a decidir qué estrategias usar para tu ansiedad y qué hacer para calmar tus miedos.

EL MIEDO EN UNA DIMENSIÓN DE PROXIMIDAD

Mediante un telescopio, ves un puma a un kilómetro y medio de distancia. Como el gran felino no está cerca de ti, te sientes seguro. O supongamos que el puma está en la jaula de un zoológico. El animal está muy cerca, pero tampoco tienes miedo porque estás en un lugar seguro. Pero si te encontraras con el puma en la selva, agazapado sobre una rama dispuesto a saltar sobre ti, te provocaría una fuerte reacción de pánico. Cuando el peligro está presente y te sientes vulnerable, se trata de la *dimensión de proximidad*.

Tus miedos naturales son consecuencia del comportamiento atávico de reaccionar ante los cambios repentinos, huir de animales venenosos y depredadores, y alejarnos de gente hostil. En la vida cotidiana, raramente te encuentras en un peligro mortal de esta índole. Sin embargo, estas cosas pasan: imagina que un extraño enmascarado te sigue por una calle oscura y parece que se te va acercando.

¿A qué distancia has de estar de un peligro real para que reacciones? La distancia donde los indicios no verbales normalmente advierten de un peligro es de entre treinta y noventa metros (Stamps, 2012). Sin embargo, tus reacciones también son una cuestión de percepción y perspectiva. Si te enfrentas a un peligro conocido cuyos efectos pueden llegar de muy lejos, las cosas cambian.

Alarmas de peligro inexistente

La mayor parte de las reacciones de miedo no tienen sentido. Una sombra fugaz es inofensiva. El crujido de un árbol procede de una ardilla, no de un leopardo. A pesar de las muchas falsas alarmas, si en tu caso una de ellas te evitó que resultaras herido o te salvó la vida, aunque solo fuera una vez, cumplió con su trabajo evolutivo. Es como una póliza de seguro que confías en que nunca vas a tener que utilizar.

¿Qué ocurre si una alarma de miedo no funciona? Sin su miedo innato al olor del gato, los ratones pierden un importante miedo defensivo (Kobayakawa *et al.*, 2007). El ratón que no relaciona el olor del gato con el peligro está en el menú del felino. La próxima vez que desees no tener miedo nunca más, piensa que de no tener alguno es posible que no estuvieras vivo.

Adquirir miedos

Puedes desarrollar miedos nuevos ya sea por una experiencia directa o indirecta:

- Sabes que no debes tocar un cable eléctrico porque te daría una descarga. Aprendes esta lección muy pronto, ya sea por experiencia directa o porque eres consciente de que la descarga hace daño.
- Ves que una máquina mutila a un compañero. Más tarde, cuando te encuentras en esa zona, tiemblas de miedo. Es un miedo causado por la observación directa.
- Observas cómo reaccionan otros a lo que consideran un peligro (Olsson, Nearing y Phelps, 2007). Una persona grita frenéticamente: «¡Cuidado con la serpiente!». Nunca has visto una serpiente, pero, aun así, esos gritos dan miedo. Más tarde ves una y te estremeces o aterrorizas.
- Tienes una experiencia que te traumatiza. Está lloviendo. Vas conduciendo, el coche patina y sufres un accidente cerca de un puente. Después, cuando conduces mientras llueve y te aproximas a un puente, tienes miedo de perder el control del coche. Agarras con fuerza el volante.

Estos son solo unos pocos ejemplos de cómo puedes desarrollar miedos nuevos.

La transición de los falsos miedos al alivio

La exposición es la forma habitual de superar los falsos miedos. Exponerte equivale a ponerte muy cerca de la situación que te produce miedo. Puedes hacerlo de modo gradual. Por ejemplo, tienes miedo de subir al ascensor. Pero también tienes una oferta de empleo que ansías aceptar, y la oficina en la que trabajarías está en un rascacielos. Usar las escaleras es una locura. Superas el miedo a los ascensores exponiéndote a entrar en uno. Puedes empezar por entrar y salir del ascensor con las puertas abiertas. Lo haces varias veces, hasta que no te asuste estar dentro de un ascensor abierto. El paso siguiente puede ser subir hasta el primer piso. Después hasta el segundo, y así hasta el último. Al final, y gracias a la exposición, tu miedo a los ascensores desaparece.

LA ANSIEDAD DE SUPERVIVENCIA

La ansiedad evolucionó «para que la persona estuviera preparada para detectar los peligros y afrontarlos» (Bateson, Brilot y Nettle, 2011, pág. 707). A veces, la ansiedad es como un sexto sentido para las incertidumbres y los riesgos que aguardan en el futuro. Si vivieras en tiempos prehistóricos y tuvieras aprensión a adentrarte en cuevas desconocidas, tendrías mayor probabilidad de sobrevivir que alguien que no tuviera miedo a las cuevas. Cuando te sientes angustiado, lo que temes está en el futuro. El peligro llega después. Esta conciencia puede ser suficiente para que tomes precauciones. Por ejemplo, es posible que por tu propio carácter seas aprensivo a meterte en lugares que no te son familiares. Estás alerta y precavido. Pero puedes reaccionar echando un vistazo a tu alrededor. Si lo haces, tal vez te des cuenta de que no hay nada que temer.

En algunos casos, se puede pasar rápidamente de la sensación de peligro a observarlo. Sea como fuere, ambas reacciones se producen en una fracción de segundo (Åsli y Flaten, 2012).

De qué se nutre la ansiedad ficticia

La ansiedad tiene dos características fundamentales: la alerta para evitar una amenaza futura y la sensación de alivio una vez evitada. Así funciona para sortear peligros mortales, pero no cuando las cogniciones negativas, repetitivas y alarmistas son una parte dolorosa del proceso de ansiedad.

- Tu ansiedad se puede dar en grupo, lo cual hace que una situación mala parezca peor. Por ejemplo, te aterroriza la idea de fallar o fracasar, así que evitas situaciones que te recuerden ese riesgo. O te provoca ansiedad la posibilidad de ser rechazado y evitas situaciones sociales que evocan esa amenaza. Siempre que evitas lo que temes, refuerzas la evitación y la ansiedad sigue apareciendo.

- Contemporizas con tu ansiedad y esta aumenta. Intentas desconectar de tus pensamientos angustiosos pero no dejan de repetirse. Tratas de sofocar el sentimiento y simplemente aumenta.

Si corriges los pensamientos anómalos, puedes reducir las complicaciones de la ansiedad que se producen como consecuencia de dichos pensamientos:

- **Falsos supuestos.** Vives aterrorizado por algo que va a ocurrir. No estás seguro de qué será, pero das por supuesto que será catastrófico. Sin embargo, puedes aprender a darle la vuelta a los supuestos alarmistas. Intenta preguntarte: «¿Cuál es el mejor escenario posible?».
- **Expectativas erróneas.** Te comportas como si los desastres que esperas que se produzcan ocurrieran inevitable y exactamente como te imaginas. Como alternativa, puedes formular hipótesis que contradigan la inevitabilidad de tu predicción.
- **Magnificación.** Escenificas todo posible peligro. Como alternativa, magnifica hasta la mínima información que apunte a una conclusión opuesta. Luego pregúntate: «¿Qué hay entre estos dos extremos magnificados?».
- **Pensamiento de posibilidad.** Haces un salto mágico de lo posible a lo probable. Quizá esa jaqueca significa que tienes un tumor cerebral. Para contrarrestar esta idea, pregúntate si ese dolor de cabeza te aqueja cuando estás estresado. Si es así, ¿cuál es la explicación más lógica de que te duela la cabeza?

- **Pensamiento de impotencia.** Crees que no puedes cambiar porque eres incapaz. No es solo un pensamiento pesimista sino también una fórmula para desistir antes de empezar. Para romper este patrón destructivo, actúa como si tu mente estuviera libre de estas ideas negativas. Si fuera así, ¿qué harías? Después, da el primer paso.
- **Razonamiento emocional.** Ignoras los hechos y no dejas de darle vueltas a lo nervioso que estás. Te comportas como si tus sentimientos de ansiedad demostraran tus ideas negativas, y como si estas justificaran tus sentimientos de ansiedad. Para escapar de esta trampa de razonamiento circular, piensa qué haría un científico para separar los hechos de la ficción, y luego pon en práctica las soluciones que sean verosímiles o factuales. Esta pregunta ayuda al proceso científico: «¿Dónde están las pruebas?».
- **Miedo al sentimiento.** Temes sentirte frustrado, incómodo o asustado. Te esfuerzas por evitar la tensión, pero esto tiene un efecto bumerán: de todas maneras te sientes frustrado, incómodo o asustado. Permítete vivir con la tensión hasta que seas capaz de ver por ti mismo que estos sentimientos pueden cambiar para mejor.
- **Pérdida de perspectiva.** Te concentras en el peor de los escenarios e ignoras posibles perspectivas positivas. Para adoptar una nueva perspectiva, imagina un escenario o resultado igualmente sólido y positivo.
- **Falsas asociaciones.** Sabes que si alguien entra en tu casa es peligroso. Oyes un chasquido. Te aterroriza la idea de que alguien haya entrado en tu casa y quiera hacerte daño. Para contrarrestar este pensamiento, te puedes preguntar: «¿El sonido de un chasquido demuestra invariablemente que hay alguien en casa?». ¿Te encuentras después en mejor posición para juzgar lo que pasa de verdad?

Pasar de la ansiedad al alivio

Con el *afrontamiento proactivo* puedes resolver un problema antes del siguiente episodio de ansiedad. Supongamos que haces repetidas visitas al médico con síntomas que no te explicas. Te duele la cabeza, tienes problemas gastrointestinales y te cuesta dormir. Estás seguro de que tienes una enfermedad grave. Tras análisis y más análisis, los informes sobre tu salud siguen siendo positivos. Continúas cavilando sobre tu estado de salud, pero comienzas a sospechar que tu miedo de tener una enfermedad no diagnosticada pero fatal es irreal y exagerado. ¿Cómo puedes romper este ciclo?

Puedes verificar la realidad. Es verdad que, de vez en cuando, padecerás alguna enfermedad; el problema es preocuparse por una enfermedad grave inexistente. Así pues, tomando como referencia los últimos seis meses, calcula las veces que te has preocupado al pensar que tenías una enfermedad fatídica no diagnosticada, por ejemplo asustarte por un dolor de estómago pensando que tenías un cáncer. Tal vez calcules que esta preocupación se ha repetido cien veces. Ahora, observa cuántas veces se te ha diagnosticado realmente alguna enfermedad en ese mismo periodo. Te das cuenta de que solo una vez, y era la gripe. ¿Qué te dice todo ello?

Adoptando un enfoque proactivo, te colocas en mejor posición para juzgar cuándo conviene que vayas al médico y cuándo es mejor eliminar las exageraciones en tu razonamiento.

TUS CIRCUITOS DE SUPERVIVENCIA

La mente es una parte de todo el sistema corporal: «una comunicación en doble sentido –entre el cerebro y los sistemas cardiovascular, inmunitario y otros– a través de las neuronas y los mecanismos endocrinos. El estrés es un estado de interacción entre la mente y el cuerpo» (McEwen, 2006, pág. 367). En el centro de todo este sistema corporal hay un complejo *circuito de supervivencia* en el que intervienen cogniciones, motivaciones, sistemas sensoriales, reacciones innatas, conductas aprendidas y otros mecanismos destinados a aprovechar las oportunidades, hacer frente a las dificultades, crecer sano y sobrevivir (LeDoux, 2012). Es un sistema maravilloso. Pero ¿qué pasa si tienes ansiedad y miedos excesivos que impiden desarrollarte? Conviene saber qué pasa.

La amígdala

Tu sistema sensorial transmite la información sobre posibles peligros directamente a la amígdala. Esta zona en forma de almendra de tu cerebro es el centro del miedo y de algunas formas de ansiedad (Debiec y LeDoux, 2009). Cumple una función muy simple: evitar daños. Cuando aparece el peligro, la amígdala representa tu cerebro reptiliano. Siguiendo de cerca tus sentidos, te advierte del peligro.

La amígdala no espera a formarse una imagen completa de lo que sucede antes de activar las hormonas del estrés. Cuando te encuentras en un sitio cerrado del que no puedes salir te quedas automáticamente paralizado. (En los tiempos prehistóricos, quedarse paralizado era la mejor técnica de supervivencia, porque los depredadores se fijan en lo que se mueve). Sin embargo, estás magníficamente equipado para huir en cuanto tengas la oportunidad.

La amígdala puede aprender miedos nuevos. Si, por ejemplo, alguna vez te han atracado, es posible que más adelante tengas una sensación parecida cuando te encuentres en un entorno que te recuerde lo sucedido.

Esta parte de tu cerebro contribuye a generar sentimientos negativos porque aumenta tu sensibilidad perceptual a los estímulos negativos (Barrett *et al.*, 2007). Si tienes una amígdala sensible, sentirás muchas falsas alarmas. Es más probable que reacciones de forma exagerada a las cosas cuando no están donde esperas que estén, y lo mismo te ocurrirá con los sonidos extraños, los movimientos bruscos o por cambios inesperados en las emociones. En los tiempos prehistóricos, quienes eran muy sensibles a los cambios de su entorno y hacían sonar la alarma es posible que ayudaran a la supervivencia del grupo.

La corteza cingulada anterior

La *corteza cingulada anterior* es una estructura en forma de collar situada en el lóbulo frontal del cerebro. Regula los procesos emocionales y los cognitivos, resuelve el conflicto entre zonas opuestas y corrige errores. Junto con la corteza prefrontal, esta parte del cerebro puede advertir a la amígdala para que abandone su inactividad y deje de inhibirse.

La corteza cingulada anterior resuelve el conflicto mediante experiencias correctoras (Posner y Rothbart, 2007). Aprende a través de la experiencia comparativa y puede activar y bloquear la amígdala. Por ejemplo, afrontar deliberadamente peligros ficticios puede ayudar a corregir errores de percepción, y los estudios con neuroimágenes ilustran que tal exposición influye en la corteza prefrontal, la corteza cingulada anterior y la corteza orbitofrontal medial. Estas zonas intervienen en la evaluación de situaciones que recuerdan emociones, por ejemplo estar cerca de una araña si tienes miedo a las arañas (Linares *et al.*, 2012).

Cuando al enfrentamiento con una situación de miedo le sigue el alivio, la imagen neuronal muestra una menor actividad en la amígdala y mayor en la corteza cingulada anterior (Goossens *et al.*, 2007). Sin embargo, aún nos queda mucho por saber sobre cómo cambia el cerebro en respuesta a intervenciones destinadas a reducir las diversas formas de ansiedad y estrés (Nechvatal y Lyons, 2013).

SEPARAR LOS PELIGROS REALES DE LOS IMAGINARIOS

La ansiedad y los miedos debidos a causas reales pueden coexistir con otros sin base factual, y es importante separar los peligros reales de los imaginarios para que puedas reaccionar adecuadamente en cada caso. (Observa que los antídotos contra la ansiedad y el miedo son los mismos cuando el problema es real).

Problemas y reacciones	Ansiedad	Miedo
Problema real	Un compañero de trabajo te acosa y te falta al respeto. Al cabo del día te invade la ansiedad por tener que volver al día siguiente.	Un compañero de trabajo te acosa y te falta al respeto. Cuando lo hace, sientes miedo.
Cómo reaccionar	Estas son algunas posibles acciones al respecto: (1) desarrolla habilidades de comunicación asertiva para contrarrestar el peligro, (2) pide al supervisor que intervenga, (3) solicita que te trasladen a otro departamento, (4) presenta una demanda judicial por acoso e intimidación.	Estas son algunas posibles acciones al respecto que puedes llevar a cabo: (1) desarrolla habilidades de comunicación asertiva para contrarrestar el peligro, (2) pide al supervisor que intervenga; quizá la dirección traslade a quien te acosa, (3) pide que te trasladen a otro departamento, (4) presenta una demanda judicial por acoso e intimidación.
Problema imaginario o exagerado	Dudas de que seas capaz de defender tus opiniones y te angustia la idea de manifestarlas.	Tienes algunas opiniones distintas de las de quienes te acosan e intimidan pero, para evitar el conflicto, te bloqueas y no dices nada.

Problemas y reacciones	Ansiedad	Miedo
Cómo reaccionar	Busca las causas de tu baja autoestima. Analízalas. Distingue los problemas de capacidad de los ficticios, como la necesidad irracional de ser perfecto y de decir solo cosas irrefutables. En el mundo de las opiniones, la perfección es un sueño imposible. Acepta que unas veces los demás estarán de acuerdo contigo y otras no, y en algunos casos te encontrarás con una reacción que en parte coincida con tu opinión y en parte no.	Las ideas espantosas y los temores imaginarios pueden activar alarmas de miedo parasitario. Puedes enfrentarte a ellos contrarrestando tus pensamientos parasitarios y adoptando con prudencia conductas relacionadas con el miedo. Por ejemplo, puedes proponerte expresar al menos una opinión en una discusión donde otros estén manifestando las suyas. Después reflexiona sobre lo que has aprendido. Inténtalo de nuevo, tal vez de otra forma. Sigue practicando hasta que te habitúes a la situación; deja ya de quedarte bloqueado cuando tengas algo que decir; siéntete seguro de tus opiniones y cuando debas cambiarlas basándote en los hechos o la lógica, demuestra que sabes adaptarte.

El contexto es importante. Si quien te acosa en el trabajo es colega o muy amigo del jefe, y quieres conservar tu empleo, es posible que algunas de las anteriores estrategias no funcionen bien. Pero habrá otras soluciones que te van a servir.

EJERCICIO: DISTINGUIR LOS PELIGROS REALES DE LOS IMAGINADOS

Ha llegado tu turno. Cuando te encuentres en un estado en que se mezclan la ansiedad o el miedo reales y los parasitarios, trata de reconocerlos y diferenciarlos y busca respuestas adecuadas para cada tipo.

Problemas y reacciones	Ansiedad	Miedo
Problema real		
Cómo reaccionar		
Problema imaginario o exagerado		
Cómo reaccionar		

Reconocer y diferenciar cada uno de estos sentimientos te puede ayudar a distinguir si intervienen tensiones emocionales reales o imaginadas y cómo puedes reaccionar ante cada una de ellas.

Un buen consejo: abordar la ansiedad y los miedos reales e imaginarios

El doctor Jack Shannon, profesor emérito de la Universidad Seton Hall, aporta su mejor consejo para abordar la mezcla de ansiedad y miedos naturales e imaginarios:

> Tienes razón para preocuparte por algo que vaya a suceder. El médico te remite al cirujano, y este te dice que han de operarte. La operación tiene un ochenta por ciento de probabilidades de que salga bien. Si no haces nada, la probabilidad de que te mueras es del noventa y nueve por ciento. La operación, evidentemente, es necesaria.
>
> El cirujano programa una operación de urgencia para dentro de tres días. Tu grado de ansiedad te ofusca. No puedes pensar con claridad. Tienes ahora una preocupación legítima, y una idea parasitaria emocionalmente explosiva domina tu razonamiento y tus sentimientos. Pero con el siguiente enfoque analítico, puedes aprender a diferenciar entre los dos estados de la mente y a pasar del pensamiento alarmista parasitario a una perspectiva razonada y un justo sentimiento de inquietud:
>
> - Es comprensible que estés preocupado, pero no es necesario que te sientas como si las probabilidades de que mueras durante la operación fueran del cien por cien. ¿Puedes reconsiderar de manera razonable esta idea?
> - Tu opción parasitaria es recordarte repetidamente que tienes un veinte por ciento de probabilidades de morir. Haz un cambio cognitivo. Tienes un ochenta por ciento de probabilidades de sobrevivir. ¿Sabrías aumentar esa cifra?

- En vez de elucubrar sobre el peor de los escenarios, recurre a la apuesta. Si tuvieras una probabilidad del ochenta por ciento de ganar una apuesta, ¿apostarías modestamente a favor o en contra de tu supervivencia?
- Evita aceptar solo una conclusión negativa. Equilibra todas las posibles. Empieza por pensar en escenarios con resultados positivos. Para cada resultado negativo, ten una alternativa positiva.

INFORME SOBRE TU PROGRESO

Escribe lo que hayas aprendido de este capítulo y las acciones que piensas emprender. Después anota los resultados de estas acciones y lo que hayas conseguido.

¿Cuáles son las tres ideas fundamentales que has sacado de este capítulo?

1.

2.

3.

¿Cuáles son las tres principales acciones que puedes llevar a cabo para combatir una ansiedad o un miedo determinados?

1.

2.

3.

¿Cuáles fueron los resultados de esas acciones?

1.

2.

3.

¿Qué beneficios te ha reportado el hecho de actuar? ¿Qué harías de otro modo la próxima vez?

1.

2.

3.

CAPÍTULO 3

Solución a tu ansiedad

Las peores formas de ansiedad y miedo son las que tú mismo te creas. Afortunadamente, cuentas con una sólida solución compuesta de cuatro partes:

1. Aprender a reconocer y desactivar los diferentes tipos de ideas y pensamientos relacionados con la ansiedad.
2. Desarrollar la tolerancia emocional.
3. Enfrentarte a tus miedos parasitarios con nuevas conductas funcionales.
4. Conseguir dominarte.

Este capítulo seguirá el proceso de explorar estas formas cognitivas, emotivas y conductuales de solucionar tu problema de ansiedad. A lo largo del libro, iremos ampliando todas estas cuestiones.

DESACTIVAR EL PENSAMIENTO DETONANTE

Preguntarse «¿y si...?» es una forma de pensamiento susceptible de generar ansiedad: «¿Y si hablara ante un grupo e hiciera el ridículo?» o

«Mi amigo llega tarde a la reunión. ¿Y si ha muerto en un accidente de tráfico?». Este tipo de pensamiento obsesivo y repetitivo es un factor transdiagnóstico común. Si cortas de raíz este razonamiento, puedes reducir considerablemente tu grado de angustia mental.

Revisión del pensamiento «¿y si...?»

Puede angustiarte la pregunta: «¿Y si un asteroide no detectado pusiera en peligro la vida en la Tierra?». Es un pensamiento que te aterroriza como si fuera cierto. Hay que esforzarse mucho para acabar con este hábito de la mente, pero aceptar que puedes estar equivocado te puede tranquilizar.

En principio, reconocerías con buen juicio que esta forma de pensamiento hipotético contiene información errónea. Si crees que por el hecho de pensar que hay una posibilidad de que el mundo puede acabarse, este se acabará; piénsalo de nuevo. Al observar las probabilidades (no las posibilidades), puedes reducir la incertidumbre, la impotencia y la vulnerabilidad que conlleva la preocupación por posibilidades remotas. Por ejemplo, ¿qué probabilidades hay de que el mundo llegue a su fin durante el año próximo? Acepta solo aquellas estimaciones de probabilidad que se asienten en hechos científicos conocidos.

Rebate tus conclusiones

Normalmente, las predicciones funestas se entrelazan con angustiosas preguntas de «¿y si...?», por ejemplo: «¿Y si me pierdo?». Plantearte una pregunta distinta te puede ayudar a situar estas cuestiones en su debida perspectiva: «¿Qué responsabilidad tengo de encontrar mi camino?». Obviamente, puedes obtener un mapa o un GPS, pero es posible que esta solución práctica no llegue al fondo del problema.

¿Y si tu pregunta implica que no puedes contar contigo mismo para impedir un problema o enfrentarte a cualquiera que se pueda plantear? Veamos un ejemplo: «¿Y si, durante un mitin político, notan mi ansiedad?». La conclusión implícita es: «La gente sentirá rechazo». Ahora tienes un problema de fondo para analizar.

Para rebatir esta conclusión, te puedes preguntar: «¿Dónde están las pruebas de que las personas que acudan al mitin me rechazarán porque pienso que creen que parezco angustiado?». Una respuesta sincera sería esta: «No sé exactamente qué les pasa por la mente a todas esas personas». Las intervenciones empíricas como esta pueden contribuir a situar las proposiciones de «¿y si...?» en su debida perspectiva.

DESARROLLAR LA TOLERANCIA EMOCIONAL

Las emociones pueden generar pensamientos sobre sí mismas. Te despiertas de mal humor y culpas a otros de sentirte así. Las sensaciones de ansiedad pueden traer a la memoria pensamientos equivocados para explicar los sentimientos, lo cual, a su vez, puede generar más ansiedad. Cuando las emociones y los pensamientos se retroalimentan, el resultado puede ser un círculo vicioso.

Cómo romper el círculo

¿Qué puedes hacer si los pensamientos y sentimientos angustiosos se alimentan mutuamente e impiden que actúes? Puedes empezar por trabajar en el desarrollo de la tolerancia de sentimientos desagradables; habrá menos probabilidades de que te asuste lo que sabes que puedes tolerar.

Desarrollar la tolerancia emocional de la ansiedad y los miedos parasitarios significa permitirte experimentarlos. Puede parecer una propuesta poco atractiva. Sin embargo, tu disposición a soportar estados de ánimo, sensaciones y emociones desagradables es una forma verificada de fomentar la tolerancia a los sentimientos incómodos. Es, además, un paso más hacia tu autocontrol.

Un buen consejo: deja de huir

El doctor William Golden es profesor del Cornell Medical College y practica la psicoterapia en la ciudad de Nueva York y en Briarcliff Manor, en el estado de Nueva York. Este es su consejo sobre cómo enfrentarse a amenazas magnificadas:

> La amenaza y el peligro pueden ser reales y externos, como un incendio, unas inundaciones, una enfermedad o el terrorismo. Sin embargo, se puede magnificar el peligro, como en el caso de quien tiene miedo al avión o a infectarse del sida en un aseo público. La amenaza también puede proceder del interior, por ejemplo un peligro percibido para tu autoestima como consecuencia de un fallo o un fracaso.
>
> La evitación es un intento de huir de la amenaza o el peligro. El peligro de la evitación es que, aunque proporciona cierto alivio pasajero, a la larga no hace sino empeorar las cosas, en particular si la amenaza se basa en una información falsa o en algo irracional. Para superar la ansiedad, debes afrontarla tanto con el pensamiento como con la acción.
>
> Una buena forma de empezar a afrontar tus miedos y preocupaciones es identificarlos. La preocupación suele ser una forma del «¿y si...?». Un ejemplo podría ser: «¿Y si pierdo el empleo?». Por otro lado, el miedo tiende a ser más específico. Un ejemplo sería: «Perderé el trabajo y me quedaré sin casa». Una manera de tratar el miedo y la preocupación es mediante la verificación de la realidad. Cuestiona el miedo o la preocupación: «¿Existe algún indicio de que vaya a perder el empleo? ¿Cuál es la probabilidad de que así suceda?». También te puedes cuestionar el peligro para tu autoestima. El hecho de quedarte sin trabajo no te resta ningún mérito.

Puedes preguntarte por la lógica de tu razonamiento: ¿pensarías que tu amigo no tiene valor alguno si se quedara en paro? Si aún sigues pensando que tu ansiedad y tus miedos tienen algo de real, aplica este sistema de resolución de problemas de cinco pasos:

1. Define el problema. Por ejemplo: «¿Qué hago si pierdo el trabajo?».
2. Busca posibles soluciones. Por ejemplo: «Podría buscar un empleo nuevo. Podría empezar a trabajar en mi currículum. Podría empezar a establecer contactos. Podría montar un negocio *online*. Podría acudir a una empresa de selección de personal. Podría buscar asesoramiento profesional. Podría solicitar un subsidio de desempleo. Podría negociar un buen finiquito».
3. Analiza los pros y los contras de cada alternativa. Piensa en las ventajas y los inconvenientes de cada opción, en las posibles consecuencias que tendría para ti y otras personas importantes de tu vida, en los posibles resultados y en la probabilidad de éxito de cada decisión.
4. Decide la mejor alternativa o combinación de alternativas: no tienes por qué escoger solo una opción. Lo habitual es que una mezcla de opciones dé los mejores resultados.
5. Aplica el plan de acción que hayas elaborado. Si no surte efecto, en lugar de rendirte, cambia de sistema de solución del problema, empezando por redefinirlo, y busca posibles soluciones. Es probable que dispongas de información nueva y puedas dar con otras alternativas. No tengas miedo de pedir ideas a gente que conozcas y en la que confíes. A veces otra persona puede ver una posibilidad que a ti no se te había ocurrido.

Cómo aceptar la realidad

La ansiedad debida al desasosiego puede ser una de las peores experiencias emocionales humanas, pero tiene remedio. Considera estas cuatro reflexiones:

- El desasosiego no es una enfermedad mortal.
- Los sentimientos desagradables acaban por desaparecer.
- Lo único que puede abrumarte es la magnificación de tus sentimientos de ansiedad.
- Al reprimir ideas aterradoras sobre la tensión, tendrás más tiempo para gestionar tanto el estrés cotidiano como el estrés extraordinario.

La tolerancia emocional empieza por aceptar la realidad. Si estás tenso, estás tenso. Es lo que hay. Esto no significa rendirse a la ansiedad ni que esté bien recrearse en rumiar pensamientos sobre lo que te provoca dolor.

Cuando te instalas en el desasosiego, magnificas los sentimientos que no quieres experimentar y es probable que repitas las condiciones que asocias con estos sentimientos. Esta repetición (el pensamiento negativo repetitivo) acelera tu tristeza. Se entrecruza con diferentes formas de ansiedad y otros estados emocionales desagradables, como la depresión (McEvoy *et al.*, 2013). Si rompes un patrón de rumiación en un área, puedes reducirlo automáticamente en otra.

A veces las desagradables sensaciones de ansiedad desaparecen solas, pero instalarse en una situación de peligro normalmente intensifica los sentimientos. Si ya no temes las sensaciones de desasosiego asociadas a ideas terribles, será menos probable que las magnifiques. Si no las exageras sentirás menos estrés.

Con este nuevo nivel de tolerancia emocional, puedes empezar a abordar las situaciones que desencadenan tu ansiedad y tus miedos, lo cual supondrá un cambio sustancial en tu forma de pensar y sentir.

ENFRENTARSE AL PROBLEMA

Imaginemos que eres pintor y te angustia que la gente critique y rechace tus obras. Por este miedo a las críticas, escondes tus trabajos. Sabes que es un miedo que no tiene sentido. Varios profesores y amigos han aplaudido tu talento y tus pinturas. Has recibido varios premios por tus obras. Pero una vez fuiste objeto de una crítica desagradable de un compañero pintor, y te da tanto miedo de que te vuelva a ocurrir que evitas mostrar tus obras. Al tiempo que escondes tus trabajos, esquivas la ansiedad y el miedo que te provoca enseñarlos, pero tampoco consigues superar esa ansiedad ni ese miedo.

Exposición en dos fases

La respuesta es hacer todo lo contrario: afrontar lo que te da miedo con nuevas conductas funcionales. Lo puedes hacer en dos etapas: primero, resuelve el problema mentalmente en diferentes fases; después en la misma secuencia enfréntate a tu miedo.

Puedes dividir la fase uno en cuatro pasos:

1. Empieza por imaginar tus cuadros expuestos al público.
2. Imagina que eres una mosca posada en la pared, escuchando los comentarios de la gente sobre tus obras. Cada comentario negativo que se te ocurra equilíbralo con un consiguiente comentario positivo.
3. Piensa en cinco razones sólidas por las que la gente puede tener diferentes gustos estéticos y es posible que no vea tu obra de la misma forma. Por ejemplo, algunas personas creen que a la *Mona Lisa*, de Leonardo da Vinci, le falta color y que no es hermosa hasta el punto de justificar los esfuerzos de su autor. Sin embargo, es una de las pinturas más famosas de todos los tiempos. Moraleja: no se puede complacer a todos. En efecto, no puedes lograr la perfección y siempre habrá alguien a quien no le gustará lo que haces, aunque sean

obras perfectas. En vez de preocuparte por esa persona, haz tu trabajo lo mejor que puedas.

4. Acepta la validez de una perspectiva plural (es decir, que la misma situación se puede ver de distintas formas) y convén en que en el caso de tus cuadros, cuya calidad puede variar, no tienes ninguna razón buena ni realista para temer una crítica negativa de todo el mundo, como tampoco debes esperar el aplauso unánime.

En la fase dos pasas de este ensayo mental a hacer un ejercicio conductual:

1. Cuelga en tu casa tus cuadros que más te gusten, de modo que estén a la vista de todos.
2. Invita a gente a tu casa. Si oyes un comentario negativo, esfuérzate por aceptarlo sin que ello te desmoralice (ver la fase uno).
3. Acuérdate de que cada persona tiene sus preferencias estéticas y es posible que no todas vean tu obra de la misma forma.
4. Reconoce que no tienes ninguna razón realista para temer que todos vayan a criticar negativamente tu trabajo.

El paso siguiente puede ser presentar una de tus obras a un concurso y ver qué pasa.

Una matriz cognitivo-emotivo-conductual para gestionar el tiempo y la proximidad

A veces una situación que temes sin causa alguna te genera una ansiedad irracional. Al final encontrarás aquello que te daba miedo. ¿Qué podrías hacer en el momento en que la ansiedad se convierte en miedo? En este punto de convergencia, puedes recurrir a intervenciones cognitivas, emotivas y conductuales para gestionar mejor tu ansiedad y tus miedos. Una matriz de preguntas cognitivas, emotivas y conductuales te puede ayudar a considerar qué acciones emprender antes de afrontar tu miedo, en el punto en que convergen tu ansiedad y tu miedo, y cuando te encuentres en la situación que temes. Con el siguiente sistema de tres frentes, puedes gestionar cada fase de este proceso.

Dimensiones	Ansiedad	Punto de convergencia	Miedo
Cognitiva	*¿Qué puedo hacer para ubicar la situación que me asusta en una perspectiva razonable?*	*¿Cómo podría determinar un punto de convergencia en el que el miedo no haya aparecido del todo, pero esté en proceso de hacerlo?*	*Cuando sienta el miedo, ¿qué me puedo decir sobre la situación y las sensaciones, para poder vencer las ideas que me generan miedo y me paralizan?*
Emotiva	*¿Qué puedo hacer para tolerar las sensaciones físicas de ansiedad que no me gustan?*	*¿Qué acciones (pensamientos, conducta) puedo llevar a cabo para afrontar el momento en que la ansiedad se convierte en miedo?*	*¿Qué opciones tengo cuando se trata de aceptar la tensión del miedo?*
Conductual	*¿Qué comportamientos concretos puedo probar de antemano para prepararme efectivamente para el afrontamiento?*	*¿Qué acciones puedo emprender para afrontar un miedo en el punto de convergencia, donde la ansiedad se convierte en miedo?*	*¿Qué acciones conductuales puedo llevar a cabo para evitar desistir y dar mayor fuerza al miedo?*

EJERCICIO: TU PLAN PARA GESTIONAR EL TIEMPO Y LA PROXIMIDAD

Utilizando este sistema escrito estructurado, anota el peligro específico cuyo afrontamiento te provoca ansiedad. Después, tomando como orientación la matriz anterior de preguntas cognitivas, emotivas y conductuales, completa los espacios en blanco con intervenciones destinadas a combatir este peligro concreto cuando te dispones a afrontarlo.

Tu problema: ______________________________

Dimensiones	Ansiedad	Punto de convergencia	Miedo
Cognitiva			
Emotiva			
Conductual			

Un buen consejo: forma tu equipo del cambio

El doctor John Norcross es profesor distinguido de Psicología de la Universidad de Scranton, psicólogo acreditado por el Consejo Americano de Psicología Profesional, en ejercicio a tiempo parcial y autor del libro *Changeology: Five Steps to Realizing Your Goals and Resolutions* [Cambiología: cinco pasos para alcanzar tus metas y propósitos]. Este es su consejo:

> Combatir tu ansiedad y tus miedos no tiene por qué ser un empeño solitario. Forma un equipo del cambio con personas positivas que te ayuden y animen a seguir adelante. Trabajamos mejor si trabajamos juntos. Así que vamos a formar equipo.
>
> Algunos consejos rápidos sobre la formación de tu equipo del cambio: pídeselo a una o dos personas; lo ideal es que sean de entornos distintos, como tu casa, el trabajo, la escuela o la iglesia. Incluso las puedes encontrar en grupos de apoyo *online*. Si puedes, busca a alguien que comprenda la ansiedad y la haya sufrido; modelos y mentores valientes te animarán en tu objetivo. No todos tus amigos ni familiares serán adecuados para tus necesidades, de modo que ten preparado un educado «No, pero gracias». Cuídate de los consagrados en el *Salón de la Vergüenza de los Ayudantes*: los agoreros («No va a funcionar»), y los «haz como yo» (aquellos que insisten en que lo que sea que les funcionara a ellos automáticamente te va a funcionar a ti).
>
> Especifica a tu equipo lo que necesitas (que te escuchen, te ayuden, sigan tu progreso) y lo que no necesitas (juicios, lecturas, negatividad).
>
> Una vez que te decidas a afrontar y reducir la ansiedad, necesitarás recurrir a tu equipo del cambio. La que sigue es una

breve lista de referencia para asegurarte de que estás aprovechando al máximo la ayuda de tu equipo:

- *Charlamos con frecuencia, como mínimo varias veces a la semana, para que no me desvíe de mi objetivo.*
- *Escuchan mis preocupaciones y me ayudan.*
- *Les digo lo que necesito de ellos, aunque a veces me es difícil.*
- *Mi equipo del cambio mantiene un foco positivo y me recuerda mi progreso (pese a los tropiezos).*
- *Cuando se lo pido, me dan pautas para cambiar y algún consejo específico.*
- *Nos concentramos en nuestros respectivos objetivos e incluso competimos amablemente por lograr el éxito.*
- *Los equipos ganadores son sinceros y se puede confiar en ellos; de vez en cuando, me hacen —y yo acepto— alguna crítica constructiva.*
- *Celebramos juntos nuestros éxitos.*

INFORME SOBRE TU PROGRESO

Escribe lo que hayas aprendido de este capítulo y las acciones que piensas emprender. Después anota los resultados de estas acciones y lo que hayas conseguido.

¿Cuáles son las tres ideas fundamentales que has sacado de este capítulo?

1.

2.

3.

¿Cuáles son las tres principales acciones que puedes llevar a cabo para combatir una ansiedad o un miedo determinados?

1.

2.

3.

¿Cuáles fueron los resultados de esas acciones?

1.

2.

3.

¿Qué beneficios te ha reportado el hecho de actuar? ¿Qué harías de otro modo la próxima vez?

1.

2.

3.

CAPÍTULO 4

Desarrollo de tus habilidades de autoobservación

La ansiedad es un proceso autoabsorbente en el que llegas a saber más y más sobre cuestiones cada vez más nimias, pero poco sobre lo que puedes hacer para liberarte de tu ansiedad. Paradójicamente, solo al aprender más sobre lo que puedes lograr, podrás aprender más sobre tu verdadero yo. Así pues, ¿qué puedes hacer para escapar de un bucle tan estéril? Practica la autoobservación. Con un sistema de observación de ti mismo, das pasos extra en el camino que te lleva a analizar tu ansiedad y tus miedos, como si te estuvieras viendo desde la distancia. Al rastrear lo que ocurre cuando entras en un círculo de ansiedad, puedes averiguar dónde intervenir para cambiar el proceso.

UN DIARIO PERSONAL PARA ACTUAR MEJOR

Escribir lo que te ocurre puede contribuir a mitigar la ansiedad y la depresión, y es un ejercicio especialmente útil para quienes no pueden acceder a servicios profesionales de calidad (Stockdale, 2011). Hay muchas formas de hacerlo, entre ellas escribir relatos expresivos sobre un aspecto de la ansiedad unos quince minutos al día durante tres o cuatro días (Pennebaker y Beall, 1986). Puedes probar con este sistema u optar por el diario. El diario te ayudará a reunir datos, de modo que seas capaz de distinguir entre los peligros objetivamente verificables y los ficticios.

Para llevar un diario, puedes utilizar el teléfono móvil, la tecnología de reconocimiento de voz, el ordenador, una libreta o tarjetas, entre otras cosas. Decídete por lo que te parezca más natural. Es más probable que uses lo que mejor te funcione.

Asimismo, puedes decidir organizar tu información con un estilo fluido o de forma más estructurada. Un estilo fluido puede significar simplemente exponer las situaciones de ansiedad y dejar por escrito todo lo que se te ocurra sobre ellas. Si prefieres un enfoque más estructurado, puedes ponerles título a los hechos en cuestión, a tus ideas sobre ellos, a tus emociones y a tus reacciones conductuales.

La siguiente tabla muestra cómo organizar la información de un diario. El ejemplo es de un paciente llamado Bob que estaba permanentemente preocupado. Bob empezó por trazar la conexión entre las situaciones que hacían que se preocupara, las cogniciones de peligro, los sentimientos y los comportamientos.

Tabla de Bob sobre situaciones que le generan preocupación, sus cogniciones de peligro, sentimientos y comportamientos

Situación de preocupación	Cogniciones de peligro	Emociones	Comportamientos
Un amigo se retrasa.	*Mi amigo ha tenido un accidente y es posible que haya muerto, lo cual es horrible.*	*Preocupación, ansiedad, miedo.*	*Ir de un lado a otro. Llamar al móvil del amigo. Beberse de un trago un vaso de vino.*

Situación de preocupación	Cogniciones de peligro	Emociones	Comportamientos
Una carta certificada.	*Va a ocurrir algo horrible. Me habrán denunciado. Hacienda quiere hacerme una auditoría.*	*Ansiedad y pánico, y mayor preocupación y pánico cuando las terribles posibilidades no dejan de acudir a la mente.*	*Ignorar la carta. Beberse de un trago un vaso de vino.*
Un colega pasa a mi lado y no me saluda.	*Algo malo habré hecho. La gente me rechaza. Es horrible.*	*Ansiedad.*	*Evitar mirar al colega. Buscar formas de evitar al colega. Desquitarse con el colega hablando mal de él a sus espaldas. Beber para no pensar en el incidente.*

Estos tres ejemplos fueron suficientes para convencer a Bob de que se precipitaba en sus conclusiones. Señaló que bebía en exceso para aquietar sus tensiones cuando estaba preocupado. Tenía que afrontar esta adicción, definitivamente. El hecho de anotar lo que le pasaba le abrió los ojos sobre lo que debía cambiar.

EJERCICIO: TU TABLA DE SITUACIONES QUE TE PREOCUPAN Y LOS CONSIGUIENTES PROCESOS

En una tabla, escribe algunos ejemplos de situaciones en que te sientes angustiado o preocupado, tus cogniciones de peligro (lo que estás pensando), tus reacciones emocionales y tus comportamientos.

Situación de preocupación	Cogniciones de peligro	Emociones	Comportamientos

Anotar tus procesos te puede ayudar a obtener una mejor imagen de los patrones que quieres romper.

Analizar hipótesis alternativas

Cuando la ansiedad y los miedos se deben a cogniciones de peligro, una forma de alterar el proceso es buscar *hipótesis alternativas*, o teorías más positivas sobre cuál puede ser la verdadera realidad.

Imagina que recibes una carta certificada con acuse de recibo y no tienes ni idea de qué se puede tratar. Te resulta imposible leer bien el remitente. Puedes precipitarte a la aterradora conclusión de que la carta es de un abogado que piensa demandarte. No tienes pruebas, pero crees en esta idea.

¿Cuáles son algunas hipótesis alternativas? Una carta certificada con acuse de recibo puede ser una notificación pública de que algún vecino ha solicitado reformar el garaje. Tal vez olvidaste renovar la licencia de tu mascota, y se te notifica. La carta podría ser de un notario que te comunica que un familiar fallecido hace ya tiempo te ha dejado una herencia.

El paso siguiente es conocer los hechos para ver qué hipótesis es la correcta, si es que hay alguna. Abres la carta y la lees. Una vez que sabes lo que pasa, estás en condiciones de decidir lo que vayas a hacer.

El ejemplo de la carta certificada muestra cómo determinar si tienes un problema o no. Abstenerse de juzgar hasta disponer de los hechos suele ser un buen paso en casos de incertidumbre en que no tienes ningún indicio de lo que vaya a pasar, incluso en un futuro muy lejano.

AFRONTAR LAS IDEAS CATASTRÓFICAS

Albert Ellis emplea el término *catastrofizar* para referirse a una tendencia humana a exagerar situaciones o convertir peligros menores en auténticas catástrofes: si se te acelera el ritmo cardíaco, significa que te está dando un infarto; si no consigues recordar una canción que te ronda por la cabeza, significa que te estás volviendo loco. Ellis opina que este tipo de pensamiento es habitual en las personas que padecen ansiedad persistente (Ellis, 2000).

¿Te has preguntado alguna vez por qué es posible que catastrofices? ¿Has observado a algún miembro de tu familia que exagerara las proporciones de un determinado inconveniente? ¿Lo has visto en alguna película? Todos ellos son factores que pueden contribuir a esa exageración. Pero hay otro. Si te alarmas con facilidad, es posible que seas propenso a catastrofizar y a tener dificultades para deshacerte de pensamientos negativos (McMillan *et al.*, 2012). No puedes cambiar la tendencia a asustarte fácilmente, pero sí puedes aprender a deshacerte del razonamiento negativo.

En este caso, *catastrofizar* significa convertir una situación mala en algo peor (Ellis y Harper, 1997). Puedes utilizar un lenguaje alarmista, como *horrible* o *terrible*, para describir lo que sucede. En este caso tu mensaje interior es que lo que sientes es peor que malo. Piénsalo de nuevo. Catastrofizar amplifica lo que no te gusta. Por otro lado, moderar tu lenguaje te puede beneficiar considerablemente. Por ejemplo, sustituye *horrible* por *desagradable* y observa si con ello marcas alguna diferencia.

Piensa en lo que piensas

En un estado mental catastrofista, lo más probable es que te concentres en lo que te perturba y olvides analizar tu pensamiento. Si observas que estás catastrofizando, una solución es pensar en lo que piensas.

Catastrofizar añade un sentido negativo extra a una situación, por lo que puedes aquietar tu razonamiento eliminando el sentido añadido. Una buena forma de hacerlo es empezar con una declaración general sobre los efectos actuales de tu ansiedad y después preguntarte qué ocurrirá a continuación. Este sistema de «¿y entonces qué?» contribuye a aplacar un proceso de pensamiento catastrofista.

Imagina que no apruebas un examen importante. Podrías decirte que se te ha arruinado la vida. Podrías pensar que quienes se enteren de tal fracaso se alejarán de ti como si tuvieras alguna enfermedad contagiosa. Pero ¿hay algo de verdad en todo ello?

Considera la siguiente afirmación: «Mi vida está destrozada». Si esto es lo que te dices, puedes cuestionar tu pensamiento preguntando: «¿Y entonces qué?». Puedes concluir: «Seré un desgraciado». ¿Y entonces qué? «Probablemente volveré a mi vida normal». ¿Y entonces qué? Puedes concluir: «Estudiaré y me presentaré de nuevo al examen». Si todo acaba en que vas a hacer de nuevo el examen, ¿por qué no ir directamente a esa solución y sortear la parte catastrófica del proceso?

ENFRÉNTATE A LAS ELUCUBRACIONES

Es posible que pases el tiempo pensando en el pasado y lo que podría haber sido, qué hiciste mal y los errores que cometiste. Piensas en lo desgraciado que te sientes, en qué es lo que te pasa y por qué no puedes cambiar. Piensas en qué tienen de malo los demás y por qué deberían cambiar. Piensas en qué tiene de malo el mundo y por qué habría que cambiar tal situación. Cuando te sientes atrapado en este monólogo autoabsorbente, acabas por saber cada vez más sobre lo que te agobia, y menos sobre cómo abandonar esa costumbre de cavilar y elucubrar. ¿Es posible que puedas romper este círculo?

Salir del laberinto de las elucubraciones

El pensamiento elucubrador es un problema fundamental que normalmente se da con la ansiedad y la depresión (Olatunji *et al.*, 2013). Si te encuentras en un bucle de cavilaciones, puedes echar mano de tu capacidad de autoobservación para desactivar este proceso.

Da un paso atrás y mira lo que piensas. Sin emitir juicio alguno, *observa* (qué está pasando), *califica* (qué es una elucubración y qué no, y *cuantifica* (frecuencia, intensidad y duración) tus pensamientos elucubradores. Este examen puede ayudar a moderar el rumiar y la preocupación.

En vez de pensar que el vaso está medio vacío, piensa en qué hay en la otra mitad. El mundo de la rumiación está lleno de *podría haber...*: qué podrías haber hecho, dicho o pensado. Equilíbralo con recuerdos de cosas que sí hiciste y de las cuales estás satisfecho.

Reflexiona sobre los problemas que se te plantean. Te puedes ayudar a ti mismo haciéndote preguntas productivas y buscando respuestas que se puedan verificar. ¿Cuáles son los hechos en esta situación? ¿Cuáles son tus opciones? ¿Cómo te las arreglarás para poner en práctica la mejor opción? Con preguntas y respuestas productivas, es previsible que estés en mejor posición para aplicar tus opciones más prometedoras.

Ocúpate del aquí y ahora. Oscilar entre recuerdos lamentables y horrores anticipados te aparta del momento actual. Ahora mismo no existe la culpa, porque la culpa refleja el pasado. Ahora mismo no hay nada que provoque ansiedad, porque esta se refiere al futuro. Si no se te ocurre nada más en lo que puedas pensar, mírate el dorso de la mano. Lo que ves es lo que está pasando ahora mismo. No asusta mucho, ¿verdad?

DESARROLLAR LA COMPOSTURA SEGURA

Al enfrentarte a tu ansiedad, puedes adquirir habilidades para afrontar la adversidad. Estas habilidades sirven para aprovechar las oportunidades positivas y aceptar retos que merecen la pena, como encontrar un compañero o compañera encantadores, montar un negocio o reivindicar tus derechos cuando alguien te trata injustamente. Cuando reconoces el engañoso pensamiento de la ansiedad y evitas vacilaciones que conducen a dejar las cosas para otro momento, no desperdiciarás las oportunidades. Estás desarrollando la *compostura segura*: la seguridad en ti mismo y el autocontrol, un estado de la mente en el que te sientes responsable de ti mismo y de lo que suceda a tu alrededor y se pueda controlar.

Con la compostura segura, reconoces que eres dueño de ti mismo y de nadie más. No exiges que el mundo cambie para ti, y no necesitas que cambie. Tomas la vida y las situaciones tal como son. Orientas tus acciones hacia objetivos productivos. Cuando aparecen las incertidumbres decides cuáles merecen la pena analizar. Te permites vivir con las tensiones que son una parte natural de la vida. Con esta visión más indulgente pero de mayor fuerza, puedes disponer mejor de tus recursos para desactivar, afinar o directamente gestionar tus miedos, angustias y conflictos. Estás mejor preparado para avanzar en tu propio y fundamentado interés.

Emplea el optimismo realista

Cuando intentas superar tu ansiedad y tus miedos parasitarios, puedes desarrollar un *optimismo realista*, es decir, estar convencido de que puedes aplicar tu talento y tus dotes a forjarte un futuro mejor enfrentándote hoy a tus problemas actuales. Estás preparado para ver oportunidades y afrontar desafíos que merezcan la pena. También sabes reconocer una amenaza o un peligro reales cuando los ves. Estás motivado para imponerte, pero también para probar un camino distinto cuando llegas a un callejón sin salida. Como optimista realista, sabes cuándo te enfrentas a un muro inamovible o cuándo puedes hacer algo para inclinar la balanza a tu favor.

Considera esta pregunta: ¿eres capaz de organizar, regular y dirigir productivamente tus acciones para abordar, combatir y superar tu ansiedad y tus miedos parasitarios y que más te debilitan? Si crees de verdad que puedes hacer un esfuerzo en este sentido, estás experimentando un optimismo realista y te encuentras en el camino que lleva al dominio de uno mismo.

Aplica tu inteligencia, tu ingenio y tu voluntad

Para mejorar tus habilidades de autoobservación, puedes recurrir a tres poderosas facultades: tu inteligencia, tu ingenio y tu voluntad, para neutralizar tu ansiedad o tus miedos parasitarios. Puedes usar la inteligencia para reconocer el peligro y evitar de antemano que se haga realidad. Mediante el ingenio, puedes encontrar una nueva forma de sobrevivir a la adversidad. Tu voluntad de resistir puede marcar toda la diferencia.

Vivir con un firme propósito, por ejemplo para tu familia o para llevar a cabo una importante misión, mejora sustancialmente tus oportunidades de superar situaciones peligrosas. Ese propósito te da la necesaria constancia para tolerar el desasosiego emocional extremo. Si, arrastrado por las aguas, te agarras a un árbol, tu voluntad de resistir puede ser decisiva. Sin embargo, las circunstancias que provocan un estrés menor son más habituales.

Cuando te asedian la ansiedad y los miedos, no pierdes la inteligencia, el ingenio ni la voluntad, pero a veces puedes utilizar mal esas valiosas facultades. Empleas la inteligencia para inventar excusas.

Encuentras ingeniosas formas de esquivar el desasosiego del miedo. Te obligas a sortear tus temores. Afortunadamente, puedes aprender a cuestionar las excusas, tolerar el estrés y encontrar nuevas formas de enfrentarte a tus miedos.

Un buen consejo: deja que el mono se las arregle solo

Ed García, psicoterapeuta de Atlanta, coautor de *Homer the Homely Hound Dog* [Homero el sabueso hogareño] y escultor, propone una forma creativa de compartir espacio con el mono de la ansiedad que llevas a tu espalda:

> Tuve un paciente con un problema de ansiedad derivada del miedo a volar. Decía que se sentía como si llevara un mono pegado a la espalda y que, por mucho que lo intentara, no se lo podía sacudir. Siempre que hacía el esfuerzo de reservar un vuelo, aquel mono se le agarraba con todas sus fuerzas. Mi paciente nunca llegó a comprar ese billete.
> Le propuse que la próxima vez que fuera a reservar un vuelo comprara dos billetes: uno para él y otro para el mono. Una vez que se repuso de mi propuesta, le expliqué que cuando uno acepta su miedo y se concentra en lo que quiere hacer, a pesar de cómo se sienta, lo habitual es que la ansiedad se haga manejable. ¿Qué va a hacer el mono cuando lo lleves contigo? ¡Nada! Cuando de nuevo fue a reservar un vuelo, no compró un billete para el mono. Lo coló a bordo.

INFORME SOBRE TU PROGRESO

Escribe lo que hayas aprendido de este capítulo y las acciones que piensas emprender. Después anota los resultados de estas acciones y lo que hayas conseguido.

¿Cuáles son las tres ideas fundamentales que has sacado de este capítulo?

1.

2.

3.

¿Cuáles son las tres principales acciones que puedes llevar a cabo para combatir una ansiedad o un miedo determinados?

1.

2.

3.

¿Cuáles fueron los resultados de esas acciones?

1.

2.

3.

¿Qué beneficios te ha reportado el hecho de actuar? ¿Qué harías de otro modo la próxima vez?

1.

2.

3.

CAPÍTULO 5

Desactivar los problemas dobles

¿Te has sentido alguna vez como si estuvieras atrapado en una puerta giratoria de ansiedad que va cogiendo velocidad? Si es así, es posible que tengas *problemas dobles*, que se producen cuando de un problema haces dos o más.

Así funcionan los problemas dobles. Tienes un problema, por ejemplo unos síntomas físicos nuevos y que no te explicas. Tienes razones legítimas para preocuparte y debes acudir al médico. Con esto ya tienes más que suficiente. La primera capa de problemas extra empieza cuando te pones a leer demasiado sobre esos síntomas y tienes miedo de sufrir una terrible enfermedad. A continuación, comienzas a preocuparte porque te preocupas demasiado, algo de lo que asumes toda la culpa. Al culparte te enfadas contigo mismo. Pasas a pensar: «Tengo que liberarme de este sentimiento, tengo que liberarme de este sentimiento», y puedes amplificar los propios sentimientos que pretendes evitar. Como puedes imaginar, esta magnificación del problema puede llevarte a catastrofizar.

RECONOCER EL PENSAMIENTO DE LOS PROBLEMAS DOBLES

Los problemas dobles adquieren formas muy diversas, entre ellas el miedo a tener miedo, el sentimiento de impotencia al sentirte impotente, y el pánico ante la perspectiva de sentir pánico. Albert Ellis (2000) describe esta situación como una perturbación secundaria en la que vas apilando problema sobre problema.

La que sigue es una muestra de las diferentes formas en que las personas crean problemas dobles con sus pensamientos:

- *Me estoy matando con mis miedos.*
- *Tengo que dejar de sentir ansiedad ahora.*
- *No puedo aguantar más sentir miedo.*
- *Este sentimiento es horrible. No puedo volver a tenerlo.*
- *No puedo cambiar.*
- *Vivo un infierno.*
- *Me voy a volver loco.*

ROMPER EL CÍRCULO VICIOSO DE LOS PROBLEMAS DOBLES

Los problemas dobles normalmente implican dos o más de los cinco siguientes estados de la mente: magnificación de los problemas, generalización exagerada, urgencia, impotencia y resignación, y pensamiento circular. Son estados que por lo general se combinan de diversas formas, pero puedes analizar y tratar cada uno por separado. Al cambiar uno, simultáneamente puedes reducir otros que están conectados al mismo estado fundamental.

Magnificación de los problemas

Cuando magnificas un problema, te concentras demasiado en la situación o la tensión que te asustan. Por ejemplo, si la ansiedad no te deja dormir, tendrás múltiples problemas dobles si te preocupas porque al día siguiente estarás cansado, te empeñas en dormir y te culpas de sentirte tenso y no poder conciliar el sueño. Es mejor que aceptes que si tienes ansiedad, tienes ansiedad. Y aunque no te duermas, puedes descansar mejor que si te obsesionas con que sigues despierto.

Generalización exagerada

La generalización es exagerada cuando sacas una conclusión excesivamente amplia. Los problemas dobles pueden reflejar este tipo de generalizaciones, como cuando te dices: «No puedo cambiar» o «Nunca superaré mis miedos». Si no tienes una bola de cristal, ¿cómo puedes saber que tales predicciones se harán realidad?

Urgencia

Los problemas dobles tienen un mensaje oculto de urgencia, por ejemplo: «¿Qué es lo peor que puede pasar si no dejo de sentir esta ansiedad inmediatamente?». Entre las diversas respuestas posibles, la que sigue es una respuesta racional: lo más probable es que te sientas angustiado durante un minuto, pero sobrevivirás como sobrevives ahora.

Impotencia y resignación

La impotencia es pensar que no puedes hacer nada para resolver tu situación. A veces es así: no puedes. Por ejemplo, podrías desear jugar de central en un equipo de la Liga Nacional de Fútbol Americano pero solo pesas ochenta kilos. Por otro lado, creer que no puedes cambiar merece pensarlo dos veces. La experiencia y la información nueva pueden alterar estas ideas. ¿Recuerdas momentos de tu vida en que, en el sentido que fuera, mejoraste?

Pensamiento circular

En la mayoría de los patrones de problemas dobles, piensas de forma circular. Un ejemplo: «Como no puedo cambiar, nunca superaré mis miedos. Como nunca superaré mis miedos, no puedo cambiar». Otro ejemplo: «La ansiedad me parece horrible porque hace que me sienta horriblemente mal, y como me siento horriblemente mal, la ansiedad me parece horrible». Puedes salirte de un círculo de problemas dobles considerando que cada problema doble es un supuesto. En el primer ejemplo, «no puedo cambiar» es un supuesto. Y en el segundo, «nunca superaré mis miedos» también es un supuesto.

Un buen consejo: haz que el viaje de la preocupación tenga un final feliz

La doctora Judith Beck es la presidenta del Beck Institute especializado en terapia cognitivo-conductual, autora de *Terapia cognitiva para la superación del estrés* y *El método Beck para adelgazar: entrene su mente para pensar como una persona delgada*. Este es su consejo para hacer que un viaje de preocupación tenga un final feliz:

> Muchas personas con problemas de ansiedad tienen una imaginación muy activa. Cuando temen que vaya a ocurrir algo, normalmente ven una imagen con el ojo de la mente. Por ejemplo, si piensas: «¿Y si mi hijo adolescente tiene un accidente de tráfico?», puedes ver la imagen de su coche que se sale de la autopista y cae dando tumbos por una pronunciada ladera, hasta empotrarse en un árbol.
>
> Cuando te sientas angustiado, pregúntate si te has estado imaginando algo negativo que es improbable que suceda. Si es así, controla la imagen y cámbiala por otra más realista. Obsérvate como director de este cortometraje. Pregúntate: «¿Cómo quiero imaginar el final de esta escena?». Por ejemplo, puedes ver de nuevo a tu hijo al volante pero conduciendo con

prudencia por la autopista, salir de ella por el punto adecuado e incorporarse a la carretera. Cambiar la imagen aliviará tu ansiedad.

EJERCITAR LA RAZÓN

Karl Popper (1962) dice que si una afirmación no se puede verificar ni refutar (demostrar que es falsa), vale la pena ser escéptico al respecto. Por ejemplo, tal vez creas que los ángeles bailan sobre las cabezas de los alfileres,* pero ¿puedes someter esta creencia a una prueba para ver si puede ser refutada? No la puedes someter a tal prueba, porque la afirmación es una ficción.

El razonamiento circular propio de los problemas dobles por lo general es fácil de refutar. La afirmación: «Nunca superaré mi ansiedad porque no puedo cambiar y, como no puedo cambiar, nunca superaré mi ansiedad» es una teoría, no un hecho. Para probar debidamente esta teoría, buscarías excepciones a esa afirmación.

Empezarías por definir tus términos fundamentales: ¿qué significa *cambiar*?, ¿qué significa *no puedo*?, ¿qué significa *nunca*? Una vez que tengas separadas y aisladas las palabras fundamentales de tu declaración circular, estarás en mejor posición para acabar con el razonamiento circular del problema, porque verás las falacias de los extremos.

¿Todas las formas de razonamiento circular son irracionales? ¡No! Alguna circularidad puede resistir la refutación: «Voy cambiando de aspecto a medida que voy creciendo y, al ir creciendo, cambio de aspecto». Asimismo, tampoco todos los miedos son ficticios, por ejemplo el miedo ante alguien que te amenaza con un cuchillo.

---

* N. del T.: Aunque la curiosa frase hace referencia a una cuestión que fue un tema de discusión serio entre los escolásticos durante la Edad Media, hoy en día, suele emplearse como una metáfora del hecho de perder el tiempo debatiendo temas sin valor práctico o sobre preguntas cuyas respuestas no tienen ninguna consecuencia intelectual.

EJERCICIO: REFUTAR TU CÍRCULO DE PROBLEMAS DOBLES

Analiza un bucle de razonamiento circular de un problema doble dando los siguientes pasos:

1. Describe tu círculo primario de problema doble (una afirmación sobre ti mismo):
2. Identifica y define los términos fundamentales de la afirmación:
3. Identifica las exageraciones que pueden intensificar tu tensión: Identifica las excepciones a dicha(s) creencia(s):
4. Identifica tus ideas de generalización exagerada: Identifica las excepciones a dicha(s) creencia(s):
5. Describe los resultados de tu esfuerzo de refutación:

El razonamiento falso está en la base de mucho desasosiego humano amplificado. Saber detener y determinar tu razonamiento falso te ayudará a evitarlo.

SIETE FORMAS DE DEJAR DE SENTIRTE DOBLEMENTE PREOCUPADO

A continuación tienes siete consejos para reducir el malestar innecesario y desarrollar una compostura segura. Como premio, te puedes asignar puntos por cada consejo que ya conozcas o puedas aceptar.

Acepta los pensamientos que te provocan desazón. Si sabes aceptar que la desazón aumenta al magnificar la importancia de un determinado suceso, y crees que puedes encontrar una forma de restringir los excesos de tu pensamiento, te puedes asignar un punto porque vas progresando.

Separa el pensamiento que te angustia de los pensamientos apropiados. Ante una tragedia, la puedes sacar de toda proporción razonable. Ahí es donde comienzan los problemas dobles. ¿Puedes separar los problemas reales de los problemas en que sumas una desgracia a otra? Si puedes, date un punto por avanzar.

Concéntrate en los desencadenantes cognitivos. Lo que pienses sobre una situación angustiosa puede desencadenar desazón emocional. ¿El hecho de que te sientas doblemente intranquilo es consecuencia de que no puedes controlar hechos y sucesos que crees que debes controlar? ¿Tienes miedo de tus propios sentimientos? Si eres capaz de establecer la relación entre las ideas doblemente angustiosas y sus resultados emocionales amplificados, puedes darte un punto por avanzar.

Busca falsas atribuciones. Cuando no ocurre nada destacable o importante, ¿normalmente encuentras algo que explica tu tensión interior? Una vez que identifiques estas atribuciones imaginarias, puedes emplear este conocimiento como una primera señal de alarma para de inmediato tomar medidas correctoras. Por tal logro, te puedes dar un punto.

Clasifica tu pensamiento detonante de ansiedad. El pensamiento detonante adquiere diferentes formas, por ejemplo el pensamiento de la exageración y el de la impotencia. Si etiquetas tus pensamientos, es posible que seas menos propenso a exagerar o sentirte impotente. Si eres capaz de identificar estos inútiles procesos del pensamiento, concédete un punto.

Desdramatiza lo que no es más que un inconveniente. Es posible que exageres la importancia de lo que no son sino inconvenientes, por ejemplo olvidar una contraseña. En el proceso de exagerar el inconveniente, es posible que utilices un lenguaje más dramático que el que la situación merece, por ejemplo: «Esto es demasiado para mí. No lo puedo soportar». En su lugar, describe el hecho en términos concretos: «No me gusta la frustración que me provoca olvidar una contraseña, y preferiría que no me ocurriera». Asígnate un punto por suavizar el lenguaje.

Acepta el trabajo. Aunque puedas ver enseguida tu patrón de ansiedad, para avanzar de verdad por lo general se requiere conocimiento, tiempo y trabajo. Cuando sepas aceptar esta realidad, puedes darte un punto por progresar.

¿Cuál es el resultado de todo ello? Cualquier progreso que hayas hecho indica que estás en el camino que te lleva a liberarte de los problemas dobles.

EJERCICIO: EXAMEN DIARIO DEL PROBLEMA DOBLE

Si te encuentras atrapado en una situación de problema doble, copia la siguiente lista de referencia para realizar un examen diario de dicho problema. Utiliza la lista para comprobar los consejos que hayas seguido.

	Lun	Mar	Miér	Jue	Vier	Sáb	Dom
Acepta los pensamientos que te provocan desazón.							
Separa el pensamiento que te angustia de los pensamientos apropiados.							
Concéntrate en los desencadenantes cognitivos.							
Busca falsas atribuciones.							
Clasifica tu pensamiento detonante.							
Desdramatiza lo que no es más que un inconveniente.							
Acepta el trabajo.							

Al analizar los diversos apartados, obtendrás una doble recompensa. Sentirás menos problemas dobles, lo cual es un beneficio, y además dispondrás de un medio visual para observar tu progreso, lo cual es una ventaja.

INFORME SOBRE TU PROGRESO

Escribe lo que hayas aprendido de este capítulo y las acciones que piensas emprender. Después anota los resultados de estas acciones y lo que hayas conseguido.

¿Cuáles son las tres ideas fundamentales que has sacado de este capítulo?

1.

2.

3.

¿Cuáles son las tres principales acciones que puedes llevar a cabo para combatir una ansiedad o un miedo determinados?

1.

2.

3.

¿Cuáles fueron los resultados de esas acciones?

1.

2.

3.

¿Qué beneficios te ha reportado el hecho de actuar? ¿Qué harías de otro modo la próxima vez?

1.

2.

3.

CAPÍTULO 6

Formación en autoeficacia para superar la ansiedad

¿Cómo se enfrentan a las dificultades y superan la adversidad las personas de éxito? Sus acciones expresan lo que piensan sobre sus capacidades. Es la llamada autoeficacia, o la idea de que posees la capacidad de organizar, regular y dirigir tus acciones para afrontar cualquier obstáculo (Bandura, 1997). La importancia de la autoeficacia para vencer la ansiedad está fuera de toda duda.

- La autoeficacia desempeña un papel esencial en la reducción de la ansiedad (Benight y Bandura, 2004).
- La constancia en aplicar medidas efectivas contra la ansiedad es una fórmula para dominar el miedo y propiciar mayores niveles de autoeficacia (Bandura, 1999).
- Si puedes atribuir el cambio a tus propios esfuerzos más que a los fármacos, el destino o la suerte, es más probable que crees y mantengas una dirección nueva y positiva.
- «La autoeficacia es el principal determinante de la conducta, pero únicamente cuando se cuenta con los incentivos adecuados y las necesarias habilidades» (Feltz, 1982, pág. 746).

Para aumentar y mejorar la autoeficacia puedes recabar información, dominar nuevas experiencias, imitar las conductas efectivas de otros, convencerte y desarrollar diferentes reacciones psicológicas y emocionales. Cuando recabas información nueva, descubres los mecanismos de la ansiedad y aprendes a introducir medidas correctoras. Dominar experiencias nuevas significa someter tu miedo a un proceso progresivo hasta lograr dominarlo, al tiempo que te recompensas por cada logro que vayas sumando. Observar significa fijarse en qué hacen otras personas para superar la ansiedad; aprendemos por imitación, y es posible que te sientas inclinado a copiar lo que ves. También puede serte de mucha ayuda un amigo persuasivo. Además de estimularte, te puede acompañar cuando te enfrentes a tu miedo.

Si has tenido malas experiencias en una determinada situación, por ejemplo la de hablar en público, es posible que hayas desarrollado una deficiente autoeficacia en esta área. Pero puedes fomentar diferentes reacciones psicológicas y emocionales, mediante el aprendizaje de nuevas formas de interpretar tus experiencias. Por ejemplo, puedes llegar a considerar que superar la ansiedad que te provoca hablar en público es más un reto que una amenaza.

UN SISTEMA ESTRUCTURADO PARA CONTROLAR LA ANSIEDAD Y EL MIEDO

En tus acciones para reducir tu ansiedad, estimularás tu autoeficacia, lo cual, a su vez, aliviará tu estrés. El siguiente sistema estructurado funciona prácticamente con todo tipo de ansiedad. Utiliza como ejemplo la provocada por tener que hablar en público, ya que es una de las formas de ansiedad social más comunes. Este plan de autoeficacia consta de seis fases: analizar el problema, declarar tu misión, fijarte unos objetivos, planificar la acción, ejecutar tu plan y evaluar cómo te desenvuelves.

Analizar el problema

El miedo a hablar en público tiene sus raíces en unas expectativas negativas, la ansiedad debida a ser evaluado, la autoconciencia y el miedo al rechazo. Lo más probable es que te fijes en lo que hiciste mal en el pasado, algún fallo al que asignas unas proporciones exageradas (Cody y Teachman, 2011). Estas reminiscencias negativas contribuyen a mantener viva la ansiedad.

El análisis de la ansiedad que te provoca hablar en público puede empezar con el examen de los componentes cognitivos, emotivos y conductuales de la ansiedad. Este análisis puede señalar dónde puedes corregir lo que funcionó mal. A continuación tienes cuatro áreas en las que centrarte al poner en marcha el análisis cognitivo, emotivo y conductual de tus propios miedos:

¿Qué situaciones externas es previsible que te activen la ansiedad y el miedo? Una actividad externa podría ser el encargo de un discurso en público, la oportunidad de hacer una pregunta o intervenir en una conversación informal en una reunión social.

¿Qué te dices a ti mismo sobre estas situaciones que intensifique tu ansiedad y tu miedo? Como el río Amazonas, el pensamiento fluye sin interrupciones. Prácticamente siempre estarás pensando en algo. (Intenta dejar de pensar durante los próximos cinco minutos y observa qué pasa). Piensa en tu pensamiento. ¿Te oyes decir algo así como «será un fracaso horrible» cuando recuerdas que tienes que hablar en público?

¿Qué se suma a tu ansiedad? La ansiedad y los miedos raramente se dan con independencia de otras actitudes, como el perfeccionismo, la culpa, la procrastinación, la inseguridad y la inhibición. Por ejemplo, si crees que debes dar una conferencia perfecta, en la que cada afirmación sea irrefutable, vives un sueño imposible.

¿Cómo puedes adoptar la perspectiva de un reto? Enfrentarse a hablar en público como si de un reto se tratara es notablemente distinto de retraerse de la misma situación que defines como una amenaza. Cuando llegas a dominar el hablar en público, tu corazón late con mayor eficacia porque la sangre fluye con menos resistencia. Por otro lado, la idea de que hablar en público es un peligro lleva a la constricción vascular. El corazón bombea con mayor fuerza para que la sangre discurra por todo el sistema (Blascovich *et al.*, 2011). Al tener que hablar en público, los alumnos cuyas medidas fisiológicas eran coherentes con la perspectiva de que se trataba de un reto obtenían mejores notas (Seery *et al.*, 2010).

EJERCICIO: ANÁLISIS DE TU PROBLEMA PERSONAL

Para analizar tu ansiedad y tus miedos particulares, responde las siguientes preguntas:

1. ¿Qué situaciones externas es previsible que activen tu ansiedad y tus miedos particulares?
2. ¿Qué te dices sobre estas situaciones que recuerdan o agudizan tu ansiedad y tus miedos?
3. ¿Qué otros estados se suman a tu propensión al desasosiego?
4. ¿Qué pasos fundamentales puedes dar para superar tu ansiedad y también desactivar esos otros estados?

5. ¿Qué puedes hacer para adoptar una perspectiva de desafío?

La realización de este análisis es una forma de organizar tu pensamiento hacia la perspectiva de reto.

Al pasar de una perspectiva de peligro a otra de desafío, dejarás de evitar los peligros y empezarás a aceptar situaciones que te serán de provecho.

Declarar tu misión

Una misión es una declaración de objetivos. Si la misión es la superación personal, expresa lo que quieres conseguir y cómo tienes planeado hacerlo. Las que siguen son algunas declaraciones de misión para superar la ansiedad y los miedos:

- «Reduciré mi miedo cuestionando el pensamiento de impotencia».
- «Contrarrestaré las imágenes aterradoras equilibrándolas con imágenes de tranquilidad».
- «Reduciré mis miedos sociales desarrollando habilidades de comunicación informal».

EJERCICIO: DECLARA TU MISIÓN

¿Cuál es tu misión fundamental en tus esfuerzos por superar tu principal miedo o ansiedad? Utiliza este espacio para declarar tu misión:

____

____

____

____

Fijarte unos objetivos

Para cumplir tu misión, necesitas unos objetivos relevantes que se puedan medir y alcanzar.

- Si tu objetivo es relevante y coherente con un resultado personal y social objetivamente positivo, seguramente vale la pena esforzarse. Ser capaz de hablar en público es un notable objetivo concreto si quieres dejar de tener miedo a hablar delante de otras personas.
- Si tu objetivo se puede medir, puedes hacer un seguimiento de tu progreso. Identificar y cambiar el pensamiento de miedo a hablar en público es un objetivo que se puede medir.
- Saber que el objetivo que te propongas es alcanzable te puede motivar a lograrlo. Dominar progresivamente formas de desarrollar habilidades efectivas de hablar en público es un objetivo alcanzable.

EJERCICIO: DEFINE TU OBJETIVO PRIMORDIAL

Cumplir objetivos que te hayas propuesto, que se puedan medir y alcanzar es la mejor forma de obtener resultados positivos. Formula tu objetivo primordial:

____

____

____

____

Un buen consejo: acepta la ansiedad que te provoca hablar en público

El doctor Ron Murphy, psicólogo y psicoterapeuta de Manhattan, expone sus reflexiones sobre cómo admitir la ansiedad debida a tener que hablar en público te puede ayudar a ser un orador más relajado:

> Muchas personas se avergüenzan de su ansiedad. Es verdad que no todas experimentan una ansiedad intensa o persistente, pero quienes la padecen son el producto final de un largo proceso evolutivo. Los millones de años de supervivencia humana nos han regalado una reacción exquisitamente desarrollada de «lucha o huida». Cuando los primeros miembros de nuestra especie cruzaron la sabana, quienes miraban por encima del hombro tenían más probabilidades de sobrevivir y reproducirse que quienes se deleitaban contemplando las bonitas formas de las nubes. Es decir, la ansiedad dolorosa

equivale a poseer demasiado de algo que en sí mismo es bueno. Es como poner un motor Ferrari en un carrito de golf. Más de lo que necesitamos, pero mejor que no tener motor alguno.

Intentar enmascarar u ocultar la ansiedad porque creemos que es algo de que avergonzarse normalmente la empeora. Un ejemplo habitual de tal realidad guarda relación con hablar en público y otros tipos de ansiedad social. Ocurre con mucha frecuencia que la idea que más nos asusta es la de que alguien se pueda dar cuenta de que la sentimos. *¡Quelle horreur!* Si somos capaces de aceptar nuestra ansiedad, la podemos reconocer de antemano y dejar de desperdiciar energía ocultándola a los demás, un intento casi siempre contraproducente. Muchas personas que han de hablar en público se han dado cuenta de que empezar por decir a su audiencia que la situación les provoca ansiedad les ayuda a relajarse de forma considerable. Después, el público les suele decir que esa confesión les dio una imagen más humana y agradable, y no de inseguridad ni miedo. ¡Pruébalo alguna vez!

Planificar la acción

Un plan de acción define los pasos que vas a dar y el orden en que vas a hacerlo. Los planes de acción por lo general responden tres preguntas: ¿dónde empiezas?, ¿adónde vas? y ¿qué necesitas para llegar a ese punto?

¿Dónde empiezas? La respuesta esta pregunta es fácil. Empiezas con una ansiedad o un miedo, por ejemplo la ansiedad que te provoca hablar en público, que quieres minimizar o eliminar.

¿Adónde vas? Si tu problema es hablar en público, en última instancia te diriges a hablar ante grupos de personas con poco más que la aprensión o el miedo al escenario normales, y tal vez con una previsión positiva de que serás capaz de transmitir tus ideas al público.

¿Qué necesitas para llegar a ese punto? Tu plan incluiría alcanzar objetivos que te ayuden en tu misión. Por ejemplo, desarrollarías habilidades cognitivas para reducir las previsiones negativas, desarrollar la tolerancia emocional a la desazón y orientar tu conducta de modo que puedas gestionar, minimizar o superar tu ansiedad y tus miedos al tener que hablar en público. Y distinguirías entre lo que es relevante y lo que carece de fundamento en tus pensamientos negativos automáticos. Las personas que emplean este sistema de autoobservación muestran una mejoría considerable (Philippot, Vrielynck y Muller, 2010).

Reconocer los obstáculos

Es previsible que hasta en los planes mejor elaborados vaya a haber distracciones y retrasos, por lo que te debes preparar para los posibles obstáculos. Los buenos planes tienen en cuenta las contrariedades que puedan surgir. Es, pues, importante aprender a reconocer y afrontar todo aquello que se interponga en tu camino. Si conoces los obstáculos a los que te enfrentas, puedes hacer algo para sortearlos. Estas son algunas posibilidades:

- **La ambivalencia.** Quieres cambiar, pero sin las dudas ni la tensión que el cambio conlleva, por lo que no haces nada. Para superar la ambivalencia, busca una idea o una razón que anule la ambivalencia y te estimule a seguir afrontando el cambio. Tal vez sea liberarte de una vez por todas de la ansiedad.
- **La reactancia.** Piensas que actuar para cambiar interfiere en tu libertad para quedarte en un refugio seguro. Para superar este obstáculo analiza las ventajas y los inconvenientes. Tal vez actuar para superar la ansiedad compite con eludir la ansiedad. Pero ¿qué es lo que más te compensa, retraerte o avanzar?

- **El razonamiento emocional** por el que crees que has de sentirte cómodo antes de emprender algo que te incomode. Normalmente, vencer la ansiedad no es un proceso cómodo. Si sabes aceptar la incomodidad como parte del proceso, avanzas en el sentido correcto.

Ejecutar tu plan

Una forma comprobada de liberarte de un miedo infundado es hacer eso que temes. Ya sé que puede parecer una opción desagradable. Pero liberarte de tu miedo implica que lo sientas como parte de la solución. Si te da miedo hablar en público, lo más probable es que experimentes una agitación desagradable cuando te encuentres en la situación de tener que dirigirte a otras personas. Una parte determinante de esta fase implica aguantar tus sentimientos de miedo hasta que remitan. Es una característica del cambio del que muchos no quieren oír hablar. Sin embargo, al permitirte vivir con los sentimientos que normalmente evitarías, te demuestras que puedes sobrevivir a ellos. Es previsible que, con el tiempo, tus sentimientos de ansiedad vayan disminuyendo.

Evaluar cómo te desenvuelves

Algunas orientaciones te ayudarán a evaluar si avanzas en tu programa de autoeficacia para superar la ansiedad debida a tener que hablar en público (u otra situación en que sientas ansiedad y miedo). Puedes plantearte esta serie de preguntas:

- ¿Tu misión define un objetivo claro?
- ¿Has fijado objetivos relevantes?
- ¿Tu plan contiene suficientes detalles y orientaciones para cumplir tu misión?
- ¿Has ejecutado tu plan?

Si la respuesta a todas estas preguntas es afirmativa, sabes que avanzas en el sentido correcto. Si la de alguna es negativa, repasa tus movimientos para ver qué se puede interponer en tu camino.

Una vez puesto en práctica tu plan puedes seguir evaluando cómo te desenvuelves. Hay tres formas clásicas de medir el dominio sobre tu ansiedad o miedo:

- Razonas con mayor claridad.
- Te sientes mejor.
- Observas cambios positivos en tu comportamiento.

Después de evaluar cómo te desenvuelves, estás en condiciones de evaluar si vas por el camino correcto o si debes modificar tu enfoque o cambiar de camino.

INFORME SOBRE TU PROGRESO

Escribe lo que hayas aprendido de este capítulo y las acciones que piensas emprender. Después anota los resultados de estas acciones y lo que hayas conseguido.

¿Cuáles son las tres ideas fundamentales que has sacado de este capítulo?

1.

2.

3.

¿Cuáles son las tres principales acciones que puedes llevar a cabo para combatir una ansiedad o un miedo determinados?

1.

2.

3.

¿Cuáles fueron los resultados de esas acciones?

1.

2.

3.

¿Qué beneficios te ha reportado el hecho de actuar? ¿Qué harías de otro modo la próxima vez?

1.

2.

3.

CAPÍTULO 7

Cortar la conexión entre la ansiedad y la procrastinación

La procrastinación o aplazamiento es un grave problema transdiagnóstico que se puede extender como las malas hierbas. Es la costumbre de no cumplir con los plazos y rehuir los problemas. Es un síntoma de ansiedad, depresión u otros estados emocionales. Es una defensa ante tener que afrontar un determinado problema, por ejemplo la intolerancia a la incertidumbre o el miedo al fracaso. Puede incluir todo lo anterior y más.

LA PROCRASTINACIÓN ES UN PROCESO

La procrastinación, el aplazamiento o la dilación es la mala costumbre de retrasar hasta mañana u otro momento una actividad importante que hay que llevar a cabo con puntualidad. Pero para comprender cómo funciona la procrastinación, es necesario que la entiendas como un proceso vivo y con fases específicas.

Puedes descomponer el proceso de procrastinación en las fases que se suelen observar. En la columna izquierda de la siguiente tabla se expone una muestra de proceso de procrastinación, con sus fases en orden descendente. La columna de la derecha recoge muestras de intervenciones para cada fase.

Muestra de proceso de procrastinación	Muestra de intervenciones
1. Normalmente, la procrastinación parte de la anticipación. Te enfrentas a una actividad prioritaria que inicialmente consideras incómoda por complicación o por plazo. (Tal incomodidad puede ser tan leve como un murmullo).	Organízate para seguir adelante aun cuando normalmente te desviarías hacia actividades más livianas o con plazos menos estrictos.
2. Consideras que esta actividad prevista para un determinado momento es incómoda, fastidiosa, complicada, pesada, aburrida o te da miedo.	Las evaluaciones negativas sobre los riesgos o el tedio de una actividad prioritaria pueden ser ciertas. Pero esto no quiere decir que tengas que evitar actividades relevantes y con unos determinados plazos porque no te gustan o no quieres llevarlas a cabo. Rectifica de algún modo esa evaluación, por ejemplo: «La vida conlleva algunos deberes, obligaciones y tareas desagradables. Actuaré con responsabilidad me guste o no, o me asuste o no, lo que tenga que hacer». (Esta es una postura de madurez).
3. Siempre sustituyes lo que aplazas por algo más seguro, menos inquietante o menos urgente. Mandas un mensaje a tu amigo en el que le preguntas por el tiempo. Lees una novela. Lavas el coche. Esta dilación te alivia y es previsible que para sosegarte repitas lo que hiciste.	Recuerda que las distracciones son la condición *sine qua non* de la procrastinación. Si no desvías tu atención, harás lo prioritario, que es lo que más redunda en tu propio interés.
4. Prácticamente siempre justificas tu procrastinación diciéndote que estás demasiado cansado, escaso de fuerzas, desganado, o demasiado angustiado para hacer lo que debes.	Di claramente cómo justificas tu actitud, por ejemplo: «Es demasiado duro. No soporto la ansiedad». Etiqueta esta evaluación como *exageraciones que amplifican los sentimientos de ansiedad* y niégate a aceptarlo como un hecho.

Muestra de proceso de procrastinación	Muestra de intervenciones
5. La procrastinación casi siempre incluye un razonamiento que justifica el retraso. Te haces promesas que raramente cumples: «La próxima vez lo haré mejor», «Empezaré más tarde, cuando me sienta mejor», «He de dejar reposar el problema durante un tiempo».	Escucha el razonamiento de la procrastinación, por ejemplo: «Estoy demasiado cansado» o «Lo haré mañana». Cambia estas ideas de retrasar lo que tengas que hacer por: «Haré algo ahora», «Después juzgaré la dificultad», «Luego decidiré qué hacer a continuación».
6. Puedes sentir alivio (y librarte de toda responsabilidad) al tomar la decisión de aplazar. Este alivio sirve para reforzar decisiones futuras de procrastinación.	Aguanta el malestar mientras llevas a cabo tu tarea. La recompensa importante llega más tarde, cuando hayas avanzado con tu iniciativa de autosuperación; e incluso más tarde, cuando logres dominar este proceso de ansiedad y procrastinación.

EJERCICIO: TU PROCESO DE PROCRASTINACIÓN

Ahora te toca a ti delimitar tu proceso de procrastinación y decidir las intervenciones que te vayan a funcionar. Determina las fases de lo que sueles hacer. Después escribe lo que puedes hacer en cada fase para detener la procrastinación en cualquier punto.

Muestra de proceso de procrastinación	Muestra de intervenciones
1.	
2.	

Muestra de proceso de procrastinación	Muestra de intervenciones
3.	
4.	
5.	
6.	

Cuando tengas claro lo que ocurre, puedes tomar medidas para cambiar este proceso y llevar a cabo las acciones oportunas.

LA PROCRASTINACIÓN SECUNDARIA

Cuando la procrastinación es una costumbre básica de dilación, se la conoce como *procrastinación primaria*. Los actos puntuales de procrastinación primaria no tienen excesiva importancia, pero los patrones sí. Te puede angustiar y abrumar que se te amontonen las tareas que has aplazado. Aunque la procrastinación primaria no provoca necesariamente ansiedad, los retrasos suelen generar tensión, angustia, quejas por lo mucho que tienes que hacer, y falta de tiempo para hacer lo que debes. Y, evidentemente, un patrón de aplazamiento puede tener otro tipo de desventajas porque dejas pasar las oportunidades que se te presentan.

Cuando la procrastinación es un síntoma de ansiedad, se trata de una *procrastinación secundaria*. La ansiedad es primaria. La procrastinación es un síntoma de ansiedad.

Cuando la procrastinación y la ansiedad coexisten, estás en un ciclo de infelicidad: evitas automáticamente lo que te da miedo, pospones acciones para poner fin a tu ciclo de evasión, y lo mismo haces para comenzar a superar el miedo. A menos que tomes medidas correctoras, perderás oportunidades de superación personal. Repetirás el ciclo. Aquí, la procrastinación es un obstáculo tanto para superarte a ti mismo como para combatir la ansiedad.

La ansiedad y la procrastinación se pueden solapar. Por ejemplo, ambas pueden ser consecuencia de la baja autoestima, el miedo a la incertidumbre o una sensación de falta de control.

Ante una conexión entre la ansiedad y la procrastinación, tienes cuando menos dos retos: combatir tu inicial procrastinación y abordar la ansiedad (recabar información sobre ella y aplicarte lo que averigües) y combatir la procrastinación tras la que se oculta la ansiedad (dejando de hacer lo que debes porque lo asocias con el sentimiento de ansiedad).

El siguiente apartado utiliza la ansiedad debida al miedo al fracaso como ejemplo de cómo aplicar los métodos cognitivos, emotivos y conductuales para cortar esta conexión entre la ansiedad y la procrastinación.

EL MIEDO AL FRACASO Y LA PROCRASTINACIÓN SECUNDARIA

¿Qué puedes hacer al ver que estás aplazando tus asuntos cuando el problema es la ansiedad que te provoca el posible fracaso? La siguiente tabla recoge las dimensiones cognitivas, emocionales y conductuales de las distracciones generadas por los aplazamientos, las alternativas y los planes de acción productivos, y los posibles resultados de emprender la acción.

Ansiedad que evitas afrontar: *La ansiedad provocada por la posibilidad de suspender un examen.*

Dimensiones	Distracciones debidas a la procrastinación	Alternativas productivas	Plan de acción	Resultados
Cognitiva	Te repites que te sentirás más relajado y dispuesto a estudiar después de asistir a una fiesta.	En lugar de distraerte, dedica el tiempo a estudiar.	Acepta que estudiar puede resultar frustrante y que la frustración es una parte normal de la educación formal.	Mayor tolerancia a la frustración. Progreso en el estudio.
Emotiva	Te repites que para estudiar has de tener ganas de hacerlo.	Considera la idea de que la motivación puede seguir a la acción.	Acepta que no necesitas estar motivado para hacer lo que consideras que no te motiva pero es fundamental para lograr el objetivo de aprobar un examen.	Te pones a estudiar como te pondrías a realizar otras tareas que requieren tiempo y concentración.
Conductual	Te vas de fiesta.	Emplea el «tiempo de fiesta» en estudiar.	Di a tus amigos que vayan sin ti, que quieres estudiar.	Los amigos se van, con lo que te puedes preparar para el examen.

EJERCICIO: TU CONEXIÓN ENTRE LA ANSIEDAD Y LA PROCRASTINACIÓN

Utiliza el siguiente formato para cortar tu propia conexión entre la ansiedad y la procrastinación. Rellena los espacios en blanco, primero escribiendo sobre la ansiedad que te retrasas en abordar. Luego delimita las distracciones cognitivas, emotivas y conductuales de tu propia procrastinación, las alternativas productivas, un plan de acción para cada una y los resultados de implementar estos planes.

Ansiedad que evitas afrontar: ______________________________

Dimensiones	Distracciones debidas a la procrastinación	Alternativas productivas	Plan de acción	Resultados
Cognitiva				
Emotiva				
Conductual				

Es paradójico que corregir la costumbre de evitar el trabajo requiere trabajo. No obstante, a la larga, es la mejor forma de deshacerse de un patrón en el que no dejas de girar en torno a la ansiedad y la procrastinación, una y otra vez, sin que ello te lleve a ninguna parte.

LA PROCRASTINACIÓN, LOS SENTIMIENTOS Y LA TOMA DE DECISIONES

Nuestros ancestros prehistóricos, para progresar y sobrevivir, recurrían a lo que estaba a su alcance, por ejemplo el fruto que pendía del árbol. Los tiempos cambian, pero esta tendencia permanece.

Cuando lo que tienes ante los ojos parece accesible, es posible que subestimes el valor de una ganancia mayor posterior (Ainslie, 2005). A veces, no se trata de ninguna gran cosa. Pruebas un poquito de helado cuando tu objetivo es perder peso. El impulso también puede ser autodestructivo. Es más fácil acumular una gran deuda en tarjetas de crédito que ahorrar para la jubilación. Es más divertido salir de fiesta que estudiar para el examen de mañana. También tienes otras capacidades, por ejemplo la de prever y resistir el impulso. Guardas dinero para la jubilación. Estudias en lugar de salir de fiesta.

El antiguo mito griego del centauro muestra el problema de ir tras la recompensa inmediata olvidando así recompensas mayores a largo plazo porque parecen muy alejadas. Mitad humano y mitad caballo, el centauro tenía instintos propios de un animal salvaje, pero era capaz de adquirir la sabiduría y la razón humanas.

Imagina que eres un centauro y te debates entre dos naturalezas. Te enfrentarías a un conflicto interminable entre la naturaleza y la razón. La parte de caballo de tu personalidad buscaría el placer y huiría de la incomodidad. Cuando lo necesita y puede, el caballo se dirige al campo a pastar, al arroyo a beber y al establo a dormir. Su inclinación normal es seguir el camino que le opone menor resistencia. Pero no siempre es el que más le conviene tomar. Aun así, el caballo es una potente fuerza impulsora.

Quirón es el más grande y sabio de los centauros. Representa lo mejor de ambos mundos. Posee el don de enseñar y orientar. Comprende la importancia de resistirse a las acciones impulsivas y buscar beneficios a largo plazo si son apropiados y deseables.

Al igual que el centauro, actuamos a dos niveles. Hay un nivel biológico que Joseph LeDoux (2012) define como el circuito básico de supervivencia que está programado para negociar oportunidades y hacer frente a las dificultades de la vida. Pero también vivimos en un mundo social en el que es necesario un determinado grado de conformidad. Algunas de nuestras responsabilidades son cumplir con compromisos adquiridos con la sociedad, entre ellos respetar los plazos establecidos.

Así pues, te sentirás empujado y arrastrado en diferentes direcciones. En lo que se refiere a cumplir con las responsabilidades y asegurar beneficios a largo plazo, es importante afirmar el autocontrol. Cuando te encuentras atrapado en una lucha de fuerzas entre impulsos opuestos, la perspectiva es importante. Tal vez Quirón pueda ayudar.

Resolver el dilema de la procrastinación de doble motivación

Cuando adoleces de procrastinación secundaria es como tener una motivación doble. Tienes una motivación bien definida, que es superar un problema de ansiedad. También tienes una motivación implícita, que es eludir el desasosiego. Cuando evitar este es tu prioridad, tenderás a pensar en posibilidades negativas. Es previsible que pospongas enfrentarte a los retos que pueden aliviarte la ansiedad. Actuarás desde la perspectiva de «quiero alivio ahora». Pero ¿adónde te lleva eso?

Siempre que la mente te dice que dediques tiempo a resolver un problema y el instinto de la gratificación te empuja en el sentido opuesto, has de tomar una *decisión Y*, en la que una parte de la bifurcación de la Y apunta a buscar lo más inmediato y fácil y desatender las consecuencias futuras. La otra parte de la bifurcación apunta a frenar los impulsos para que puedas obtener beneficios mayores más adelante. Así pues, el punto crucial de la decisión Y es si seguir el camino de la menor resistencia o el de las acciones positivas en el que combates tu miedo y lo superas.

Actuar guiados por Quirón

Al resolver un dilema de motivación doble te enfrentas como mínimo a dos retos. Uno es reconocer el conflicto. El segundo es aplicar tus capacidades de organización, dirección y regulación (autoeficacia) a alcanzar el objetivo que te has propuesto de superar la ansiedad y conseguir cosas de la vida que has pospuesto debido a la ansiedad.

Con Quirón como tu guía, puedes descubrir que de manera innata posees en tu interior una poderosa fuerza para evitar riesgos y rehuir peligros. Sin embargo, los impulsos primitivos de escapar y evitar a veces no caben en un mundo social donde tienes horarios y responsabilidades. Desde esta perspectiva, no importa que quieras evitar los problemas y la ansiedad asociada con responsabilidades legítimas. En ocasiones necesitarás anular estos impulsos cuando hacerlo redunde claramente en tu propio interés.

Tomar el mando

El miedo, la ansiedad y la procrastinación tienen una característica común: el impulso de evitar la incomodidad o el malestar. Desarrollar resiliencia emocional y resistencia es un subproducto de permitir sentirte incómodo mientras eliges realizar una actividad prioritaria a tiempo.

Hay muchas formas de tomar el mando. El psicólogo John Dollard (1942, pág. 22) dice: «Cuando tengas miedo, párate a pensar. Analiza la situación que te asusta. Observa si encierra algún tipo de peligro. De no ser así, intenta simplemente llevar a cabo esa acción a la que va asociado el miedo».

Pensar las cosas detenidamente y actuar según tu análisis puede resultar difícil, y es posible que lo pospongas por muchas razones. Los que siguen son algunos ejemplos:

- Quieres evitar provocar emociones desagradables. Por ejemplo, adoleces de ansiedad por tener que hablar en público, de modo que cuando piensas que tienes que dar una conferencia te sientes angustiado, por lo tanto evitas tanto pensar que tienes que dirigirte a otras personas como pensar en superar tu ansiedad.
- Quieres dejar tu empleo actual y conseguir otro mejor, pero pospones la decisión porque tienes miedo de que, durante la entrevista, parezcas un cretino. Para evitar esta ansiedad, sigues con un trabajo que detestas.
- Quieres evitar tener que decidir el menos nefasto de dos males. Mantienes una relación con una persona cuyo comportamiento te destroza, pero pensar que te vas a quedar solo te genera tal ansiedad que pospones analizar la situación y decidir la opción que consideres mejor.

Sin embargo, hay muchas formas de seguir un camino productivo:

Dedica un cuaderno a la procrastinación. Describe en él tu estado de ansiedad, el pensamiento de procrastinación y cómo te sientes. Analiza el contenido de tu cuaderno. Utiliza esta información para forjar una estrategia de cambio positivo.

Cuando se avecina una situación que te asusta, reflexiona sobre tu pensamiento. ¿Qué te dices a ti mismo sobre la situación que estás evitando? ¿Qué te dices a ti mismo sobre las emociones que sientes? ¿Qué te diría Quirón que hicieras?

Diseña un plan de autoeficacia para cortar la conexión entre la ansiedad y la procrastinación. Imponte una misión. Establece unos objetivos. Elabora un plan. Organiza tus recursos. Ejecuta el plan. Repasa los resultados. Revisa todo lo que hayas hecho.

Haz un ejercicio para combatir la impotencia. Si crees que eres incapaz y, por lo tanto, no puedes hacer nada para evitar la ansiedad, utiliza el *ejercicio de la imposibilidad*. En lugar de decir:

«No puedo actuar», di: «Me es imposible llevar a cabo cualquier acción para mejorar o avanzar de alguna manera». Todo lo que necesitas es un ejemplo contrario para refutar una suposición como esta que provoca la procrastinación.

Analiza los beneficios. Pregúntate por los beneficios a corto y largo plazo de escapar y evitar el reto, y compáralos con los de empujarte a afrontarlo. ¿Te ayuda este análisis?

Piensa en la palabra EMOCIÓN para recordarte lo que debes hacer: Estimula tus esfuerzos prioritarios ocupándote primero del más importante. **M**uévete y avanza para lograr resultados productivos. **O**bra manteniendo el foco en las ventajas a largo plazo. **C**onsiente las señales emocionales pero no las utilices para retrasos innecesarios. **I**ncorpora el pensamiento realista con acciones autorreguladas para conseguir los objetivos fijados. **O**lvida los impulsos de motivaciones no declaradas y actúa pensando en «hazlo ya». **N**o te precipites en tus decisiones; procura que sean del tipo Y para que redunden en resultados positivos.

EL FINAL DE LA PROCRASTINACIÓN

El final de la procrastinación implica poner el máximo empeño en generar nuevos resultados mediante tu inteligencia, tu ingenio y tu voluntad para superar una conexión compleja entre la ansiedad y la procrastinación. Esta estrategia prepara el escenario para muchos resultados positivos:

- Una capacidad reforzada para cumplir tus responsabilidades de modo eficaz.
- Una madurez mejor desarrollada gracias a conductas competentes.
- Evitar el estrés innecesario y las consecuencias conductuales que pueden derivar de un retraso excesivo.
- Más tiempo libre para quehaceres placenteros.

- Las ventajas de labrarse la reputación de persona eficiente.
- La autoconfianza conseguida al dirigir tus acciones a alcanzar resultados positivos.
- La tolerancia de la frustración como defensa contra preocupaciones innecesarias.

Al abordar el final de la procrastinación, puedes descubrir enseguida que los sentimientos desagradables de evitación disminuyen a medida que te enfrentas a ellos. Así es como vences la procrastinación secundaria debida a la ansiedad.

Un buen consejo: la ansiedad no te matará

Will Ross, administrador de REBTnetwork.org, consejero telefónico y autor de libros de autoayuda, aporta su opinión sobre cómo adquirimos ansiedad y miedos molestos y cómo librarnos de ellos:

> En los primeros días de la historia humana, nuestra capacidad de generar ansiedad nos salvó la vida; era un mecanismo de supervivencia. Hoy, nuestra capacidad de generar una ansiedad innecesaria es una fastidiosa molestia. Nos angustiamos cuando (1) percibimos algún peligro para nuestro bienestar, nuestra comodidad o nuestra persona; (2) sobrestimamos el daño que el peligro va a provocar y/o subestimamos nuestra capacidad de afrontarlo, y (3) nos convencemos de que es necesario evitar el peligro.
>
> Afortunadamente, tenemos un antídoto contra la ansiedad. Del mismo modo que generamos ansiedad con nuestros pensamientos, podemos acabar con ella convenciéndonos de que (1) sea cual sea el peligro que nos acecha, no se acaba el mundo; (2) sobreviviremos al peligro: no nos va a matar, y (3) no tenemos necesidad de evitarlo.

INFORME SOBRE TU PROGRESO

Escribe lo que hayas aprendido de este capítulo y las acciones que piensas emprender. Después anota los resultados de estas acciones y lo que hayas conseguido.

¿Cuáles son las tres ideas fundamentales que has sacado de este capítulo?

1.

2.

3.

¿Cuáles son las tres principales acciones que puedes llevar a cabo para combatir una ansiedad o un miedo determinados?

1.

2.

3.

¿Cuáles fueron los resultados de esas acciones?

1.

2.

3.

¿Qué beneficios te ha reportado el hecho de actuar? ¿Qué harías de otro modo la próxima vez?

1.

2.

3.

SEGUNDA PARTE

Formas cognitivas, emotivas y conductuales para superar la ansiedad

- Utiliza paisajes naturales para sosegar la mente.
- Emplea la música para generar sentimientos de calma.
- Ponte en marcha y aprovecha las oportunidades que normalmente evitarías debido a la ansiedad.
- Utiliza métodos de eficacia demostrada para relajar el cuerpo y la mente.
- Deja de pensar demasiado y de agitarte emocionalmente.
- Aplica una técnica de reversión y usa la imaginación para contener la ansiedad.
- Controla tu ansiedad y tus miedos con un plan especial metacognitivo de cinco pasos.
- Descubre cómo evitar el pensamiento circular respecto a tu ansiedad y tus miedos.
- Aprende a utilizar un método ABCDE para superar tu ansiedad y tus miedos.

- Sigue un sistema de tiempo-y-proximidad para combatir miedos específicos.
- Utiliza un método sencillo de *card-sorting* ('categorización de contenidos') para organizar una campaña contra el miedo.
- Enfréntate al trauma emocional de forma organizada.

CAPÍTULO 8

Paisajes para serenarse

Prácticamente todas las personas tenemos nuestro paisaje natural preferido y que asociamos con la tranquilidad. Tal vez el de las olas al romper en la playa o una puesta de sol tras una lejana montaña. Cuando contemplas lugares que asocias con el bienestar y la supervivencia, puedes crear un efecto de sosiego en tu interior. En este capítulo se exponen una serie de métodos para incorporar la visión de paisajes naturales a tu vida cotidiana –desde mirar fotografías de enclaves bellísimos hasta pasear por el campo como ejercicio físico– y para disfrutar de vistas que te tranquilizan mientras escuchas música.

EVOCAR LA TRANQUILIDAD

Por muchas razones, estar en plena naturaleza o simplemente contemplar un paisaje natural puede producir un efecto de calma. Los paisajes que decides contemplar pueden influir en el estado de ánimo o el sentimiento que desees conseguir (Sabatinelli *et al.*, 2011). Los paisajes tranquilos te conectan con un deseo ancestral de hábitats seguros y agradables. Parece que las zonas verdes y con agua producen un fuerte impacto positivo (Barton y Pretty, 2010). Los paisajes de aguas cristalinas son de los más deseados, entre ellos las cataratas, los mares, los ríos, los lagos y los estanques (McAndrew *et al.*, 1998). Los caminos y ríos que se alejan avivan nuestra curiosidad, el interés por el misterio y el sentido de la fascinación (Dutton, 2003). Los espacios abiertos pueden ser más importantes que algunos lugares determinados (Kravitz, Peng y Baker, 2011). La mezcla de campo abierto y algún accidente geográfico (por ejemplo, un paisaje que incluya un riachuelo) puede activar el deseo de explorar. Pero los objetos que están fuera de su sitio pueden distraer (Walther *et al.*, 2009). Si contemplas un hermoso paisaje natural lleno de latas de cerveza, es probable que te disguste. Las sombras oscuras que parecen encerrar algún peligro pueden perturbar la tranquilidad de un paisaje. La naturaleza tiene ventaja sobre las estructuras construidas por el hombre (Ulrich, 1977). Sin embargo, en muchos casos mirar paisajes abiertos desde estructuras construidas es todo un placer (Stamps, 2008).

Estar en un espacio natural puede producir un efecto calmante en el sistema nervioso. Cinco minutos de ejercicio en un parque, trabajar en el jardín, el piragüismo o el senderismo te pueden relajar cuando estés estresado. Asimismo, la simple contemplación de una fotografía o un cuadro de un paisaje natural puede producir un efecto tranquilizador. Prueba. Averigua qué es lo que mejor te va.

Los paisajes naturales hermosos y agradables pueden mitigar el estrés y fomentar el bienestar (Velarde, Fry y Tveit, 2007). El contraste entre naturaleza y escenas urbanas, o la contemplación de cuadros de algún paisaje en la oficina, disminuye el estrés y el mal humor (Kweon *et al.*, 2008). Los parajes naturales se asocian con una recuperación más rápida del estrés que en el caso de los paisajes urbanos (Brown, Barton y Gladwell, 2013). Para quienes viven en zonas degradadas y pobres, ver enclaves verdes y abiertos se asocia con una menor fatiga mental (Kuo, 2001). Es interesante que los paisajes que transmiten tranquilidad son relativamente constantes en todos los lugares y todas las culturas. Las variaciones dependen de factores regionales y sociológicos (Falk y Balling, 2010).

Un buen consejo: frenar la ansiedad mediante la relajación y la razón

El doctor Irwin Altrows es supervisor de formación en terapia racional emotiva conductual y profesor agregado adjunto de Psiquiatría y Psicología en la Queen's University de Kingston, Canadá. Este es su consejo:

> Por grave que sea tu grado de ansiedad, tu mente es capaz de aferrarse a la razón y hacerse con el control, como si fuera un piloto aterrizando en medio de una turbulencia. La próxima vez que te sientas abrumado por la ansiedad, puedes probar el siguiente experimento. Para conseguir los mejores resultados, primero practícalo muchas veces en momentos de calma: imagina un problema moderadamente difícil, da el primer paso imaginando paisajes y palabras que te relajen personalmente y continúa con los siguientes pasos. Después, si te sientes sobrepasado por la ansiedad en una situación real, lleva a cabo estos sencillos pasos:
>
> 1. Evoca una imagen serena. Piensa en un lago azul cuyas aguas ondean con una suave brisa y destellan con la luz del sol. Imagina el sonido del agua al acariciar la orilla. Ahora piensa en las palabras *tranquilidad*, *paz*, *serenidad*.
> 2. Observa tu éxito. Eres capaz de imaginar el lago, la brisa, las ondulaciones del agua y los sonidos, y de pensar en las palabras *tranquilidad*, *paz*, *serenidad*; por tanto, no estás apresado en las ideas que te provocan ansiedad.
> 3. Considera qué podrías hacer para resolver con éxito tu estado de ansiedad.
> 4. Imagínate dando tranquilamente el primer paso.
> 5. ¡Empieza!

LA CONTEMPLACIÓN DE PAISAJES Y TÚ

Puedes gozar al contemplar una catarata o ver un campo de trigo junto a un camino rural. Estos paisajes pueden estimular temporalmente tu memoria, fijar la atención y mejorar tu desempeño en tareas cognitivas (Berman, Jonides y Kaplan, 2008). ¿Y si vives en una zona densamente poblada donde no tienes fácil acceso a paisajes naturales? Si hay alguno de estos que te guste de modo especial y lo puedes ver desde la ventana, proponte mirar por esta todos los días. Si estás rodeado de construcciones y no hay espacios verdes abiertos, pon plantas que te guste mirar en el alféizar de la ventana.

Combinar los paisajes naturales con el ejercicio físico

Al contemplar los paisajes de la naturaleza y, al mismo tiempo, hacer ejercicio físico, puedes conseguir mayores beneficios que si solo hicieras una de las dos cosas. Parece que el ejercicio al aire libre produce un efecto positivo en el estado de ánimo y el bienestar con mayor rapidez que hacerlo en un club social o un gimnasio (Barton, Griffin y Pretty, 2012).

EJERCICIO: PASEAR POR EL CAMPO U OTROS ESPACIOS ABIERTOS

Da un paseo diario, de media hora o más, por espacios donde puedas ver agradables paisajes naturales, por ejemplo siguiendo el curso de un río o de un arroyo con vistas abiertas. Si estás en un enclave urbano, puedes ir a andar o en bicicleta por senderos o en parques donde abunden los espacios abiertos. Un parque público grande con zonas de césped, caminos y agua puede servir. Si vas a ir a una gran zona urbana, puedes buscar en la Red «senderos cerca de [nombre de la ciudad]».

El ejercicio físico es por sí mismo una buena forma de aliviar la tensión. Hacerlo en un hermoso espacio exterior puede ser aún más beneficioso.

Tranquilidad e imágenes de paisajes

Si no hay ningún espacio natural cerca de ti, las fotografías de paisajes pueden ser un buen sustituto (Stamps, 2010). Mirar fotografías de espacios naturales puede producir un efecto calmante y mejorar tu capacidad de fijarte y concentrarte en tareas cognitivas. Las pinturas y fotografías de paisajes, y las descripciones verbales ricas en imágenes de parajes tranquilos pueden evocar sentimientos de calma (Dunn, 1976). Las fotografías de paisajes en color pueden evocar los mismos sentimientos que genera estar en plena naturaleza (Stamps, 1990).

Hay muchas formas de usar imágenes fotográficas para favorecer la relajación:

- Un paisaje tranquilo clásico es un espacio abierto con árboles, un río y una cadena de montañas de fondo. Escoge fotografías de paisajes cuya visión no quede entorpecida por ningún primer plano.
- Fíjate en el color. Tu mundo está rodeado de cielos azules y paisajes verdes. No es extraño que el azul y el verde sean los colores que prefieren la mayoría de las personas y que se asocien con la tranquilidad. Selecciona imágenes donde abunden el azul y el verde.
- Utiliza un paisaje como pantalla de inicio del ordenador; escoge vistas que asocies con la calma.
- Decora el espacio de tu casa que más frecuentes o donde trabajes con imágenes de paisajes. Colócalas de forma que destaquen y donde las puedas ver a menudo.
- Practica visualizar paisajes que te atraigan. Visualizar esas imágenes puede producir un efecto tranquilizador.

Mirar paisajes de la naturaleza todos los días se puede convertir en agradables experiencias que se van acumulando. No hay ningún estudio longitudinal sobre los efectos a largo plazo de vivir la experiencia de contemplar imágenes de paisajes abiertos, pero por algo será que la gente paga cantidades exageradas por vivir en zonas en las que poder disfrutar de la naturaleza.

APROVECHAR LAS OPORTUNIDADES

Si aprovechar una oportunidad te genera ansiedad y quieres motivarte, intenta repetir frases que te activen al tiempo que imaginas o miras imágenes de paisajes naturales; después ponte en marcha.

EJERCICIO: RELÁJATE Y PONTE EN MARCHA

Sigue estos pasos para relajarte y motivarte para conseguir un objetivo significativo:

1. Empieza con un objetivo significativo asociado a tu progreso, por ejemplo estudiar para un examen importante, que estás posponiendo porque temes suspender.
2. Decide el primer paso que vayas a dar, por ejemplo abrir un libro para estudiar.
3. Escoge una imagen visual que evoque tranquilidad, por ejemplo el paisaje marino que más te guste.
4. Piensa en tres frases motivadoras que te orienten en la consecución de tu objetivo. Algunos ejemplos podrían ser: «Tengo la intención de aprobar el examen», «Me siento relajado y dispuesto a actuar» o «Voy a abrir el libro para estudiar».
5. Piensa en la imagen que escogiste en el paso tres o mírala hasta que te sientas tranquilo.

6. Mantén en la mente la imagen tranquila y repite seis veces cada una de las frases motivadoras.
7. Abre el libro y ponte en marcha.

Un buen consejo: las cinco fases de fotografiar un paisaje

Dale Jarvis, de Fayetteville (Carolina del Norte), diseñador gráfico, fotógrafo profesional y presidente de AreaOne Art and Design, nos da cinco consejos para fotografiar paisajes que generen sosiego:

Sigue las fases del fotógrafo profesional: una adecuada planificación previa evita las malas fotografías.
Pregúntate: «¿Qué quiero ver en la foto?». Piensa en esta pregunta cuando encuentres lo que quieras fotografiar. Esta fase de tu composición determina en gran medida lo que previsiblemente vayas a obtener.
Todas las fotos tienen unas determinadas dimensiones. La profundidad intensifica el interés del paisaje de la fotografía. Ten presentes el primer plano, el plano medio y el plano de fondo. Esto te ayudará a crear una sensación de profundidad.
Aprovecha bien lo que esté en primer plano. Si es posible, coloca una flor, un árbol u otro objeto cerca de la cámara para dar a la imagen mayor interés y profundidad.
Si puedes, fotografía los paisajes durante los treinta minutos previos y posteriores a la salida o la puesta del sol. Es la mejor hora para conseguir una fotografía de calidad.

LA MÚSICA Y LA RELAJACIÓN

La música relajante complementa las medidas físicas relacionadas con la relajación. Escuchar este tipo de música contribuye a reducir la presión arterial, mejora el funcionamiento del sistema inmunitario y produce otros posibles efectos que ayudan a prevenir la enfermedad o a aliviar la angustia que esta provoca (Pothoulaki, MacDonald y Flowers, 2012).

La música asociada a la relajación se caracteriza por una mayor variación, fluctuaciones del volumen, un tono alegre, un tempo melódico más largo y una tonalidad transparente y luminosa. El *hard-rock,* el rap y los sonidos tecno (*pop-tech*) tienen la finalidad de excitar y activar, y son los géneros menos relajantes (Leman *et al.*, 2013). Sin embargo, el paso brusco de una música rápida a otra lenta y de melodía triste puede generar estados relajados (van der Zwaag *et al.*, 2013).

La música elegida por sus efectos calmantes puede producir cambios fisiológicos que se corresponden con sentimientos de calma (Zwaag *et al.* 2012). La música clásica seleccionada por uno mismo puede tener un efecto sedante (Trappe, 2009).

También en la naturaleza tienes música a tu alcance, evidentemente, por ejemplo el canto de los pájaros y otra gran cantidad de sonidos que solo puedes oír al aire libre y en un lugar suficientemente tranquilo para que los puedas escuchar. Una música adecuada puede atenuar tu sistema de estrés psicobiológico, pero el sonido natural del fluir de un arroyo puede ser aún más efectivo (Thoma *et al.* 2013).

EJERCICIO: COMBINAR LOS EFECTOS DE CONTEMPLAR UN PAISAJE Y ESCUCHAR MÚSICA

Escoge cinco paisajes que te gusten y cinco piezas de música que también te gusten. Prueba todas las combinaciones. Clasifícalas. Elige las mejores. Usa una de estas durante cinco minutos dos veces al día (por la mañana y a media tarde). Al día siguiente, repite esta secuencia con otra combinación de las mejores.
Sigue con este ejercicio diario todo el tiempo que quieras. Observa qué es lo que más te relaja.

Con el cuerpo relajado es previsible que tengas pensamientos acordes con tu estado de ánimo. Es una experiencia que posee un valor restaurador. Cuando estás relajado, es menos probable que te preocupes, y eso es bueno.

INFORME SOBRE TU PROGRESO

Escribe lo que hayas aprendido de este capítulo y las acciones que piensas emprender. Después anota los resultados de estas acciones y lo que hayas conseguido.

¿Cuáles son las tres ideas fundamentales que has sacado de este capítulo?

1.

2.

3.

¿Cuáles son las tres principales acciones que puedes llevar a cabo para combatir una ansiedad o un miedo determinados?

1.

2.

3.

¿Cuáles fueron los resultados de esas acciones?

1.

2.

3.

¿Qué beneficios te ha reportado el hecho de actuar? ¿Qué harías de otro modo la próxima vez?

1.

2.

3.

CAPÍTULO 9

Relaja tu cuerpo, relaja tu mente

La terapia cognitivo-conductual (TCC) normalmente es más efectiva para la ansiedad que los sistemas de relajación (Cuijpers *et al.*, 2014), pero saber cómo relajarse contribuye a mejorar tu flexibilidad mental (Lee y Orsillo, 2014) y puede ser una parte efectiva de tu programa de TCC. Los métodos de relajación, por sí mismos, tienen efectos de exiguos a notables sobre la reducción de las tensiones propias de la ansiedad (Manzoni *et al.*, 2008) y parecen eficaces para disminuir la ansiedad generalizada (Siev y Chambless, 2007). En lo que se refiere al desarrollo de habilidades de asertividad y el control de las fobias, la relajación puede ser útil si va unida a sistemas de exposición. En este capítulo se presentan varios métodos de relajación, entre ellos la respiración diafragmática, la visualización, la meditación y ejercicios de mindfulness.

LA RESPIRACIÓN Y LA RELAJACIÓN

Los ejercicios de respiración son sencillos, fáciles de aprender y pueden surtir efecto con relativa rapidez. El psicólogo Jon Carlson explica una técnica de respiración abdominal que puede enviar señales tranquilizantes al cerebro (ver el Prefacio). Es una técnica que implica respirar de forma que el abdomen se expande al inhalar y se contrae al exhalar. Según Carlson, este sistema de respiración abdominal genera tranquilidad. Los ejercicios de respiración lenta y diafragmática pueden ayudar a fomentar una sensación de relax y mejorar la atención y la concentración (Hazlett-Stevens y Craske, 2008).

EJERCICIO: PRACTICA LA RESPIRACIÓN DIAFRAGMÁTICA

Practica la respiración lenta desde el diafragma siguiendo estos pasos:

1. Inhala de modo que el abdomen se expanda. Con las manos sobre el estómago, debes notar que se mueven hacia fuera.
2. Al cabo de unos cuatro segundos, realiza una respiración completa.
3. Mantén el aire unos cuatro segundos.
4. Emplea cuatro segundos en exhalar.
5. Espera dos segundos y repite la secuencia.

Sigue esta secuencia de respiración entre dos y cuatro minutos o más. Algunos recomiendan exhalar durante más de ocho segundos. Experimenta con cada paso para ver qué ritmo y técnicas son los que mejor te funcionan.

LA IMAGINACIÓN Y LA RELAJACIÓN

Usar la imaginación es una buena forma de contribuir a que te relajes. Una manera de relajarse son los ejercicios de visualización que traen a tu mente imágenes agradables y relajantes.

EJERCICIO: VISUALIZAR PAISAJES AGRADABLES

Busca un lugar tranquilo y ponte cómodo. Dedica un minuto a imaginar cualquiera o todos los paisajes que estas preguntas sugieren:

- ¿Puedes imaginar una cometa amarilla ondeando en lo alto de un luminoso cielo azul?
- ¿Puedes ver una rosa amarilla mecida suavemente por la brisa?
- ¿Puedes imaginar la imagen y los sonidos de un arroyo angosto que fluye bajo las ramas de árboles de color verde oscuro?
- ¿Puedes imaginarte a ti mismo descansando con el suave balanceo de una mecedora en una habitación en silencio?
- ¿Puedes imaginar un acuario con peces tropicales de brillantes colores nadando de un lado a otro?
- ¿Puedes imaginar que sientes tu cuerpo como si fuera un suave muñeco de tela?
- ¿Puedes imaginar cómo flota y se mueve la niebla sobre un prado verde en verano?
- ¿Puedes imaginar una hoja en el aire mientras va girando suavemente?
- ¿Puedes imaginar la palabra RELAX escrita con letras de color verde claro?

¿Puedes apreciar las sensaciones de paz interior? Si determinadas sugerencias te atraen de modo especial, dedica más tiempo a las correspondientes imágenes. No te preocupes por lo bien o mal que hagas este ejercicio. No hay una forma correcta de hacerlo. Deja que los resultados te orienten.

Otra forma de usar la imaginación para relajarte es la técnica de la piedra de cuarzo.

EJERCICIO: LA TÉCNICA DE LA PIEDRA DE CUARZO

Busca una pequeña piedra de cuarzo que te quepa fácilmente en el puño (en realidad, cualquier piedra puede servir). Ahora sigue estos pasos:

1. Simula que la piedra es un diodo, donde la corriente solo fluye en un sentido.
2. Agarra la piedra con fuerza. Luego ve aflojando lentamente el puño hasta que puedas moverla sobre la palma de la mano. Al ir abriendo la mano, imagina que tu tensión pasa a la piedra.
3. Imagina que la piedra absorbe la tensión de tu cuerpo, que se queda atrapada en la piedra.
4. Al cabo de unos dos minutos, tira la piedra con la tensión acumulada en ella.

Como alternativa a imaginar que la tensión fluye de tu cuerpo a la piedra, puedes pensar que esta atrae hacia sí el torrente de ideas que te generan ansiedad.

LA MEDITACIÓN

Entre las diferentes técnicas de relajación, las que se basan en la meditación por lo general producen los mayores efectos (Manzoni *et al.*, 2008). La meditación es una tradicional forma budista de sentirte en armonía contigo mismo y con el mundo que te rodea. Los métodos de meditación directos normalmente son más efectivos que las variedades más complejas y rituales (Eppley, Abrams y Shear, 1989).

Personas psicológicamente estresadas que participaron en un extenso programa de reducción del estrés basada en el mindfulness (PREBM), de ocho semanas de duración e inspirado en la obra de Jon Kabat-Zinn (1990), demostraron que habían mejorado su memoria, su capacidad de escuchar, la regulación de sus emociones y la perspectiva; además, les aumentó la materia gris del cerebro que se asocia con las zonas de este responsables de estas funciones (Hölzel *et al.*, 2011). La meditación de bondad amorosa (MBA) también demostró que aumentaba la materia gris de las zonas del cerebro relacionadas con la empatía y la regulación emocional (Leung *et al.*, 2013). La gente usa la MBA para intensificar un sentimiento de bondad incondicional hacia todo el mundo.

La terapia basada en el mindfulness puede ser tan eficaz como la TCC para aliviar la ansiedad, la depresión y el estrés (Khoury *et al.*, 2013). Sin embargo, los métodos de meditación mindfulness se pueden complementar con otros elementos (Eberth y Sedlmeier, 2012). Por ejemplo, un enfoque no crítico puede contribuir a un efecto de tranquilidad.

EJERCICIO: UN MÉTODO DE MEDITACIÓN BÁSICO

Dedica diez minutos a ensayar este sencillo método de meditación. Puedes estar sentado, tumbado en el suelo, apoyado en la pared o andando por el bosque. Busca un lugar tranquilo y ponte cómodo.

1. Una vez acomodado, repite una palabra o un sonido monosilábicos, por ejemplo «hum». Este es tu mantra o canto. Alarga la palabra. Por ejemplo, alargas «hum» y el resultado es «huuuuuuuum».
2. Inhala despacio y a continuación exhala también despacio. Al inhalar, piensa «huuuuu» como si fuera un zumbido. Al exhalar, extiéndelo a «mmmmmmm». Repite esta secuencia cada diez o quince segundos, durante diez minutos.
3. Si se te distrae la mente, repite de nuevo la palabra.

Puede ser difícil concentrarse en una palabra sin que la mente se distraiga con otros pensamientos. No intentes forzar que estos dejen de ocupar tu conciencia. Lo único que tienes que hacer ahora es repetir la palabra.

Si decides practicar la meditación, organízate para hacer este ejercicio dos veces al día durante las siguientes ocho semanas. Elige el momento que mejor te vaya, por ejemplo a primeras horas de la mañana o por la tarde. Observa qué ocurre.

Un buen consejo: el miedo no es una particularidad permanente

Ed García, psicoterapeuta de Atlanta, señala que cuanto más intentas evitar el miedo más puede dominar tu vida. Te invita a considerar esta pregunta: en vez de ver el miedo como algo de lo que te tienes que liberar, ¿no sería mejor que lo aceptaras e invitaras a que te acompañe en tu viaje por la vida? Piensa en el miedo como un pasajero que te acompaña en algún tramo del viaje y no como una presencia permanente.

LA TERAPIA COGNITIVA BASADA EN EL MINDFULNESS

La terapia cognitiva basada en el mindfulness (TCBM) combina métodos de terapia acrítica budista y cognitiva. Entiendes que los pensamientos no deseados son mensajes que te pasan por la mente: no te quedas atrapado en ellos. La TCBM promete aminorar la tensión (Bishop, 2007), la ansiedad general (Evans *et al.*, 2008), la mezcla de ansiedad y depresión (Galante, Iribarren y Pearce, 2013) y la ansiedad y la depresión debidas al tratamiento contra el cáncer y la recaída (Piet, Würtzen y Zachariae, 2012). Puedes incorporar un enfoque de mindfulness siempre que te pasen por la mente ideas no deseadas. Los que siguen son cinco actos de aceptación que avalan este proceso:

1. Acepta que la ansiedad exagerada es un hecho mental que no define tu yo global.
2. Acepta que los pensamientos y sentimientos detonantes son hechos pasajeros. Como las tormentas, pasan.
3. Acepta que los pensamientos que te provocan ansiedad y que se dan en el momento presente no tienen por qué anticipar lo que realmente va a pasar a continuación.
4. Acepta que la vida incluye sucesos desagradables y sufrimientos que van y vienen como los vientos.
5. Fritz Perls (1973), fundador de la terapia Gestalt, pensaba que, en vez de definir determinados pensamientos o sentimientos como partes ajenas de tu ser, hay que aceptarlos y no renegar de ellos. Tus pensamientos y sentimientos salen de ti. Forman parte de ti durante un tiempo. Pero no son todo lo que eres.

Un buen consejo: utiliza la desactivación cognitiva para evitar aceptar pensamientos negativos

El doctor Steven Hayes, profesor de Psicología de la Universidad de Nevada, codesarrollador de la terapia de aceptación y compromiso y autor de *Sal de tu mente, entra en tu vida*, da el siguiente consejo para desactivar el pensamiento negativo:

> En nuestro estado normal de la mente, los pensamientos son lo que dicen que son. Si piensas que eres malo, lo eres. Si piensas que no merece la pena vivir la vida, no la merece. Si piensas que la ansiedad es horrible, lo es. Los métodos de desactivación no están pensados para eliminar los pensamientos, sino para ayudar a verlos como tales, de modo que sea posible una mayor sensación de poder decidir. En vez de hacer lo que dicta la mente, o ir por la vida con el «piloto automático» mental, los métodos de desactivación nos ayudan a retroceder uno o dos pasos y ser capaces de observar las operaciones mentales en acción, y no necesariamente actuar sobre ellas, discutir con ellas, oponernos a ellas o hacer lo que dicen. En su lugar, podemos observarlas, averiguar lo que podamos de ellas y luego dirigir nuestra atención hacia lo que aporta significado, vitalidad y propósito a nuestras vidas. Para entender cómo funcionan los métodos de desactivación, piensa en una idea clásica, habitual, crítica y negativa sobre ti mismo o tu vida. Elige alguna de las antiguas, cosas como: «Nunca seré lo bastante bueno», «Soy diferente» o «Algo me pasa que no es normal». Prueba estas cosas una tras otra:
>
> 1. Imagínate muy joven. Observa al niño que tienes delante y, cuando tengas clara la imagen, haz que diga en voz alta

el pensamiento negativo. ¿Cómo mostrarías tu comprensión a un niño de esa edad que pensara algo tan doloroso?

2. Describe con claridad ese pensamiento en tu mente y después cántalo con la melodía de *Cumpleaños feliz*. Mientras la melodía va desgranando la idea en cuestión, piensa si ese viejo pensamiento automático es realmente tu enemigo o puedes permitir que se quede como harías con una antigua canción.
3. Considera de nuevo el pensamiento, pero añade estas palabras al principio: «Tengo el pensamiento de que...». Si observas que siguen determinadas reacciones (pensamientos o sentimientos adicionales), etiquétalos también (por ejemplo: «Me siento triste»).
4. Reduce el pensamiento a una o dos palabras (por ejemplo, si piensas: «Soy un fracasado», redúcelo a: «Fracasado». Ahora di ese pensamiento en voz alta y con la mayor rapidez que puedas durante treinta segundos. Cuando la palabra empiece a perder significado, y comiences a observar cómo suena y qué sientes al decirla, considera detenidamente si tiene sentido que algo que fundamentalmente es un sonido y un movimiento dirija tu vida.

Cuando veas que la mente elimina la ilusión del significado literal, puedes idear tus propios métodos para hacerte con el control de tu maquinaria mental. Como mejor funcionan estos métodos es como formas de ayudarte a entender que la mente utiliza trucos de prestidigitación para llevar a cabo su ilusión principal. Si se usan como un medio para eliminar, ridiculizar o restar importancia a tus pensamientos difíciles, no suelen funcionar tan bien porque significa que estás aceptando otro pensamiento (¡el que dice que este otro pensamiento necesita desaparecer!). La desactivación no consiste en ganar una guerra mental sino en abandonar ese campo de batalla.

INFORME SOBRE TU PROGRESO

Escribe lo que hayas aprendido de este capítulo y las acciones que piensas emprender. Después anota los resultados de estas acciones y lo que hayas conseguido.

¿Cuáles son las tres ideas fundamentales que has sacado de este capítulo?

1.

2.

3.

¿Cuáles son las tres principales acciones que puedes llevar a cabo para combatir una ansiedad o un miedo determinados?

1.

2.

3.

¿Cuáles fueron los resultados de esas acciones?

1.

2.

3.

¿Qué beneficios te ha reportado el hecho de actuar? ¿Qué harías de otro modo la próxima vez?

1.

2.

3.

CAPÍTULO 10

Cómo romper la conexión entre cognición y ansiedad

Jon Geis, psicólogo residente en Las Vegas, cuenta, en una comunicación personal, el caso de dos hermanos gemelos que están en una playa con su madre. Uno no deja de dar saltos, feliz. Corre hacia las olas gritando «¡yupi!». El otro no se separa de su madre, que lo toma de la mano e intenta acercarlo al agua. El niño tiene los ojos empañados por las lágrimas y clava los talones en la arena.

¿Cómo se explica esta diferente reacción de los gemelos ante el agua? Uno ve en ella la oportunidad de divertirse, mientras que el otro piensa que es un peligro. El modo en que percibimos las cosas afecta a cómo nos sentimos. Geis no es el único que señala este hecho:

- Aristóteles decía que las personas piensan sobre sí mismas en términos de superioridad, enojo o vergüenza (Jebb, 1909).
- Los antiguos estoicos consideraban que el desencadenante de la desazón emocional son los juicios falsos (Epícteto, 2004).
- La psicóloga Magna Arnold (1960) opinaba que la emoción es fruto de las valoraciones de los hechos.

- El psicólogo Richard Lazarus (Lazarus y Lazarus, 1994) consideraba que las emociones se desencadenan a partir de nuestras evaluaciones basadas en criterios de bienestar.

Las emociones que provienen de nuestro pasado prehistórico permanecen y se mezclan con otras que reflejan nuestros hallazgos, creencias y valoraciones sociales actuales. En lo que a enfrentarse a la ansiedad y los miedos se refiere, es importante tener en cuenta nuestras emociones primitivas tanto como las modernas basadas en la valoración.

UN ENFOQUE METACOGNITIVO DE CINCO PASOS

Tus actos y tus sentimientos se corresponden con lo que sea que estés pensando. Pero ¿lo que piensas es adecuado? Los sentimientos de angustia debidos a interpretaciones y creencias falsas han de ser revisados.

Cuando tu ansiedad refleja cómo defines, valoras y juzgas una situación que te genera angustia, haz una revaloración metacognitiva. Sigue una secuencia reflexiva en la que pienses sobre tu pensamiento, averigües las ideas que te generan ansiedad y encuentres la forma de eliminar tus falsas creencias. Por sorprendente que parezca, son muchas las personas que no siguen estos pasos.

¿Cómo puedes saber que estás permitiendo pensamientos que te provocan ansiedad? ¡Porque lo sientes! Utiliza este sistema metacognitivo de cinco pasos para reconocer y después desactivar esos pensamientos:

1. Identifica tu *activador de ansiedad*: cualquier cosa que fomente sentimientos de angustia, por ejemplo un cambio de tu estado de ánimo o la previsión de una situación que te aterroriza.
2. Reflexiona sobre lo que percibes o crees. ¿Exageras el peligro como aquel niño de la playa?

3. Separa la ficción del hecho. Es posible que pienses que algo que va a suceder te va a agobiar. Escribe lo que has de estar diciéndote para sentirte abrumado. ¿Te preguntas si eso es demasiado para ti? Si es así, ¿a qué te refieres con «demasiado»? ¿A la tensión que te genera?
4. Valora de nuevo tu situación desde la perspectiva de quien está dispuesto a afrontarla. En este punto consideras las posibilidades razonables y realistas de contrarrestar las ideas parasitarias que provocan tu ansiedad.
5. Actúa para desarrollar la tolerancia emocional, permitiéndote experimentar emociones, como ansiedad, miedo y depresión, que crees que no puedes soportar sentir.

Un buen consejo: sé consciente de lo que haces

El doctor George Morelli, arcipreste de San Diego, California, es psicólogo clínico y autor de *Reflections for Clergy, Chaplains, and Counselors* [Reflexiones para clérigos, capellanes y consejeros]. Este es su consejo de mindfulness:

> Los estudios sobre la conducta avalan un instrumento clínico llamado *mindfulness* que se puede usar para acabar con malos hábitos y superar sentimientos negativos, como la ansiedad. El mindfulness es «la conciencia que deriva de prestar atención deliberada, acrítica y en el momento presente al despliegue de una experiencia paso a paso» (Kabat-Zinn, 2003, pág. 145).
>
> Para aplicar el mindfulness:
>
> 1. Céntrate en los aspectos sensoriales y físicos del momento presente.

2. Reconoce los patrones de pensamiento, los sentimientos y las sensaciones físicas que se produzcan, y aprende a distinguir entre sensación, pensamientos y sentimientos.
3. Practica la toma de decisiones a partir de las opciones que quieres, que te parezcan correctas, y que no interferirán sin necesidad en los derechos de los demás.

Al mantener la atención en tu objetivo –lo que quieres conseguir–, la ansiedad y los miedos se convierten en barreras transparentes que puedes sortear en tu búsqueda de una causa o un propósito superiores.

- *El caso de Ken*

Ken padecía ansiedad desde que su novia desde hacía muchos años rompiera con él. Se sentía desolado y deprimido por la pérdida. La idea de que nunca iba a encontrar a nadie a quien amar le angustiaba. Recurrió a un sistema metacognitivo de cinco pasos para desactivar su ansiedad por la pérdida y liberarse de una angustia innecesaria.

Los cinco pasos metacognitivos de Ken para estimular la tolerancia emocional de la ansiedad y la pérdida

1. Identificar el activador de la ansiedad	La que fuera el amor de su vida rompió con Ken y fue a buscarse otro novio.
2. Reflexionar sobre los desencadenantes y amplificadores cognitivos	Ken puso por escrito sus pensamientos, un ejercicio que le ayudó a centrarse en una previsión angustiosa. Temía que nunca encontraría a otra persona. La idea de que se estaba haciendo mayor era más que preocupante. Se convirtió en su realidad.

3. Distinguir la ficción del hecho	Ken separó las partes de su razonamiento que eran factuales de las que él exageraba. El hecho: estaba enojado por la deslealtad y por no haberla visto venir. Las pérdidas de este tipo raramente se aceptan. Sin embargo, la idea de que nunca encontraría a otra persona a la que querer y que envejecería solo era drástica e improbable.
4. Valorar de nuevo tu situación desde la perspectiva de que vas a enfrentarte a ella	Lo primero que hizo Ken fue revalorar su situación considerando las posibles alternativas: (1) ¿Es posible aceptar la tristeza de la pérdida y sobrevivir a ella?; (2) ¿Es posible pensar con claridad en una pérdida y deslealtad y, aun así, sentirse emocionalmente triste?, y (3) ¿Es posible que al final se supere la pérdida y se encuentre a alguien en quien confiar y a quien amar?
5. Desarrollar tácticas de tolerancia	(1) Durante cinco días seguidos, Ken dedicó una hora a permitirse sentir la pérdida. Cuando decidió librarse de las complicaciones de la deslealtad y aceptar su tristeza, era menos probable que dramatizara la pérdida. (2) Acabó por aceptar que su tristeza era fruto de sus recuerdos. Tenía muchos recuerdos diferentes que alimentaban su sentimiento de pérdida y tristeza. (3) A cada recuerdo le puso una etiqueta afectiva moderada y realista que describiera la experiencia, por ejemplo: «Disfruté de esa experiencia y todavía puedo disfrutar del recuerdo a pesar de la pérdida». Esta forma de etiquetado afectivo no resta importancia a la deslealtad ni mitiga la tristeza debida a la pérdida. Es, por el contrario, una aceptación de que ambas experiencias son parte de la misma imagen del recuerdo.

Las traiciones y las pérdidas son complejas. La ira, la angustia, la baja autoestima y las recriminaciones formaban parte del manojo de sentimientos de Ken. Pero el tiempo cura la mayoría de las heridas. Los sentimientos situacionales que en su momento fueron auténticos problemas acaban por desvanecerse. Las tormentas amainan y desaparecen. Las lecciones aprendidas son un bagaje para la situación siguiente. La vida continúa.

EJERCICIO: TU ENFOQUE METACOGNITIVO DE CINCO PASOS

Ahora te toca a ti probar el sistema metacognitivo de cinco pasos. Elige un problema. Identifica el pensamiento que detona la ansiedad. Afronta la ansiedad desde una perspectiva metacognitiva, separando los hechos de las ficciones (presta atención a las exageraciones). Actúa para adoptar una perspectiva de afrontamiento reduciendo la negatividad innecesaria y recomponiendo las diferentes partes de una imagen mayor. Actúa para generar una tolerancia interior sin intentar eliminar las emociones propias de la situación. Utiliza la tabla siguiente para dejar constancia de tu progreso.

1. Identifica el activador de la ansiedad	
2. Reflexiona sobre los desencadenantes y amplificadores cognitivos	
3. Distingue la ficción del hecho	
4. Valora de nuevo tu situación desde la perspectiva de que vas a enfrentarte a ella	

5. Desarrolla tácticas de tolerancia	

Las emociones pueden ser naturales, pueden desencadenar pensamientos sobre ellas mismas o pueden ser consecuencia de cómo valores una situación. Las valoraciones cognitivas y las emociones también se pueden alimentar mutuamente. Detengámonos en este punto a continuación.

ROMPER LOS PATRONES DE PENSAMIENTO CIRCULAR

La ansiedad normalmente sigue un ciclo de pensamiento circular. Entras en un pensamiento circular cuando tus emociones validan una premisa errónea: «Me da miedo que haya un fantasma debajo de mi cama. Debido a este sentimiento, hay un fantasma debajo de mi cama». Bueno, esta circularidad es un poco extrema. Servirse de un sentimiento para validar una creencia que lo evoca es una práctica dudosa.

Este es un ejemplo de un bucle circular habitual: te enfrentas a una situación personalmente relevante pero incierta. Anticipas un resultado nefasto. Te angustias. Te comportas como si tus sentimientos angustiosos validaran el peor escenario.

Una forma de romper el círculo es detenerte lo suficiente para darte cuenta de que tu pensamiento es circular. Si inicias la conclusión diciendo «doy por supuesto» («Como tengo miedo, doy por supuesto que hay un fantasma debajo de mi cama»), puedes conseguir evitar que la idea se convierta en una convicción irrefutable.

UTILIZAR LA IMAGINACIÓN PARA CONTROLAR LA ANSIEDAD

Cuando son siempre las mismas cosas las que te provocan ansiedad, concéntrate en ti mismo. Lo más probable es que escuches guiones de ansiedad escritos en torno a temas cognitivos y conductuales. Si es así, puedes reescribir tu propio guion para crear un nuevo relato funcional.

EJERCICIO: REAFÍRMATE

Imagínate rodeado de todas las causas de tu ansiedad, cada una representando un papel en una representación. Entre los actores están la ansiedad social, la ansiedad debida a la incertidumbre, el miedo a perder el control y otros muchos personajes contradictorios, cada uno con su correspondiente guion. Ponles nombre. Imagina que cada forma de ansiedad lee un guion de una serie de televisión. ¿Cuál es el principal tema de cada guion? ¿Es una exageración? ¿Cuál es el principio, el nudo y el desenlace?

Intenta dar a cada tipo de ansiedad una voz de alguien que no te merezca respeto alguno. ¿Un cambio de tono puede hacer que la voz de tu ansiedad pierda atractivo?

Ahora ponle voz al pensamiento racional y dale uno de los papeles protagonistas. Inclúyelo en el guion. ¿Qué piensa este personaje llamado Pensamiento Racional? ¿Qué hace? Una sugerencia: cuando reescribas el guion, actúa como si fueras el dueño de tu destino y después evita cualquier debate con tus personajes de la ansiedad explicando por qué las cosas son como tú dices. Por ejemplo, puedes cambiar tu pensamiento, puedes tolerar la tensión y puedes actuar como más te interese.

Otra idea: puedes preguntar a cada ansiedad: «¿Por qué has de comportarte para impedir un cambio positivo y el progreso?». Fíjate en especial en las respuestas basadas en una lógica inestable. Rebátelas.

Al afrontar así tu ansiedad puedes conseguir una perspectiva distinta. También puedes usar la imaginación para dar un papel más importante a la voz de la razón. Si evocas la imagen de la razón cuando pienses en la ansiedad y el miedo, es posible que te sea más fácil cambiar tu guion de ansiedad.

RESOLVER LOS CONFLICTOS ENTRE LA APROXIMACIÓN Y LA EVITACIÓN

La felicidad y la ansiedad son dos polos opuestos (Lench, Flores y Bench, 2011). La felicidad es un sentimiento de aproximación. La ansiedad, un sentimiento de evitación. No cabe extrañarse de que sea más fácil tener éxito cuando se es feliz, y ser feliz cuando se tiene éxito (Lyubomirsky, King y Diener, 2005). Es así porque la persona tiende a acercarse a las oportunidades que asocia con el progreso y la felicidad. Si consideraras que estas mismas situaciones suponen un peligro, lo más probable es que las evitaras.

Cuando tienes miedo de lo que deseas, te puedes sentir atrapado entre la espada y la pared. Por ejemplo, quieres algo, pero aproximarte a eso que quieres lo asocias con el malestar, y quieres evitar sentirte mal. Tienes un conflicto entre la aproximación y la evitación. Si consigues aprender por ti mismo a afrontar dificultades que valgan la pena que normalmente evitarías, tendrás más oportunidades de tener éxito y ser feliz. Hay muchas formas de hacerlo. Una es sopesar tus opciones.

EJERCICIO: LA BALANZA DE LA JUSTICIA

Piensa en un objetivo que quisieras alcanzar, un propósito, sin embargo, que te genera ansiedad. Por ejemplo, tienes una entrevista para un puesto de trabajo que quieres (situación de aproximación), pero tienes miedo de que la entrevista sea un caos (situación de evitación). Estás atrapado entre el deseo y la ansiedad, y te sientes como tal. ¿Cómo resuelves este conflicto clásico entre la aproximación y la evitación?

Imagina que sostienes una balanza de la justicia. En uno de los platillos de la balanza tienes «aproximación», y en el otro, «evitación». Lógicamente, aproximarte a tu objetivo es más importante que evitar el miedo, pero la realidad es que este pesa más. ¿Puedes decantar la balanza en favor de la aproximación?

Imagina que los beneficios de alcanzar tu objetivo y los de librarte de tu miedo están escritos en pequeñas piedras. El valor de la evitación está escrito en papel de seda. Para cada trozo de papel tienes la correspondiente piedra.

Piensa que cada piedra lleva inscrito un beneficio. (Si tu objetivo fuera conseguir un nuevo empleo, estas inscripciones se podrían referir a un salario o un horario mejores. Algunos beneficios de superar tu miedo podrían ser un mejor autocontrol, mayor autoeficacia y menos tensión provocada por miedos innecesarios). El papel de seda también lleva inscripciones, por ejemplo el alivio que proporciona la evitación. Escribe lo que hay en cada platillo de la balanza.

Aproximación	Evitación
1.	
2.	
3.	
4.	
5.	
6.	
7.	
8.	
9.	
10.	

En este ejercicio, los beneficios de la aproximación pesan más que los de la evitación. Es justo inclinar la balanza de esta manera, sobre todo si en el pasado te has inclinado en tu contra. ¿Te da esta imagen una perspectiva diferente sobre cómo conseguir que se te haga justicia?

Siempre que des prioridad a la evitación de un objetivo sobre la aproximación a él, ten presente la balanza de la justicia. Sin embargo, no avanzarás mucho en esta perspectiva intelectual a menos que des los pasos necesarios para lograr el éxito.

INFORME SOBRE TU PROGRESO

Escribe lo que hayas aprendido de este capítulo y las acciones que piensas emprender. Después anota los resultados de estas acciones y lo que hayas conseguido.

¿Cuáles son las tres ideas fundamentales que has sacado de este capítulo?

1.

2.

3.

¿Cuáles son las tres principales acciones que puedes llevar a cabo para combatir una ansiedad o un miedo determinados?

1.

2.

3.

¿Cuáles fueron los resultados de esas acciones?

1.

2.

3.

¿Qué beneficios te ha reportado el hecho de actuar? ¿Qué harías de otro modo la próxima vez?

1.

2.

3.

CAPÍTULO 11

Pensar en cómo salir de la ansiedad

Cuando sientes ansiedad, tienes pensamientos negativos interconectados. Por ejemplo, tal vez te preocupe que te vayas a sentir cansado por dormir mal. Esta preocupación puede ir unida a la ansiedad sobre tu cansancio. Puedes extender esto a la aprensión que te provoca la idea de que al día siguiente no podrás pensar con claridad y te comunicarás de forma confusa. Ahora puedes sentir pánico ante la perspectiva de que otros te rechacen, lo cual se conecta con tu autoestima.

Esta discordancia mental se puede abordar con el método ABCDE (Ellis, 2008), que puedes emplear para conseguir aliviarte de prácticamente cualquier patrón de ansiedad. En este capítulo se expone el dilema que le provocaba ansiedad a Fred como ejemplo de cómo se puede usar el método ABCDE para resolver un problema de ansiedad complejo.

• *El caso de Fred*

Fred era un viudo de cuarenta y ocho años y tenía dos hijos ya mayores. Como inventor de éxito, se jubiló con holgados recursos económicos. Una vez jubilado, dedicaba varias horas a la semana al voluntariado. Sentía un gran cariño por su familia. Siempre que tenía oportunidad, pasaba el tiempo con sus hijos y nietos. Sin embargo, Fred también tenía sus problemas, y el principal era el de su hermana mayor, Ginger, que vivía por encima de sus posibilidades. La vida de Ginger giraba alrededor de una crisis económica tras otra. En cierta ocasión, acudió lloriqueando a Fred, diciendo que iba a perder su casa y que ella y su familia se quedarían en la calle. Fred firmó un cheque para que pagara su segunda hipoteca. Después, Ginger se retrasaba en el pago de la matrícula de su hija. Le dijo a Fred que echarían a su sobrina de la universidad si no se ponía al día con el pago. Fred firmó otro cheque. Luego, el hijo de Ginger necesitaba un coche para conseguir un trabajo de repartidor de *pizzas*. Ginger le dijo a Fred que tenía miedo de que su hijo se reenganchara a la cocaína si no conseguía ese empleo. Fred le compró el coche.

Fred intentaba restar gravedad a los problemas de sus parientes y se decía que al final todos entrarían en razón. Aquella esperanza era una ilusión.

Su relación con su hermana y la familia de esta no era completamente negativa. Cuando vivía su mujer, las dos familias fueron de vacaciones juntas. Guardaba buenos recuerdos de cómo iban haciéndose mayores los hijos de su hermana y de los cumpleaños y las fiestas que celebraron juntos. Sus hijos y los de su hermana seguían disfrutando de unas relaciones positivas. Fred no quería arriesgarse a perder todo lo positivo que lo unía a Ginger.

Cuando Fred y Ginger eran pequeños, ella era quien dominaba. Aprovechando que era la mayor, controlaba a Fred. Cuando este iba al instituto, si a Ginger no le gustaba alguna de sus novias, él la dejaba.

Ginger no aprobó a la nueva prometida de Fred. Esta vez, Fred decidió ponerse firme. Se negó a dejar a la mujer que amaba. Odiaba todo tipo de enfrentamiento. Acudió a la terapia cuando la ansiedad que le provocaba ese enfrentamiento le era insoportable.

FIJARSE UNOS OBJETIVOS

A medida que vayas viendo tu ansiedad desde la debida perspectiva, te darás cuenta de que necesitas hacer algunos cambios en cómo discurre tu vida. Una vez que establezcas nuevos objetivos, puedes idear una estrategia y emplear tácticas apropiadas para alcanzarlos. Fred, por ejemplo, se dio cuenta de que estaba lejos de hacerse con el control de sí mismo. Quería situarse en una posición en la que pudiera y quisiera defenderse. Ese era su objetivo. Su estrategia era defenderse y sus tácticas incluían enseñarse a pensar en sus problemas con Ginger, utilizando el método ABCDE.

Fred reconocía que su hermana se comportaba como si tuviera todo el derecho a que la ayudara; su actitud se caracterizaba por lo que podríamos llamar las tres E: *excesses* ('excesos'), *entitlement* ('derecho') y *exploitation* ('explotación'). También se dio cuenta de que Ginger siempre utilizaba las tres D: *defend* ('defenderse', de sus responsabilidades), *deny* ('negarlas') y *defuse* ('eludirlas') . Por ejemplo, cuando Fred le preguntaba por sus gastos excesivos, Ginger se ponía a la defensiva, negando y eludiendo su responsabilidad. Cuando Fred vio el comportamiento de su hermana desde esta perspectiva, comprendió mejor por qué, por mucho que la complaciera, nunca conseguiría abrirle los ojos. También empezó a darse cuenta de que las dificultades y el comportamiento de Ginger eran un problema de ella. El de él era cómo reaccionar.

La preocupación que más tensión le producía a Fred era su propia ansiedad. Se sentía muy mal al observar que era una persona débil por no enfrentarse a su hermana. Decidió emplear el método ABCDE para organizar la información sobre su ansiedad y sortear las ideas que la generaban.

USAR EL MÉTODO ABCDE

El método ABCDE de Albert Ellis es una parte habitual de la mayoría de los programas de terapia cognitivo-conductual, y se puede usar para superar cualquier patrón de ansiedad parasitario. El acrónimo se refiere a cinco pasos:

A se refiere a *adversity* ('adversidad') o un hecho activador. El primer paso es reconocer este desencadenante.

B se refiere a *beliefs* ('creencias') sobre la adversidad. Estas creencias pueden ir desde unas ideas de escasa solidez hasta convicciones inamovibles. Pueden ser razonables, erróneas o de carácter intermedio. (El paso D te ofrece criterios para separar las creencias razonables de las erróneas, de forma que puedan ayudarte a adoptar una perspectiva realista sobre tu situación de ansiedad y conseguir aliviarla).

C se refiere a las *consequencies* ('consecuencias') emocionales y conductuales de tener creencias. En este paso, haces una lista de las consecuencias de tus creencias tanto razonables como erróneas. Por ejemplo, una consecuencia de pensar que te encuentras en circunstancias emocionales peligrosas y que no puedes evitarlo puede ser el pánico. En estas circunstancias, es posible que retrocedas cuando la mejor opción es avanzar. Si creyeras que podrías encontrar una forma de afrontar la realidad, sentirías que tienes mayor control.

D se refiere a *disputing* ('rebatir') creencias e ideas perjudiciales analizándolas y cuestionándolas. Si eres nuevo en este tipo de proceso, has de saber que este paso incluye seis preguntas generadoras de una nueva perspectiva que te ayudarán a refutar tus creencias. Tú das las respuestas: (1) ¿La creencia se ajusta a la realidad? (es decir, ¿se puede demostrar mediante un experimento o se basa en los hechos?); (2) ¿La creencia avala la consecución de intereses y objetivos razonables y constructivos?; (3) ¿La creencia contribuye a fomentar unas relaciones positivas?; (4) ¿La creencia se ajusta a una realidad que se pueda medir?; (5) ¿La creencia parece razonable y lógica en el contexto en que se produce?; (6) ¿La creencia, en general, es útil o perjudicial? Una vez que domines este método de cuestionamiento de seis pasos, puedes personalizar tus preguntas. (Para más ejemplos de cómo rebatir el pensamiento detonante, ver los capítulos dieciséis y veintidós). Este proceso puede llevar a una perspectiva que está relativamente exenta de creencias erróneas y exageraciones sobre la situación en cuestión.

E se refiere a los nuevos *effects* ('efectos') de reconocer y rebatir el pensamiento dañino. Después de identificar y esclarecer creencias de una gran carga emocional, ahora puedes adoptar una perspectiva constructiva basada en la verosimilitud, la razón y el experimento.

El método ABCDE no va a silenciar sentimientos normales, por ejemplo los de pérdida, arrepentimiento y frustración, ni la ansiedad y los miedos realistas, pero puede contribuir en gran medida a reducir tensiones innecesarias que son consecuencia de expectativas falsas, exageraciones y supuestos erróneos.

La siguiente tabla ABCDE describe cómo Fred organizó su información sobre la relación con su hermana y qué hizo para superarla. Lo que más le preocupaba era su propia ansiedad. Odiaba que su tensión le provocara aún más tensión. Decía que se sentía muy mal al constatar que era una persona débil por no enfrentarse a su hermana, de modo que esto fue lo primero en lo que se concentró.

La resolución ABCDE de Fred

Adversidad o hecho activador: *Las manipulaciones y la explotación de su hermana arrogándose el «derecho» a que le diera dinero para pagar sus excesos.*
Creencias razonables sobre el hecho: No me gusta que me arrinconen para que capitule ante la insistencia y la exigencia de dinero de mi hermana para así evitarse las consecuencias de sus propios excesos.
Consecuencias emocionales y conductuales de las creencias razonables: *Arrepentimiento, desengaño ante el comportamiento de su hermana y disgusto por la situación.*
Creencias potencialmente erróneas sobre los hechos: No puedo enfrentarme a mi hermana. *Creer que el apaciguamiento eliminará la ansiedad.*
Consecuencia emocional y conductual de las creencias potencialmente erróneas: *Odio a sí mismo por rendirse. Intolerancia ante la tensión y no enfrentarse a ella.*

Rebatir creencias que puedan ser erróneas: Fred se repetía los valores fundamentales de su familia. Reconocía que querría ayudar a su hermana si estuviera enferma o no pudiera controlar circunstancias adversas, pero no quería contribuir a que repitiera lo que en realidad eran unas costumbres autodestructivas. Pensando en todo esto, Fred se hizo y respondió seis preguntas:

1. «¿Mi creencia de que soy capaz de enfrentarme a mi hermana se corresponde con la realidad?».
   Respuesta: «No. Hay excepciones. Me casé con la que fue mi esposa pese a la fuerte oposición de mi hermana y tuve un matrimonio maravilloso. Soy capaz de decir "no"».
2. «¿Mi creencia de que debo evitar el conflicto con mi hermana por cuestiones monetarias me ayuda a alcanzar mis intereses y objetivos constructivos?».
   Respuesta: «No. En realidad, desbarata mi interés por superar la ansiedad relacionada con sus exigencias».
3. «¿La idea de capitular para evitar el conflicto con mi hermana por cuestiones de dinero propicia una relación constructiva con ella?».
   Respuesta: «No. Este aspecto de mi relación con ella es disfuncional y lo más probable es que lo siga siendo mientras ella crea que puede conseguir cualquier cosa que me pida».
4. «¿Mi idea de que no sé defenderme se ajusta a la realidad?».
   Respuesta: «No. Pensar que soy demasiado débil y que ella me va a agobiar si defiendo mi postura es un miedo, no un hecho».
5. «¿La idea de rendirme parece razonable y tiene sentido en el contexto en que se produce?».
   Respuesta: «No. Los excesos de mi hermana, la reivindicación de aquello a lo que cree que tiene derecho y las manipulaciones de explotación no son razonables. Para evitar el conflicto, me permito restarme valor al calificarme de débil e inepto. Tal conclusión se basa en la idea fantasiosa de que mi valor depende de su aprobación».
6. «¿Mi idea de apaciguamiento es por lo general útil o perjudicial?».
   Respuesta: «En este caso suele ser perjudicial. Me cuesta tiempo, energía emocional y dinero, sin ningún beneficio a cambio».

Efectos del ejercicio de refutación: Una mejor perspectiva sobre los problemas. La determinación de rechazar las presiones urgentes de Ginger para sacarla de sus problemas económicos. El reconocimiento de que el valor propio no depende de ceder ante las expectativas y demandas de otro. La aceptación personal con o sin la aprobación de la hermana. El reconocimiento de que trabajar en la tolerancia a la tensión ayudará a generar un sentimiento de control interno.

Seguir este método de análisis ABCDE hizo que Fred viera con claridad la situación. En consecuencia, pasó a la acción y dejó de rendirse ante las demandas económicas de Ginger. Decía que esta actitud hacía que se sintiera aliviado. Señaló que Ginger empezó a vivir de forma acorde con sus medios. La valentía que Fred acababa de descubrir también la benefició a ella.

EJERCICIO: PRÁCTICA DEL MÉTODO ABCDE

Utiliza el método ABCDE para atacar lo que mayor ansiedad te produce. Escribe tu adversidad (o hecho activador), lo que pienses (sea razonable o potencialmente erróneo) sobre la adversidad y las consecuencias emocionales y conductuales de tener esas diversas creencias. Luego, rebate las que puedan ser erróneas y observa qué pasa. Por último, escribe los efectos de este proceso.

Tu resolución ABCDE

Adversidad o hecho activador:
Creencias razonables sobre el hecho:

Consecuencias emocionales y conductuales de las creencias razonables:
Creencias potencialmente erróneas sobre los hechos:
Consecuencia emocional y conductual de las creencias potencialmente erróneas:
Rebatir creencias que puedan ser erróneas:
1. ¿La creencia se corresponde con la realidad? (¿Se puede verificar con un experimento? ¿Se basa o no en un hecho?).
2. ¿La idea favorece la consecución de intereses y objetivos razonables y constructivos?
3. ¿La idea contribuye a fomentar unas relaciones positivas?
4. ¿La creencia se ajusta a una realidad que se pueda medir?
5. ¿La creencia parece razonable y lógica en el contexto en que se produce?
6. ¿La idea es generalmente perjudicial o útil?
Efectos del ejercicio de refutación:

Un buen consejo: disuelve la ansiedad con el mindfulness y el pensamiento racional

El doctor Vincent E. Parr es psicólogo con consulta privada en Tampa (Florida). Michael Gregory, antiguo monje budista, dirige el Centro de Meditación Mindfulness de Palmetto, Florida. Este es su común consejo para combinar los métodos racionales y el mindfulness:

> Si padeces una forma de ansiedad parasitaria, combátela con un sistema mixto de mindfulness y pensamiento racional. Empieza por comparar tu pensamiento «¿y si...?» con esta ecuación de la ansiedad: A = YS + C + NPS, donde
>
> A = Ansiedad.
> YS = Pensamiento «¿y si...?» referido a que algo malo, peligroso o intimidatorio te puede suceder a ti o a alguien a quien quieres.
> C = Catastrofizar o hacer que explote una situación al calificarla de catastrófica, horrible o terrible.
> NPS= «No lo puedo soportar», es decir, la convicción de que no eres capaz de tolerar los sentimientos desagradables.
>
> Acepta que has inventado un suceso futuro (YS), te has asustado ante tal posibilidad (C) y te has considerado incapaz de soportar las emociones provocadas por un suceso de cuya existencia no tienes ninguna prueba (NPS).
>
> Cómo puedes dejar de atormentarte con el pensamiento «¿y si...?»:

- Reconoce que la ansiedad parasitaria se asienta en tu mente y permítete observar cómo se despliega la ansiedad YS, sin pretender combatirla.
- Acuérdate de mantenerte en estado de mindfulness, es decir, con plena conciencia no reactiva y acrítica de ti mismo y de lo que te rodea.
- Acepta que el pensamiento parasitario YS es una proyección mental que conecta pensamientos e imágenes horribles con la ansiedad, pero el hecho de pensar en un desastre YS no significa que este se vaya a producir.
- Libera la imagen del desastre que esperas y deja que te pase por la mente como una errante descarga neuronal.
- Pasa de una perspectiva pasiva a otra activa. Háblate de forma realista y seguro de ti mismo. Por ejemplo: «Mis pensamientos e imágenes abonan la ansiedad parasitaria. Esta ansiedad no existe sin las ideas y las imágenes pasajeras que la acompañan».
- Prepárate una declaración de afrontamiento para desafiar tanto la C como el pensamiento NPS. Por ejemplo: «Aun en el caso de que lo que imaginé ocurriera, y fuera tan horrible como pensé, puedo soportar, aunque sea duro, lo que no me gusta». (Los estudios demuestran que las buenas declaraciones de afrontamiento mitigan las emociones negativas, como la ansiedad).

INFORME SOBRE TU PROGRESO

Escribe lo que hayas aprendido de este capítulo y las acciones que piensas emprender. Después anota los resultados de estas acciones y lo que hayas conseguido.

¿Cuáles son las tres ideas fundamentales que has sacado de este capítulo?

1.

2.

3.

¿Cuáles son las tres principales acciones que puedes llevar a cabo para combatir una ansiedad o un miedo determinados?

1.

2.

3.

¿Cuáles fueron los resultados de esas acciones?

1.

2.

3.

¿Qué beneficios te ha reportado el hecho de actuar? ¿Qué harías de otro modo la próxima vez?

1.

2.

3.

CAPÍTULO 12

Métodos conductuales para vencer la ansiedad

La exposición es una parte fundamental de cualquier sistema cognitivo, emotivo y conductual para vencer los miedos, las fobias y el pánico. Es una forma de aprendizaje que consiste en situarte repetidamente cerca de una situación a la que tengas miedo. Mediante este proceso de habituación, entrenas de nuevo a tu cerebro para que abandone las reacciones exageradas a situaciones que no encierran peligro alguno.

En este capítulo se explican los programas de exposición de Judy, Del y Sandra, los tres con unos miedos incapacitantes que consiguieron superar. Puedes utilizar aspectos de estos programas que creas que te van a funcionar.

SUPERAR LAS FOBIAS

Las fobias, como el miedo a las alturas o a la oscuridad, pueden empezar en un determinado momento de la vida, pero lo habitual es que lo hagan en la infancia, cuando no sabemos distinguir las creencias y los miedos racionales de los irracionales. Si estos miedos continúan en la madurez, puedes darte cuenta de que es un miedo irracional, pero no lo abandonas y sigues evitando cualquier situación que lo desencadene.

- *El caso de Judy*

  Desde que era pequeña, Judy tenía un miedo mórbido a la oscuridad. Pensaba que empezó con una historia sobre «el coco» que le contó su tío. El coco era un fantasma que volaba invisible en la oscuridad para llevarse las almas de los niños que se portaban mal. Judy recuerda que, después de escuchar aquella historia, sintió que la oscuridad la inmovilizaba. Sabía que no era perfecta, por lo que imaginaba que el coco iría a llevársela.

  Para ayudar a apaciguar sus miedos, su padre sugirió que dejara una luz encendida en su habitación. Su madre dijo: «El coco no te puede llevar si hay luz». Esto calmó a Judy. Pero seguía sintiendo un miedo mórbido a estar a oscuras y a que el invisible coco se llevara su alma.

  A Judy le preocupaba lo que ocurriría si las luces se apagaran y no tuviera un lugar seguro donde esconderse. Resolvió el problema sirviéndose de sistemas de apoyo. Colocó varias velas y una linterna de pilas en su habitación. La opinión de sus padres era que exageraba. Asimismo, pensaban que al ir haciéndose mayor desaparecerían esos miedos, pero el que Judy tenía a la oscuridad se mantenía llegada ya a la madurez.

  La historia del coco, evidentemente, era una tontería. Judy así lo vio más o menos al mismo tiempo en que dejó de creer en el ratoncito Pérez. Pero su miedo a la oscuridad seguía, un miedo que afectaba a su vida social. En su adolescencia, nunca quiso ir a un campamento de verano, porque sabía que llegaría un momento en que se apagarían las luces. No quería que sus amigas se dieran cuenta del pánico que sentía y se burlaran de ella. Por la misma razón, nunca quiso ir a dormir a casa de alguna amiga. Siendo ya una muchacha, declinó la invitación a la recepción nupcial de su mejor amigo, porque iba a tener lugar por la noche. Quería evitar el pánico y hacer el ridículo ante los otros invitados.

Aquel miedo se extendía a otras situaciones de oscuridad, por ejemplo conducir de noche o tener que pasar por túneles escasamente iluminados. Pensaba que estaría más segura con la luz del techo de su coche encendida. Cuando alguien le proponía salir, automáticamente le decía que no. Temía que quien la invitaba se diera cuenta de que tenía miedo a la oscuridad. Judy comparaba su miedo a la oscuridad con una fuerza extraterrestre que la paralizaba por la noche. A los veintiséis años seguía durmiendo con una lámpara encendida.

Vista desde fuera, Judy daba la imagen de una persona que vivía con normalidad. Quien no supiera de su miedo a la oscuridad pensaría que era una joven alegre, encantadora y despreocupada. Había cursado Periodismo en la universidad, en el horario de día, y obtuvo el correspondiente título. Trabajaba de correctora por cuenta propia para una importante editorial. Judy seguía viviendo con sus padres, quienes la animaban a que buscara ayuda para resolver el terror que le provocaba la oscuridad. Decidió indagar si podía encontrar una forma de liberarse de su miedo.

Un plan de tiempo-y-proximidad para vencer el miedo

Muchas veces los miedos están tan arraigados que superarlos requiere afrontarlos en muchos niveles.

En el caso de Judy, un sistema de tolerancia cognitiva y emocional unida a una exposición conductual auguraba buenos resultados. Para combatir su miedo a la oscuridad, diseñó un plan de dimensiones tanto temporales como de proximidad. El plan incluía afrontar su fuerte tendencia a crear problemas dobles al declararse una persona débil y culparse de sus problemas.

El plan de tiempo-y-proximidad de Judy

Dimensiones del miedo a la oscuridad	Cognitiva	Tolerancia emocional	Conductual
Dimensión del tiempo.	Contrarrestar los problemas dobles y el pensamiento detonante ansiedad-y-miedo.	Negarse a aceptar la idea de que no puedes soportar la tensión.	Diseñar un plan de exposición para dominar progresivamente el miedo a la oscuridad dando pasos graduales para conseguir tal objetivo.
Dimensión de la proximidad.	Abordar las ideas de miedo que puedan desencadenar un sentimiento de pánico y evocar impulsos para escapar.	Usar la inteligencia, el ingenio y la voluntad para superar la tensión con el fin de vencer el miedo.	Enfrentarse directamente al miedo dejando que te embargue progresivamente el que tienes a la oscuridad, pero en condiciones en que controles lo que hagas.

Emplear tácticas de tolerancia cognitiva y emocional

Antes de enfrentarte a tu miedo mediante la exposición, es posible que debas ocuparte de determinados problemas cognitivos y emocionales que estén obstaculizando el camino. Por ejemplo, cuando Judy reconoció que se generaba problemas dobles, decidió oponerse a este pensamiento. Primero adoptó el lema «la tolerancia domestica el miedo», concediéndose el derecho a tener una tendencia al miedo y medios para tratarla. Al actuar desde esta perspectiva, utilizó algunas intervenciones cognitivas para desactivar los dobles problemas:

- Se consideraba desde hacía tiempo una persona débil porque tenía miedo a la oscuridad, pero al infravalorarse de este modo generaba un problema doble. En la mente de Judy, su miedo a la oscuridad era un signo de debilidad, un fallo de su carácter. Sin embargo, con el tiempo llegó a aceptar –no a repetirse como un loro– que tener un miedo estúpido era un hábito de mal razonamiento. Se dio cuenta de que se había llamado débil para explicar por qué había sentido miedo. Al redefinir su miedo a la oscuridad como un hábito aprendido, pensó que podría aprender a acabar con esa costumbre.

- Tenía miedo de volverse loca. Pensaba que ese miedo podría provocar que perdiera su sentido del yo y que se trastornara. Cuando descubrió que el miedo a enloquecer era una fobia común que incluso tiene un nombre –dementofobia–, este miedo se desvaneció enseguida. En su lugar, consideró que el miedo a la oscuridad era muy desagradable. Tal descripción se ajusta mejor a la realidad.
- Había estado culpándose de perder oportunidades debido a su miedo. La culpa, en este caso, añadía un significado extra a una situación ya desafortunada. Culparse por oportunidades perdidas era como vivir la vida en marcha atrás. El pasado no iba a cambiar. Judy se dio cuenta de que aunque el pasado se había ido, podía reexaminar y reinterpretar lo que hubiera sucedido. No podía volver atrás para hacer las cosas de otra forma, pero podía empezar hoy a vivir su vida de manera diferente.

En su empeño por reducir los problemas dobles, Judy descubrió que se toleraba mejor a sí misma y se preocupaba menos de sentir miedo. Era el momento de aplicar estas nuevas creencias al desafío que suponía abordar su miedo a la oscuridad.

Usar una técnica de exposición gradual

Una vez más, la clave para superar un miedo irracional es sentir el miedo; al ponerte gradualmente en la situación que te asusta, puedes ver que no hay nada que temer.

Por consiguiente, la solución de Judy para superar su miedo a la oscuridad implicaba estar a oscuras. Esperaba demostrarse que ni la oscuridad ni el pánico por estar en la oscuridad la vencerían. Estaba preparada para enfrentarse al problema de la proximidad, de modo que cuanto mayor era la oscuridad, mayor era su miedo.

Una parte más que considerable de un miedo activo implica la sensación de estar fuera de control y no poder hacer nada al respecto. Pero ¿qué ocurre cuando tienes una forma de hacerte con el control? ¿Cambiará esto tu percepción de la situación? Judy ya sabía la respuesta a esta pregunta. La oscuridad la aterrorizaba, pero siempre le había gustado leer historias de miedo sobre cosas que irrumpen en la noche. Cuando leía este tipo de historias de terror, siempre sabía que podía decidir cerrar el libro; y como sabía que tenía este control, no necesitaba ejercerlo. Judy vio que le gustaba esta idea, que podía controlar aspectos de la oscuridad. Decidió probar una exposición gradual a la oscuridad, en la que aprendería a tolerar los sentimientos de tensión en dosis manejables. El plan le permitió aumentar gradualmente su propia exposición a la situación que le daba miedo.

Judy empezó a usar un interruptor con el que podía regular la intensidad de la luz de su habitación por la noche. Empezó con la luz de mayor intensidad. Programó el interruptor para que la fuera reduciendo gradualmente. Cuando se sentía tensa, no subía la intensidad de la luz sino que se quedaba con esa sensación de tensión hasta que se le iba. Entonces descubrió que la tensión no duraba mucho. Esta fase de la exposición le fue más fácil de lo que había imaginado.

Con el interruptor regulador en la mano, Judy tenía la sensación de que controlaba la situación. Pero en un determinado momento tal sentimiento desapareció y encendió la luz. Retrocesos como este no son infrecuentes en los programas de exposición y se pueden tratar con facilidad. Judy se limitó a regresar a su habitación una hora después y reinició la exposición. Esta vez dejó una luz un poco más intensa hasta que se sintió cómoda con ese nivel. Luego bajó el interruptor un punto más. Se dio cuenta de que ya no sentía la necesidad de escapar.

Al cabo de diez días de ir bajando la luz progresivamente, Judy fue capaz de apagarla por completo y estar a oscuras durante un minuto antes de empezar a sentirse tensa. Fue aumentando de tres en tres minutos el tiempo que permanecía a oscuras. Cuando alcanzó el hito de estar seis minutos a oscuras, comenzó a dejar en su habitación una luz tenue en lugar de la lámpara de alta intensidad que acostumbraba a usar. Al cabo de tres semanas, apagó la luz de noche y se durmió a oscuras. A partir de entonces podía tener encendida o apagada la luz de noche.

Mediante la exposición, Judy se demostró que las sensaciones de miedo estaban limitadas por el tiempo y eran tolerables. Descubrió que podía soportar tener sensaciones de miedo. Tuvo la sensación de que había conseguido algo de gran importancia.

Tratar miedos relacionados

Una crítica que se hace a los sistemas de exposición conductual es que lo que descubres en una situación normalmente no se puede aplicar de forma automática a otra. Judy descubrió que después de aprender a dormir con la luz apagada, podía bajar a un sótano oscuro sin excesiva inquietud. Había resuelto las cosas en su mente y sabía que podía tolerar las sensaciones de su miedo. Sin embargo, aún la asustaba conducir de noche, así que decidió abordar este miedo a continuación. Pero ahora sabía qué hacer y qué esperar.

Para afrontar su miedo a conducir de noche, cubrió la luz del techo de su coche con unas hojas de plástico opaco, de manera que pudiera bajar gradualmente la intensidad de la luz hasta que fuera capaz de conducir de noche sin la luz del techo encendida. Repitió el proceso al conducir por túneles. En menos de una semana, estaba conduciendo de noche sin la luz del techo y podía pasar por túneles.

Un plan cognitivo, emotivo y conductual

Esta lista de acciones resume el plan cognitivo, emotivo y conductual que Judy aplicó para imponerse a su miedo a la oscuridad:

- Ataca los dobles problemas siempre que surja este tipo de razonamiento.
- Diseña una secuencia de exposición que se pueda dividir en fases manejables.
- Comienza con la fase menos intensa y no la dejes hasta que la domines. Después pasa a la siguiente.
- Ve a tu ritmo. No tengas prisa. El cerebro necesita tiempo para incorporar la nueva información que proporciona la experiencia.
- Si tienes algún contratiempo o te retrasas, inténtalo de nuevo, tal vez con un plan modificado.

Puedes seguir estos pasos básicos mientras perfilas tus propios programas de exposición.

¿Qué puedes hacer con tu tiempo y tu vida cuando tus miedos dejen de limitarte? En el caso de Judy, empezó a quedar y salir con amigos. Asistió a clases de periodismo en horario nocturno. Obtuvo el correspondiente máster. Se tomó unas vacaciones, algo que nunca había hecho antes. Tuvo su serie de contratiempos y confusiones. Pero, aun así, vivía la vida como algo apasionante y con sentido.

Un buen consejo: aunque te dé miedo, exponte

Profesor distinguido de Psicología de la Universidad de Scranton, psicólogo y escritor, el doctor John Norcross aporta este consejo sobre cómo beneficiarte de la terapia de exposición:

> Hasta el más pequeño hueso de tu cuerpo te suplica que evites la ansiedad: «¡Huye! ¡No lo pienses siquiera!». Nuestro cerebro está programado para maximizar el placer y evitar el dolor.

Pero la evitación se va acumulando, se convierte en su propio problema y empeora la ansiedad. La evitación es el sello distintivo del comportamiento autodestructivo.

Lo sano opuesto a la evitación es la exposición: afrontar directamente la situación temida. No es algo tan simple como el «simplemente hazlo» ni tan melodramático como «oblígalo a que empiece a hacer algo provechoso», sino una serie de habilidades que se pueden aprender: aprender a relajarse, exposición gradual al miedo, no huir apresuradamente de la situación que asusta.

Y, como sin duda has aprendido de las experiencias de tu niñez, un miedo que parecía descomunal pasa a ser completamente manejable en cuestión de minutos o un par de horas. La evitación, por el contrario, dura toda la vida.

Exponte lentamente y aprovechando décadas de investigación sobre cómo hacerlo de la forma más eficaz. Acuérdate de relajarte antes de enfrentarte a una situación que te dé miedo. Las primeras exposiciones pueden irte mejor si cuentas con la ayuda de un amigo de confianza o un mentor. Si tu ansiedad sigue siendo intensa, exponte primero en tu imaginación hasta que no lo temas tanto y después aborda la situación. No huyas de la situación con prisa excesiva: lo único que conseguirías a la larga es intensificar el miedo. Mantente hasta que consigas reducir la ansiedad en un cincuenta por ciento. De esta forma, experimentarás el progreso y comenzarás a transformar esas preocupaciones catastróficas en la idea realista de que todo es posible. Por último, recoge los enormes beneficios de afrontar el miedo y practicar la exposición. Te los mereces por haberlo hecho a pesar de la evitación que llevamos programada.

LA TÉCNICA CONDUCTUAL DE ORDENAR TARJETAS

La técnica conductual de ordenar tarjetas puede ser especialmente útil para quienes padecen agorafobia y quieren superar el miedo y el pánico que les provoca encontrarse cerca de lugares «inseguros». El sistema es sencillo:

1. Piensa en un sitio que te provoque miedo.
2. Imagina una serie de lugares próximos a ese sitio, desde el más seguro y lejano hasta el más próximo.
3. Anota estos lugares en una tarjeta.
4. Anota diferentes condiciones de proximidad en distintas tarjetas.
5. Ordena las tarjetas para elaborar una lista de ítems clasificados desde el que menos al que más te asusta.

Dispones ahora de un mapa donde aparecen los pasos graduales –del que menos miedo tienes al que más te asusta– que puedes seguir para dominar progresivamente tu miedo a estar en lugares «inseguros».

- *El caso de Del*

Del era un estudiante de grado de Biología de treinta y cinco años. Si entraba en un aula y no se podía sentar lo más cerca posible de la puerta, se angustiaba. Quería estar junto a la puerta para poder salir deprisa del edificio si le daba un ataque de pánico durante la clase. Lo que más temía era su incapacidad de huir si se asustaba. Cuanto más lejos estaba de la puerta, mayor era su miedo.

Para evitar el pánico que le provocaba no encontrar «su asiento», Del solía llegar a clase con veinte minutos de antelación. Para él, la proximidad a la puerta era fundamental. Era su red de seguridad.

Sin embargo, estar cerca de una salida solo era la punta del iceberg. Sus miedos se agudizaban en las plantas superiores, de ahí que escogiera una universidad local teniendo en cuenta la altura de los edificios. El de Ciencias, donde se impartían sus principales asignaturas, tenía tres pisos. Si las clases a las que debía asistir estaban en el primer piso, entraba en el aula. En caso contrario, esperaba. Con una pequeña herencia familiar, al principio Del no tenía necesidad de trabajar. Pero la herencia acabaría por agotarse. Esta realidad y el hecho de que estaba harto de sus miedos, propiciaron su decisión de actuar.

Utilizar la técnica de clasificar tarjetas

La técnica de clasificar u ordenar tarjetas es útil para organizar cómo vas a actuar a lo largo de la exposición, en especial cuando hay múltiples variables. El uso de esta técnica en el caso de Del es un buen ejemplo de cómo puede funcionar. Sus tarjetas incluían tres aulas y cinco situaciones de proximidad. Las aulas estaban en el primero, segundo y tercer piso del edificio de Ciencias. Del definía las situaciones de proximidad basándose en la distancia que lo separaba de la puerta en cada aula. Su situación de proximidad menos grave era asistir a una clase del primer piso y sentarse en el tercer asiento de la fila más cercana a la puerta. Su situación de proximidad más grave era sentarse en el centro de la fila del medio en un aula del tercer piso.

Del elaboró un plan de exposición gradual con lugares y situaciones de proximidad que iban de los menos a los más duros.

Del empezó sus sesiones de exposición conductual con tarjetas en el semestre de primavera. En aquella ocasión tenía clase de cuatro asignaturas en el primer piso del mismo edificio, de modo que eran muchas las oportunidades de aprender; podía repetir el plan de las tarjetas a diario. Comenzó con la primera ubicación y situación de proximidad, y fue dominando su plan a su ritmo. Cuando se sintió razonablemente cómodo con el primer paso, pasó al segundo de proximidad, que era sentarse a dos filas de la puerta en el asiento más cercano a esta. Al final del semestre, Del se podía sentar cómodamente en cualquier parte del aula del primer piso. Estaba contento con los resultados de su programa de exposición.

Condiciones de la ubicación	Condiciones de la proximidad
1. Primer piso.	1. Dos asientos desde la puerta en la fila más cercana a esta.
2. Segundo piso.	2. Dos filas desde la puerta en el asiento más cercano a esta.
3. Tercer piso.	3. Cinco filas desde la puerta en un asiento cercano a esta.
	4. Cinco filas desde la puerta, en el asiento del medio.
	5. En el centro de la fila del medio (la más alejada de la puerta).

Para el semestre de verano, se matriculó en asignaturas que se impartían en el segundo y el tercer piso. Decidió dedicar los días de vacaciones entre los semestres a enfrentarse a los miedos de estar en las aulas de esas plantas superiores. El primer reto era subir las escaleras hasta el segundo piso y el tercero. Con este fin, pidió ayuda a un estudiante de posgrado de Psicología, quien primero subía las escaleras a su lado, lo cual inspiraba seguridad a Del. Después, el estudiante lo seguía treinta segundos por detrás, luego un minuto, a continuación dos minutos y al final dejó de acompañarlo. Del repitió esta *técnica del desfase horario* para ir del segundo piso al tercero. Al cabo de una semana, se dio cuenta de que podía subir solo hasta la tercera planta.

Como experimento, Del entró en las aulas del segundo piso y el tercero cuando estaban vacías. Empezando con el aula del segundo fue cambiando de asiento siguiendo el plan de las tarjetas. Luego se sentó en todos los asientos del aula (unos treinta), un minuto en cada uno. Repitió el ejercicio en el tercer piso. Decía que la repetición lo aburría, pero también se dio cuenta de que el miedo había desaparecido.

Cuando empezó las clases, lo hizo con cierta inquietud. La presencia del profesor y los alumnos en el aula le afectó más de lo que esperaba. Era en estas circunstancias cuando más temía tener un ataque de pánico.

Para enfrentarse a su miedo al pánico, Del reflexionó sobre sus temores por lo que los demás pudieran pensar si lo vieran entrar en pánico. Consideró una incoherencia: si diferentes personas pueden ver la misma situación de diferentes maneras, ¿por qué los compañeros de su clase lo verían únicamente como él mismo se veía? Aceptó que probablemente muchos de ellos ni siquiera lo notarían aunque estuviera aterrorizado y que, en el peor de los casos (si entrara en pánico en la clase y no pudiera salir), aún podría aceptar incondicionalmente su yo falible. Esa reflexión le dio una nueva perspectiva positiva.

Una semana después de que se iniciaran las clases, Del dijo que en todas las aulas se podía sentar en cualquier sitio. Había superado un obstáculo importante para terminar su grado.

Enfrentarse a otros factores

A veces tienes que ocuparte de otros factores además de la ubicación y las situaciones de proximidad. Por ejemplo, a Del también le daba miedo estar en restaurantes donde no pudiera controlar el lugar en que estaba sentado, y cuanta más gente había, mayor era su desazón. Es decir, las condiciones de las personas (la presencia de más o menos gente) eran un factor del miedo que le daban los restaurantes. Ahora tenía que resolver un problema de tres factores.

Para su segundo experimento de exposición gradual, Del eligió un restaurante de comida rápida. Utilizó el siguiente sistema de clasificación de las tarjetas:

Condiciones de la ubicación	Condiciones de las personas	Condiciones de la proximidad
Un restaurante de comida rápida.	1. Casi vacío.	1. Silla cercana a la puerta.
	2. Moderadamente lleno.	2. Silla en el centro del restaurante.
	3. Abarrotado.	3. La silla más alejada de la puerta.

La condición que menos le preocupaba era sentarse cerca de la puerta cuando el restaurante estaba casi vacío. La que más, sentarse en la silla más alejada de la puerta cuando el restaurante estaba abarrotado. Es interesante que a Del no le daba miedo acercarse a la barra a pedir la comida. La barra estaba lejos de la puerta, pero el hecho de que estuviera de pie marcaba una diferencia. No tenía otra explicación. Sin embargo, que se sintiera cómodo en la barra hizo que se replanteara su supuesto de que tenía que estar cerca de la puerta.

Al cabo de tres semanas de su experimento de exposición gradual, dejó de preocuparse por dónde se sentaba en un restaurante.

Con la técnica de las tarjetas Del pudo concentrar sus esfuerzos en controlar las diferentes condiciones de ubicación, proximidad y cantidad de personas. Como efecto secundario de su éxito, dejó de sentir pánico a entrar en pánico.

EJERCICIO: USAR LA TÉCNICA DE CLASIFICAR TARJETAS

Elabora tu propio sistema de clasificación de las tarjetas para exponerte a situaciones que querrías evitar. Haz una lista de las condiciones de ubicación, personas o proximidad, ordenándolas desde las situaciones que menos miedo te dan hasta las que más te aterrorizan. Observa que quizá solo tengas que ocuparte de los problemas de ubicación y proximidad, o solo de los de proximidad y cantidad de personas, así que modifica tu técnica de las tarjetas según te convenga.

Condiciones de la ubicación	**Condiciones de las personas**	**Condiciones de la proximidad**

Cuando mejor funciona la técnica de clasificar tarjetas es en el caso de un miedo específico que puedes clasificar basándote en las condiciones menos y más intensas.

SUPERAR EL MIEDO Y LA ANSIEDAD DEBIDOS A UN TRAUMA

En sus clásicos experimentos de condicionamiento con perros, el famoso fisiólogo ruso Iván Pavlov emparejaba un estímulo neutro y una campana con un *shock*. El perro oía la campana. Al cabo de una fracción de segundo también sentía el *shock*. Después de repetir el proceso varias veces, la campana despertaba miedo. La campana es un estímulo condicionado. Por su estrecha relación con el *shock*, la campana acaba por provocar miedo.

Cuando una reacción de miedo súbito va unida a un elemento neutro del entorno, ese elemento cobra relevancia. Por ejemplo, las personas que sufren un *shock* postraumático a menudo asocian partes del entorno donde se produjo el trauma con la experiencia traumática.

- *El caso de Sandra*

  Sandra se hallaba en la tercera planta de una residencia universitaria cuando se produjo un incendio. Salió tosiendo, buscando el aire, y con los ojos llorosos debido al humo. Más adelante pensó mucho en el incendio y en lo cerca que estuvo de él. Durante muchos años, cuando olía a humo sentía pánico. No se acercaba a la tercera planta. Llegó un momento en que le preocupaba que su ansiedad pudiera acabar por afectar a su salud.

  Por lo general, cuanto más sientes un estímulo condicionado en intervalos cortos de tiempo, más probable es que tu miedo se debilite y extinga (Golkar, Bellander y Öhman, 2013). Sin embargo, en el caso de Sandra, fueron necesarios intervalos más largos. Fue a un restaurante en el que había una chimenea de leña y consiguió una mesa lo más lejos posible del fuego. Fue con sus mejores amigos. Pidió lo que más le gustaba. Durante dos meses, poco a poco se fue sentando en mesas cada vez más cerca del fuego. Su miedo al olor a humo cayó casi a cero. Sin embargo, era un olor que seguía sin gustarle.

Para superar el miedo a las terceras plantas, pulsaba deliberadamente los botones del tercer y cuarto piso en un ascensor. Al llegar al tercero, se abría la puerta. Al principio se quedaba al fondo del ascensor. Cuando empezó a sentirse cómoda, avanzaba hacia el centro de la cabina. Al final, salía del ascensor y volvía a entrar antes de que se cerrara la puerta. Pronto fue capaz de bajarse en la tercera planta sin sentirse inquieta. Repitió este ejercicio de exposición bajando por las escaleras –la condición que más se asemejaba a lo que había ocurrido en la residencia universitaria– hasta que dejó de sentir miedo.

¿Debería Sandra haber dedicado tiempo y energía a enfrentarse con situaciones de pánico que normalmente podría evitar y que no interferían de manera significativa en su vida? Ella quería dejar de darle vueltas al incendio. No quería seguir asustándose en situaciones seguras. Después, el olor a humo o estar en un tercer piso ya no la ponían nerviosa y dejó de obsesionarse con el incendio.

En algunos casos, enfrentarse a un miedo tiene un efecto transdiagnóstico en otros. A veces, no se produce tal efecto. No obstante, puedes aplicar lo aprendido en una situación de miedo y ansiedad a otra. Judy, Del y Sandra sentían miedos importantes que se extendían a otras áreas de su vida. Al abordar estos miedos primarios, los tres fueron capaces de transferir lo que habían aprendido a otros miedos afines. Saber qué hacer, y saber que lo puedes hacer, es una ventaja.

INFORME SOBRE TU PROGRESO

Escribe lo que hayas aprendido de este capítulo y las acciones que piensas emprender. Después anota los resultados de estas acciones y lo que hayas conseguido.

¿Cuáles son las tres ideas fundamentales que has sacado de este capítulo?

1.

2.

3.

¿Cuáles son las tres principales acciones que puedes llevar a cabo para combatir una ansiedad o un miedo determinados?

1.

2.

3.

¿Cuáles fueron los resultados de esas acciones?

1.

2.

3.

¿Qué beneficios te ha reportado el hecho de actuar? ¿Qué harías de otro modo la próxima vez?

1.

2.

3.

TERCERA PARTE

Cómo afrontar ansiedad y miedos específicos

- Realiza una prueba para ver en qué punto te encuentras en lo que a tus preocupaciones se refiere.
- Descubre diferentes formas de dejar de preocuparte.
- Controla el miedo a lo desconocido con un programa de cinco-fases-del-cambio.
- Desarrolla la tolerancia a sensaciones angustiosas desagradables.
- Estudia cómo puedes reducir esas ideas que te generan ansiedad.
- Averigua en qué consiste una reacción de pánico.
- Descubre cómo librarte del pánico.
- Sírvete de sistemas científicamente demostrados para superar las fobias y los miedos.
- Utiliza un método clásico para vencer el miedo.
- Aprende un enfoque multimodal para superar la ansiedad.
- Descubre cuándo la ansiedad apunta a que algo ha salido mal.

CAPÍTULO 13

Escapar de una red de preocupaciones

La preocupación es una forma de desasosiego mental provocado por unas posibilidades negativas que raramente se hacen realidad. Es un proceso verbal y de lenguaje prolífico en el que no cejan las cavilaciones. ¿Cuántas veces te preocupas en imágenes? Seguramente, no muchas.

Cargamos con nuestra capacidad de inquietarnos por posibilidades aterradoras desde hace muchísimo tiempo. La palabra *wyrgan*, del inglés antiguo, significaba 'ahogarse' o 'estrangular'. En el siglo XVII, la palabra *worry* significaba 'estrés', 'dificultad' o 'procesar'. En el siglo XIX, adquirió su significado actual: un sentimiento de aprensión, incordio y desazón por algo que pueda suceder.

También se puede entender la preocupación como un pensamiento negativo repetitivo que se entrecruza con muchos estados de ánimo, como las fobias, el pánico y la ansiedad social (Olatunji, Naragon-Gainey y Wolitzky-Taylor, 2013). La preocupación –la variante abstraída e incontrolable– es un síntoma fundamental de la ansiedad generalizada, pero no todas las personas que se preocupan padecen una ansiedad generalizada (Penney, Mazmanian y Rudanycz, 2013).

Si reduces las preocupaciones, puedes disminuir estados indeseables que las acompañan (Kertz *et al.*, 2012).

POR QUÉ NOS PREOCUPAMOS

El hábito de preocuparse se puede deber a unas tendencias innatas hacia la preocupación, los modelos sociales que te enseñaron a hacerlo y tu propia mente creativa. Pero hay algo más. Preocuparte te recompensa. Cuando tu funesta previsión demuestra ser falsa, te sientes aliviado. El alivio refuerza la preocupación.

¿Te preocupas raramente o lo haces con mucha frecuencia e intensidad? ¿En qué punto te encuentras en la escala de la preocupación?

EJERCICIO: TU INVENTARIO DE PREOCUPACIONES

	Verdadero	**Falso**
1. «Pienso a menudo en las cosas malas que pueden ocurrir».		
2. «Cuando un amigo o un familiar se retrasa, me preocupa que haya sufrido algún accidente».		
3. «Me preocupa que la gente me rechace».		
4. «Cuando suena el teléfono, pienso que serán malas noticias».		
5. «El mundo está lleno de peligros fatídicos».		
6. «Me preocupa que la gente se aproveche de mí».		
7. «Me preocupa verme implicado en algún accidente».		
8. «Me preocupa que mi salud se pueda deteriorar».		
9. «Me preocupa contraer alguna enfermedad grave».		
10. «Me preocupan mis finanzas».		

11. «Me preocupa mi aspecto físico».		
12. «Me preocupa el cambio climático».		
13. «Me preocupa que la gente no me quiera».		
14. «Me preocupa el fracaso».		
15. «Me preocupa que pueda perder el empleo».		
16. «Me preocupa que me vaya a morir».		
17 «Me preocupa parecer angustiado».		

Si has señalado «falso» en todos o casi todos los casos, seguramente no te preocupas mucho. Si has señalado «verdadero» en la mayoría de ellos, lo más probable es que te preocupes mucho, lo cual es para ti un auténtico problema. Si estás en algún punto intermedio, algunas preocupaciones pueden ser muy importantes mientras que otras apenas te afectan. En algunos casos, la cantidad no importa tanto como la relevancia que atribuyas a una posibilidad futura.

Hay en todo ello una buena noticia. El carácter pensativo y reiterativo de la preocupación es un problema transdiagnóstico. Si cambias el proceso puedes romper una red de condiciones afines. El primer paso es analizar si lo que sientes es preocupación o ansiedad.

PREOCUPACIÓN VERSUS ANSIEDAD

Tanto la preocupación como la ansiedad ocurren en el presente, en una dimensión temporal, y a menudo se solapan entre sí. Aunque existen en el presente, ambas guardan relación con lo que hay en el futuro.

Los términos *preocupación* y *ansiedad* tienen diferentes significados científicos pero, como ocurre con los términos *ansiedad* y *miedo*, esos significados a menudo se desdibujan. La preocupación se refiere más a un estado molesto y negativo de la mente que tiene relación con las incertidumbres y las posibilidades de que ocurra lo peor que pueda ocurrir. Por lo general, la preocupación está compuesta de ficciones destinadas a explicar incertidumbres. A veces se la llama aprensión ansiosa. La ansiedad es una agitación emocional acompañada de signos físicos, por ejemplo mayor ritmo cardíaco, cambio en la forma de respirar y tensión muscular.

La preocupación y la ansiedad pueden ocupar un mismo espacio en la mente y el cerebro, pero también tienen lugares distintos. La preocupación activa más el hemisferio izquierdo del cerebro. La preocupación y la elucubración suelen ser más verbales y reflejan una mayor actividad de la corteza prefrontal (Berkowitz *et al.*, 2007). La agitación ansiosa, o ansiedad, muestra mayor actividad del hemisferio derecho del cerebro (Engels *et al.*, 2007). En algunos casos, la preocupación sirve para eludir –evitar– enfrentarse a la ansiedad (Spielberg *et al.*, 2013).

El cerebro tiene muchas conexiones cruzadas. La preocupación se puede convertir en ansiedad cuando el pensamiento «¿y si...?» sobre posibilidades alarmantes se agudiza hasta convertirse en un pensamiento catastrófico. En un estado mental catastrofista, puedes tener un ritmo cardíaco acelerado, sudoración y sentimientos de irrealidad. La preocupación también se puede agravar y convertirse en ansiedad debido a los problemas dobles. Si te preocupa sentirte angustiado y perder el control, puedes despertar la ansiedad que te da miedo sentir.

Un buen consejo: cuando la preocupación apunta a que algo va mal

La doctora Susan Krauss Whitborne es profesora de Psicología en la Universidad de Massachusetts, en Amherst; autora de *Abnormal Psychology: Clinical Perspectives on Psychological Disorders*

[Psicología anormal: Perspectivas clínicas sobre los trastornos psicológicos] y *The Search for Fulfillment: Revolutionary New Research That Reveals the Secret of Long-Term Happiness* [La búsqueda de la satisfacción: una nueva investigación revolucionaria que revela el secreto de la felicidad duradera], y columnista habitual de PsychologyToday.com. Esta es su idea de la preocupación y la ansiedad:

> La preocupación es una emoción natural que despierta cuando nos sentimos en peligro. Sin embargo, muchas de nuestras preocupaciones no tienen razón de ser y son perjudiciales.
> Hay una tendencia humana natural a sobrestimar los peligros de realizar acciones que en realidad redundarían en nuestro beneficio. Parece que el cerebro está programado para, primero, preocuparse y, segundo, pensar.
> Cuando nos sentimos amenazados, la amígdala –una pequeña estructura del sistema límbico– grita de miedo y envía sus señales hacia la corteza cerebral, situada más arriba. Sin embargo, la interacción entre el sistema límbico y la corteza funciona en ambos sentidos. Tu sistema límbico informa a tu corteza, pero esta también puede controlar tu sistema límbico. Aunque requiere esfuerzo, puedes poner la corteza a trabajar para anular estas señales de preocupación que le llegan de la amígdala.
> Las preocupaciones de la vida cotidiana suelen ser cavilaciones subconscientes e irracionales sobre posibles peligros para nuestro bienestar. Por ejemplo, tal vez te preocupe que la próxima vez que inicies una nueva relación cometas un grave error. Si dejas que esta preocupación te domine, dudarás tanto en dar el paso que podrías perderte magníficas oportunidades de conocer a gente nueva.

A veces, preocuparse en realidad es algo bueno, en especial si algún peligro real acecha en la sombra. Deberías preocuparte por que puedas perder el empleo si continuamente llegas tarde a trabajar, o por perder a tu pareja si le eres infiel. En estas situaciones, la preocupación indica que algo va mal. Una vez que abordes estas preocupaciones realistas y cambies de conducta, no tendrás nada que temer, porque habrás hecho que el problema desaparezca.

Algunos podrían decir que el hecho de que estemos programados para preocuparnos es un rasgo evolutivo. Sin embargo, lo que nos distingue como humanos es precisamente la capacidad de utilizar la corteza cerebral para ahuyentar las tormentas emocionales que se gestan en las zonas subcorticales del cerebro. Al controlar tus preocupaciones, no solo vas a tomar mejores decisiones sino que, además, te sentirás mejor por el hecho de hacerlo.

ENFRENTARTE A TUS PREOCUPACIONES

Es posible que te identifiques con lo que te preocupa y te digas, o digas a los demás: «Todo me agobia», «Soy don/doña angustias» o «Es mi carácter». Si es esto lo que piensas de las preocupaciones, conviene que adoptes una perspectiva adecuada. Aun en el caso de que te preocupes en exceso, probablemente hay muchos más casos en que no conviertes una suave brisa en un huracán devastador. Teniendo esto presente, puedes aprender a transformar los pensamientos que te angustian en brisas pasajeras.

Distingue lo posible de lo probable

La preocupación implica dar un salto mágico de las posibilidades a las probabilidades. Recuerda *Chicken Little* [El pequeño pollo], la película de Disney en que el célebre pollito de corral que, al sentir que un palo le golpeaba la espalda, se asustó y asustó a los otros animales haciéndoles creer que el cielo se estaba cayendo. Eso es lo que sucede cuando de lo que es posible deducimos temores y preocupaciones por lo que seguramente no va a ocurrir.

Es verdad que todo es posible. Pero ¿apostarías tu seguro de vida a que la profecía que estás pensando se hará realidad? Si no lo harías, aquí tienes un ejercicio.

EJERCICIO: DISTINGUIR LO POSIBLE DE LO PROBABLE

En la columna de la izquierda anota todo lo que te preocupa o tienes miedo de que ocurra. En la de la derecha, calcula la probabilidad de que esas preocupaciones se hagan realidad. ¿Cuál es la probabilidad de que cada uno de esos sucesos ocurra? Puedes calcular la probabilidad en una escala de 0 a 100, donde 0 significa que no existe ninguna probabilidad de que ocurra y 100 que ocurrirá con una certeza del cien por cien.

Preocupaciones por lo que pueda pasar	Análisis de la probabilidad de que pase

Si lanzas una moneda al aire, hay casi el cien por cien de probabilidades de que saldrá cara o cruz. Es extremadamente improbable que la moneda caiga sobre su borde y no se decante por ninguna cara. A diferencia de lanzar una moneda, donde las probabilidades se conocen, es sumamente improbable que tus preocupaciones recurrentes siempre acierten que va a ocurrir lo que imaginas.

Las preocupaciones recurrentes se alimentan de factores psicológicos, entre ellos la idea fantástica de que si te preocupas puedes evitar el desastre. En lugar de no comprobar estas cavilaciones, utiliza el ejercicio anterior para dejar de saltar a conclusiones sobre remotas posibilidades. De este modo, puede que te preocupes menos.

Analiza las especulaciones sobre lo que te preocupa

Las personas que se preocupan constantemente pueden justificar esas angustias aportando pruebas espurias. Por ejemplo, tu jefe se muestra indiferente, y tú interpretas su actitud como si pudieras perder tu trabajo. Luego juntas diversas informaciones que respaldan tu preocupación. Por ejemplo, escuchaste que, debido a que la economía está desacelerando, tu empresa tendrá que hacer un expediente de regulación de empleo. Todo está muy claro. Te preocupa que te despidan de tu trabajo al final del día. Al día siguiente, repites un ciclo similar de preocupación. Extrañamente, esta preocupación es como una superstición que te protege de un resultado que temes.

Un río lleno de escombros que obstruyen la corriente tiene un uso limitado. En cierto sentido, es como una mente llena del desorden de especulaciones preocupantes y suposiciones infundadas que, cuando se entretejen, impiden que fluya el pensamiento productivo. Siempre que te encuentres encallado en una preocupación, una primera línea de defensa es reflexionar sobre lo que estás pensando y separar la especulación del hecho.

EJERCICIO: ANALIZA LAS ESPECULACIONES QUE GENERAN PREOCUPACIÓN

En la columna izquierda anota las especulaciones que hacen que te preocupes. Después, en la derecha, escribe las pruebas que avalan tales suposiciones. Es posible que tengas problemas para demostrar una especulación y te veas obligado a concluir que esas especulaciones que te preocupan son más ilusorias que factuales. Este es el análisis de tu realidad.

Especulaciones preocupantes	Análisis de la realidad

Puedes aprender a dejar de urdir argumentos que avalen tus preocupaciones. Todo lo que necesitas es reconocer y analizar los pensamientos especulativos. Cuando sitúas la preocupación en perspectiva, eres libre para afrontar todo lo que te provoca ansiedad.

Rompe la trampa del «podría ser que...»

Prácticamente puede ocurrir cualquier cosa. Te puede caer encima un cometa. ¿Va a ocurrir hoy? ¡Podría ser! En *Monk*, aquella serie de televisión de multitud de episodios –que se siguen emitiendo aunque no se filman otros nuevos–, el protagonista, Monk, todo un genio en resolver crímenes, es una persona a la que todo le preocupa. El tema musical de la serie, *It's a Jungle Out There* [Hay una jungla ahí fuera], resume la esencia de los apuros de Monk. Según él, el caos está por doquier y el aire está envenenado. Pueden ocurrir auténticos desastres, y Monk es dolorosamente consciente de tal realidad.

Su permanente cautela ante las actividades cotidianas lo convertía en un personaje simpático. Un subgrupo de televidentes podía entender perfectamente su exagerado miedo a las serpientes, sus preocupaciones por la contaminación del aire, su miedo a las alturas, a la leche contaminada y a otros aspectos de la vida cotidiana. Al fin y al cabo, te podías encontrar con una serpiente. Era posible que tomaras leche contaminada. Para superar este tipo de razonamiento, has de preguntarte: «¿Realmente va a suceder?». Probablemente la respuesta es que no.

En el caso de Monk, era imposible convencerlo de que sus miedos obsesivos eran exagerados. La razón es que sus preocupaciones eran una defensa contra un dolor interior debido a una importante pérdida. No pudo controlar esa pérdida. Pero podía controlar el agua que bebía. Podía evitar los sitios elevados.

Cuando traduces posibilidades improbables a preocupaciones, creas una certeza a partir de una ficción. Después completas los espacios vacíos para avalar lo que te preocupa. Este tipo de pensamiento puede ser un hábito, una defensa, o ambas cosas: un hábito y una defensa. Si te encuentras en alguna de estas trampas de «podría ser que...», averigua lo que pasa.

EJERCICIO: ANALIZAR EL PENSAMIENTO «PODRÍA SER QUE...»

Preocupación por lo que «podría ser...»	Repaso de la realidad de lo que «podría ser...»

El viejo dicho «no te preocupes por nimiedades» adquiere un nuevo significado cuando las pequeñeces que te preocupan restan importancia a lo grande o a aquello que estás dejando de lado en tu vida y que es realmente importante para ti. Sin embargo, hay muchas otras formas de generar una crisis, entre ellas inflar algo ficticio hasta convertirlo en algo grande.

Lucha contra la trampa del «si..., entonces...»

Muchas personas tienen preocupaciones del tipo «si..., entonces...». Ocurre a menudo que este tipo de pensamientos acrecienta una posibilidad hasta convertirla en una crisis. Un ejemplo: «Si John no llama en cinco minutos, entonces es que ha sufrido un accidente». El truco está en reconocer el «si» y el «entonces» de este ciclo de la preocupación y luego imponer la razón entre la premisa y la conclusión.

Una premisa principal equivocada (si John no llama) seguida de otra secundaria errónea (los cinco minutos) se puede convertir en el fundamento de una conclusión especulativa (John ha sufrido un accidente). Para neutralizar estas asociaciones del pensamiento puedes interponer la pregunta: «Si no..., ¿entonces qué?». Pasan cinco minutos y no tienes noticias de John, así que piensas: «Si no es un accidente, ¿entonces qué?». Puedes pensar que John se quedó sin batería o que se ha retrasado debido a otra llamada telefónica.

EJERCICIO: DESARMAR LAS TRAMPAS DEL PENSAMIENTO «SI..., ENTONCES...»

Escribe en la columna izquierda algunas cosas que te dices que podrían ocurrir con las cavilaciones del «si..., entonces...». En la derecha, plantéate la pregunta: «Si no..., ¿entonces qué?».

Cavilaciones «si..., entonces...»	«Si no..., ¿entonces qué?»

Analizar lo que te preocupa preguntándote: «Si no..., ¿entonces qué...?» te ayudará a desmontar esa trampa. Como alternativa, pensar en estrategias para enfrentarte a posibilidades remotas puede contribuir a que te sientas mejor, pero es posible que pronto descubras que dedicas demasiado tiempo a planificar soluciones para desastres que nunca se producen.

Un buen consejo: ve paso a paso

La doctora Pamela D. Garcy, psicóloga clínica de Dallas (Texas), autora de *The DEBT Super-Activity Guide* [La guía DEBT de la superactividad] y administradora del sitio web www.myinnerguide.com, explica cómo eliminar la preocupación paso a paso:

Cuatro consejos para ayudarte a eliminar la preocupación:

1. Cuando veas que te preocupas, pregúntate: «¿Hay alguien que me pueda echar una mano con lo que me pasa?». La respuesta podrá contribuir a que fijes un límite o consigas ayuda, con lo que reduces la preocupación.
2. Da un paso, aunque sea corto, y actúa. Dar casi cualquier paso de acción positiva que mejore tu situación te dará mayor fuerza y mitigará tu preocupación.
3. A veces las personas tenemos que dar demasiados pasos de acción. Si caes en esta trampa, pregúntate: «¿Ahora qué toca?». Céntrate solo en eso. Cuando te pongas a hacerlo, respira despacio. Cuando termines esta tarea, prémiate con un breve descanso y a continuación vuelve a preguntarte: «¿Ahora qué toca?».
4. ¿Sigues bloqueado? Prueba una técnica de cambio de foco. Empieza con una tabla de dos columnas. En la parte superior escribe lo que te preocupa. En la primera columna, anota todo lo que no puedes controlar de la situación en que te encuentres (por ejemplo, el comportamiento de una persona, la opinión de otra o lo que diga otra). En la parte inferior de esta columna, escribe cómo te sientes cuando te concentras en los aspectos del problema que no puedes controlar. En la segunda columna, anota todo lo que puedes controlar de la situación (por

ejemplo, lo que piensas, lo que dices o no dices, o si actúas o no en un sentido u otro). En la parte inferior de esta columna, escribe cómo te sientes cuando te centras en aspectos del problema que puedes controlar. Esto te ayudará a comprender mejor lo que puedes hacer y en qué quieres insistir.

Evita la trampa de la teoría

Las preocupaciones son como las teorías: puedes hacer que parezcan razonables y a continuación pensar que tienen que ser verdad. Pero una teoría no es lo mismo que un hecho.

Nuestros antepasados pensaron durante siglos que la Tierra era plana. Siguiendo esta teoría, las embarcaciones solían seguir rutas marítimas conocidas o desde las que se divisaba la costa, para evitar precipitarse por los márgenes de la Tierra. Esta falacia tenía un valor práctico. Al no salirse de los canales conocidos, era menos probable perderse en el mar. Sin embargo, creer que la Tierra es plana no cambia la realidad de que es esférica.

Para evitar la trampa de considerar que teorías sobre tus preocupaciones son hechos, busca formas de defender la teoría opuesta. Si tu teoría es que un asteroide se precipitará contra la Tierra dentro de seis meses, dale la vuelta a la teoría. Pregúntate qué hechos avalan tal conclusión.

EJERCICIO: EVALUAR LAS TEORÍAS DE LA PREOCUPACIÓN

En la columna izquierda, escribe tu propia teoría sobre la causa de tu preocupación. En la derecha, algunos hechos que demuestren la teoría contraria.

Teoría sobre la preocupación	Análisis de la teoría sobre la preocupación

¿Cuál es la conclusión de este análisis?

Merece la pena considerar algunas otras técnicas para afrontar la preocupación.

Técnicas generales para vencer la preocupación

Puedes añadir otras cuantas técnicas prácticas a tu arsenal de métodos para tratar tus preocupaciones:

Agrupa todo lo que te preocupe. Al dividir tus inquietudes en dos grupos distintos –en uno con aquellas con las que puedes hacer algo al respecto y en el otro con las que nada puedes–, eres capaz de desarmar esta trampa del razonamiento. Si no puedes hacer nada sobre algo determinado, ¿por qué preocuparse? Si puedes hacer algo, entonces planifica una estrategia para superarlo.

Ponle nombre al proceso para cortar de raíz la preocupación. Empieza por describir la preocupación como cavilaciones verbales automáticas que levantan mucho polvo emocional. Etiquetar así la inquietud puede ayudar a poner en perspectiva este patrón de razonamiento.

Sírvete del mindfulness en tu razonamiento. Puede ser algo tan sencillo como imaginar que un pensamiento angustiante va corriendo en una de esas cintas de los gimnasios sin llegar a ninguna parte. Estos cambios en las respuestas del pensamiento a la ansiedad van asociados a una menor preocupación (Querstret y Cropley, 2013).

Pregúntate simplemente: «¿Me apetece seguir?». La pregunta implica que si pensar en preocupaciones ha dejado de ser divertido y rentable, ya puedes dejarlo (Davey *et al.*, 2007).

Distingue los problemas de las preocupaciones. Cuando hay un problema que te afecta, o afecta a otra persona o a una situación, te ocupas de lo que esté pasando. Esta actitud te despierta el interés por actuar con responsabilidad. La próxima vez que te preocupe algo, pregúntate: «¿Cómo puedo actuar responsablemente con esta preocupación?».

Invierte las perspectivas. Imaginemos que un amigo se está retrasando y empiezas a preocuparte. No sabes qué está pasando. No puedes controlar lo que desconoces. Por tanto, pregúntate si te gustaría que alguien se preocupara por ti si te retrasaras y supieras lo que está pasando. Si la respuesta es no, ¿por qué no?

Juega con las paradojas. Resérvate todos los días diez minutos para preocuparte. A esa hora piensa qué hay que te pueda preocupar. En condiciones de preocupación controlada, puedes darte cuenta de que tu mente se aleja de las preocupaciones.

Ponte una pulsera elástica en la muñeca. Cuando empieces a preocuparte, tira de ella y suéltala de golpe. Hazlo con la fuerza suficiente para que te sea molesto pero sin que te lastime la piel. En vez de ser recompensado por preocuparte, experimentarás así un castigo leve e inmediato. También podrías utilizar una técnica de detención del pensamiento. Cuando empieces a preocuparte, grita silenciosamente en tu mente: «¡Para, para, para!».

Da a la palabra *preocupación* un significado nuevo. Utiliza su versión inglesa (*worry*) como acrónimo de estas acciones correctoras: aplica tu voluntad (***W****ill yourself*) a actuar en contra de la preocupación. ***O****rganízate* para abordar tus preocupaciones; pon a prueba tu plan cada vez que te pillen desprevenido. ***R****eflexiona* provechosamente distinguiendo los hechos de la ficción. ***R**espon-de* con medidas activas para controlar lo que puedas y aceptar lo que no puedas. Cede (***Y**ield*) ante la realidad de que las preocupaciones aparecerán de nuevo; no debes tomarlas en serio.

Un buen consejo: cómo dejar de preocuparse responsablemente

El doctor Elliot D. Cohen, presidente del Institute of Critical Thinking: National Center for Logic-Based Therapy y autor de *The Dutiful Worrier* [El preocupado diligente], nos aporta algunas valiosas indicaciones para apaciguar las preocupaciones y la ansiedad:

> Un tipo de ansiedad que implica la preocupación y la cavilación crónicas es la que llamo «preocupación responsable». La persona que «se preocupa responsablemente» es la que lo hace sobre problemas que piensa que pueden tener consecuencias catastróficas. Se dice a sí misma que si no se preocupa por el problema en cuestión, se producirán las funestas consecuencias que imagina; que será culpa suya; que será una mala persona por permitir que ocurran esas cosas tan terribles y que, por consiguiente, tiene la obligación moral de preocuparse por el problema que intuye hasta que encuentre una solución perfecta (o casi perfecta). Dado que no existen soluciones perfectas, esa persona insiste en cavilar sobre la «crisis» hasta que se «resuelve», a menudo por indecisión, y luego dirige la atención a otra preocupación, y así continúa el círculo vicioso.
>
> Las que siguen son algunas indicaciones constructivas para enfrentarse de modo racional a este tipo de ansiedad. Primera,

lo más probable es que la mayor parte de las cosas por las que te preocupas no tengan consecuencias catastróficas. De modo que pregúntate qué pruebas tienes que justifiquen que tales consecuencias se van a producir.

Segunda, no lo puedes controlar todo, así que tienes que ceñirte a lo que sí puedes controlar, lo cual incluye lo que piensas de las cosas pero no hechos externos, por ejemplo las acciones de otras personas, la situación económica, la existencia del mal, etc.

Tercera, debes aceptar la realidad evidente de que el mundo es imperfecto y, en consecuencia, no existen soluciones perfectas a los problemas de la vida.

Cuarta, es irracional que, al tomar decisiones, te exijas acertar, de modo que has de vivir partiendo de probabilidades, no de certezas.

Quinta, no tienes ninguna obligación moral de preocuparte. De hecho, preocuparse y elucubrar no resuelven los problemas, al contrario, te merman la capacidad de actuar de forma proactiva al abordar tus dificultades.

Sexta, cuando realmente tengas un problema de verdad (una contrariedad de la que tienes pruebas fehacientes), has de actuar de modo que su solución te sea provechosa. Elabora un plan de acción y síguelo a rajatabla. La preocupación y la cavilación se interponen en el camino que te lleva a resolver los problemas de tu vida.

INFORME SOBRE TU PROGRESO

Escribe lo que hayas aprendido de este capítulo y las acciones que piensas emprender. Después anota los resultados de estas acciones y lo que hayas conseguido.

¿Cuáles son las tres ideas fundamentales que has sacado de este capítulo?

1.

2.

3.

¿Cuáles son las tres principales acciones que puedes llevar a cabo para combatir una ansiedad o un miedo determinados?

1.

2.

3.

¿Cuáles fueron los resultados de esas acciones?

1.

2.

3.

¿Qué beneficios te ha reportado el hecho de actuar? ¿Qué harías de otro modo la próxima vez?

1.

2.

3.

CAPÍTULO 14

Gestionar la ansiedad debida a la incertidumbre

Cuando te sientes en peligro y angustiado, la seguridad es importante y el cambio rompe la normalidad. Con estas ideas en la cabeza, puedes pensar que no te atreves a apartarte de los caminos trillados. La verdad es que las desviaciones planificadas podrían ser un antídoto para tu ansiedad respecto a la incertidumbre, pero tampoco estás seguro de qué va a suceder si lo intentas. Como resultado, te esfuerzas excesivamente para que las cosas sigan siendo previsibles.

LA INTOLERANCIA A LA INCERTIDUMBRE

La incertidumbre provoca que la ansiedad que genera empeore (Dugas *et al.*, 2007). Con la falta de certeza delante y necesitado de la previsibilidad, te puedes sentir paralizado (Birrella *et al.* 2011). Si no toleras lo incierto, es previsible que te preocupes en exceso (Buhr y Dugas, 2006). Te sientes paralizado por el peso de la preocupación y te preocupas porque te sientes paralizado. Te mantienes en tu lugar porque no tienes garantías de poder introducir en tu vida cambios que puedan romper este ciclo.

La intolerancia a la incertidumbre es un factor transdiagnóstico que comparten la ansiedad generalizada, la ansiedad social, la depresión, el pánico, la agorafobia y las cavilaciones, entre otros estados de ánimo (Mahoney y McEvoy 2012). Los métodos de la terapia cognitivo-conductual que se aplican para conseguir controlar la incertidumbre están relacionados con los avances en la superación de la ansiedad (Gallagher, Naragon-Gainey y Brown 2014).

Bastaría con que tuvieras la seguridad de que tus esfuerzos darán su fruto para salirte de los caminos protectores por los que sueles ir. Lamentablemente, esa seguridad no existe. Sin embargo, es posible que consigas reducir la ansiedad y mejorar tu bienestar si encaminas tus pasos hacia la claridad, introduciendo para ello cambios positivos.

CINCO PASOS PARA LIBRARTE DE LA ANSIEDAD PROVOCADA POR LA INCERTIDUMBRE

Puedes superar la ansiedad debida a la falta de certeza mediante mi sistema de cinco-fases-del-cambio: el conocimiento, la acción, la acomodación, la aceptación y la materialización.

El conocimiento

Si crees que padeces más ansiedad y miedos de los que te corresponden, puede que seas reacio a arriesgarte a sentir una tensión aún mayor al enfrentarte a lo que te da miedo, en especial si no estás seguro de qué cabe esperar. En efecto, la idea de cambio –incluso un cambio positivo– puede hacer que dudes de tu capacidad de aguantar más tensiones. Sin embargo, propiciar un mayor conocimiento es un primer paso fundamental en el proceso de introducir cambios positivos de forma voluntaria.

¿Qué es esta fase del proceso de cambio que llamamos «conocimiento»? Significa incorporar tu conciencia de lo que esté pasando dentro y alrededor de ti. Implica conocer la composición de tu ansiedad y lo que puedes hacer realmente para superarla. Al comprobar que sabes más cosas y cuentas con más recursos, incrementas aún más tu conocimiento al desarrollar una personalidad más fuerte y segura. Veamos el ejemplo de un paciente cuya ansiedad se detonaba principalmente en interacciones sociales. Así completó el siguiente cuestionario.

Cuestionario sobre el conocimiento de la incertidumbre

Preguntas para generar conocimiento	Respuestas sobre la generación de conocimiento
1. ¿Qué situaciones desencadenan esos sentimientos e ideas que te provocan ansiedad por lo incierto?	*Prácticamente cualquier situación social en que no hay garantía de que pueda controlar el resultado: hablar ante un grupo, apuntarme a un club, asistir a una boda.*
2. Cuando sientes que eres incapaz de tolerar la incertidumbre, ¿qué haces normalmente?	*Preocuparme. Desistir. Poner excusas. Evitar la situación.*
3. ¿Qué condiciones agudizan tu riesgo de no poder tolerar la incertidumbre? ¿Circunstancias ambiguas? ¿El estado de ánimo? ¿Determinados conflictos? ¿Problemas económicos? ¿La salud?	*Sentirme sobrecargado y la falta del necesario ejercicio. Incidentes inesperados, como que se me averíe el coche, una factura atrasada del agua, el cielo gris y plomizo. Beber a veces más de la cuenta.*
4. ¿Qué cogniciones, emociones y conductas asocias con la intolerancia a la incertidumbre?	Cogniciones: *Cambiar es demasiado arriesgado. Puede salir mal. Puede parecer extraño. Me preocupa que nunca pueda superar estos sentimientos.* Emociones: *Ansiedad. Irritación. A veces, ira. Depresión.* Conductas: *Comer, beber y fumar para calmar los nervios.*
5. ¿Qué incrementa tu ansiedad debida a la falta de certeza? ¿Qué la reduce?	La incrementa: *el cansancio, dormir mal, el invierno, un trabajo aburrido.* La reducen: *el ejercicio físico, dormir bien, hacer algo para abordar la ansiedad (afrontar las preocupaciones).*

6. ¿Cuáles son las consecuencias de vivir con la intolerancia a lo incierto?	*Tengo mis habilidades y un título universitario, pero elijo trabajos de bajo nivel. Me falta un empleo de calidad. El coche es un cacharro; preferir uno nuevo. Falta de sensación de estabilidad y de autoestima.*
7. ¿Qué es lo que mejor te funciona para combatir tu intolerancia a la incertidumbre?	*Sentarme, reflexionar, pensar qué hacer y luego intentar hacerlo. Pero algunas cosas suceden muy deprisa y requieren decisiones rápidas. En la mayoría de los casos, retrocedo, pero al tratar de resolver las cosas en el momento, a veces se pueden lograr «milagros». Evitar vacilaciones y retrasos parece ayudar. Lo que me abruma es prever que está a punto de pasar algo terrible.*

EJERCICIO: DESARROLLAR EL CONOCIMIENTO DE LA INCERTIDUMBRE

Responde las siguientes preguntas para detallar lo que contribuye a tu intolerancia a la incertidumbre y esclarecer tu situación.

Preguntas para generar conocimiento	Respuestas sobre la generación de conocimiento
1. ¿Qué situaciones desencadenan esos sentimientos e ideas que te provocan ansiedad por lo incierto?	
2. Cuando sientes que eres incapaz de tolerar la incertidumbre, ¿qué haces normalmente?	
3. ¿Qué condiciones agudizan tu riesgo de no poder tolerar la falta de certeza? ¿Circunstancias ambiguas? ¿El estado de ánimo? ¿Determinados conflictos? ¿Problemas económicos? ¿La salud?	

Preguntas para generar conocimiento	Respuestas sobre la generación de conocimiento
4. ¿Qué cogniciones, emociones y conductas asocias con la intolerancia a la incertidumbre?	Cogniciones: Emociones: Comportamientos:
5. ¿Qué incrementa tu ansiedad debida a la falta de certeza? ¿Qué la reduce?	La incrementa: La reduce:
6. ¿Cuáles son las consecuencias de vivir con la intolerancia a lo incierto?	
7. ¿Qué es lo que mejor te funciona para combatir tu intolerancia a la incertidumbre?	

Ahora que sabes qué es lo que mejor funciona, ¿por qué no hacerlo?

La acción

Para cambiar, tienes que hacer algo diferente. Si quieres cruzar la calle de forma distinta a la habitual, tendrás que dar nuevos pasos. Si quieres desarrollar la confianza en ti mismo, tendrás que empezar a pensar y actuar como alguien que confía en sí mismo.

La acción es el proceso de dar pasos para conseguir el objetivo de librarte de la carga de tu ansiedad y tus miedos. Por consiguiente, si la incertidumbre te angustia, lo mejor que puedes hacer es entrar en esa zona de falta de certeza con el fin más importante de lograr esclarecer tu situación y la dirección que debes seguir. La claridad que deriva de la experiencia añade una dosis de realismo al conocimiento.

Enfrentarte al miedo a equivocarte

Si tu conocimiento tiene lagunas, es inevitable que experimentes la incertidumbre. Si afrontas las situaciones con una información incompleta, te puedes equivocar, y eso puede tener como consecuencia que abandones la idea de seguir adelante. ¿Pero qué pasaría si utilizaras un sistema de aprender-a-medida-que-avanzas? ¿Y si eliminaras el elemento del error cuando te apliques a actividades de autodesarrollo?

Un enfoque científico del miedo al error

Un objetivo científico es un proceso acrítico de descubrimiento. El científico formula hipótesis, o proposiciones, y las somete a prueba para ver qué pasa. Si sigues este proceso, no te puedes equivocar en tus esfuerzos de autosuperación. Al contrario, ves lo que funciona, lo que no funciona y los puntos sobre los que aún tienes que trabajar.

Como en cualquier estudio científico útil, empezarías el tuyo con una pregunta: «¿Qué acciones he de emprender para superar esta barrera de la incertidumbre que me impide cambiar?». A continuación, puedes formular hipótesis cognitivas, emocionales y conductuales:

Hipótesis 1: *todas las razones de la intolerancia a la incertidumbre son válidas*. Analiza esta hipótesis para ver si la puedes refutar. En lugar de pretender demostrar que tu miedo a lo imprevisto refleja peligros reales, piensa en cómo puedes encontrar lagunas en tu razonamiento sobre la ansiedad.

Hipótesis 2: *es imposible desarrollar la tolerancia emocional a la incertidumbre*. Verifica esta hipótesis con acciones que sustituyan la intolerancia a la incertidumbre por la tolerancia emocional. Primero, permítete sentir la ansiedad, pero de forma distinta. Aísla las zonas en que se ubican las sensaciones de tensión. Marca esas zonas (por ejemplo, el estómago, los hombros, el cuello). Aislar las zonas de la tensión es un paso en el camino que lleva a tolerar la ansiedad. Con tal aislamiento, abres nuevas opciones. Por ejemplo, puedes aceptar que cada una de esas zonas es un síntoma de la tensión. Esta aceptación –sumada a relajar cada zona de tensión– puede reducir los efectos físicos de la ansiedad.

Hipótesis 3: *enfrentarte a los estados de incertidumbre es una fórmula para resolver situaciones que asocias con la desazón.* Para demostrar esta proposición, entra en tu zona de incertidumbre para determinar si puedes encontrar respuestas, hacer descubrimientos y desarrollar la tolerancia.

EJERCICIO: CONVERTIR EL MIEDO A EQUIVOCARTE EN UNA HIPÓTESIS

Participa en un proceso conductual para reducir la incertidumbre mediante la verificación de hipótesis y conductas nuevas. Responde a lo siguiente:

1. ¿Qué incertidumbre quieres resolver?
2. ¿Qué pretendes conseguir con ello?
3. Formula la hipótesis que quieres verificar.
4. Explica cómo vas a demostrar la hipótesis.
5. Después de dar estos pasos, ¿qué has averiguado sobre la incertidumbre?

En la vida, pocas cosas van tan sobre ruedas como esperamos ni tan mal como podríamos pensar. Las tareas que incluyen algún tipo de inseguridad –incluso aquellas que generan expectativas positivas razonables– se pueden complicar de forma inesperada o dar resultados positivos, en un final feliz. Si no quieres desengañarte, espera que la vida tenga variaciones y fluctuaciones.

La acomodación

Acomodarse significa adaptarse a nuevas formas de pensar y actuar. En tu caso, la acomodación puede significar conciliar razonamientos opuestos, por ejemplo sobre una intolerancia a la incertidumbre, y la realidad de que la vida está llena de ambigüedades.

Es una fase de integración intelectual del cambio, una fase en la que sitúas tu ansiedad debida a lo inseguro en la perspectiva correcta. Al colocarte en condiciones de incertidumbre, puedes llegar a conocer mejor el problema, y este conocimiento puede reducir la incertidumbre. Verás a menudo que lo que temías no fue tan malo como esperabas que fuera. Si lo que esperas que suceda no se materializa, puedes hacer ajustes en tu pensamiento y tus acciones.

Nuestras luchas internas suelen implicar conflictos entre lo que consideramos positivo o negativo de nuestra personalidad. Tenemos conflictos entre la ansiedad y el autodominio, las dudas y el autocontrol, la certeza y la incertidumbre. Mediante el pensamiento de acomodación, puedes ver cuál tiene mayor validez. Supongamos que tienes una mala opinión de ti mismo y te angustias porque crees que los demás piensan eso mismo de ti. Sin embargo, recibes continuamente comentarios positivos de los demás. ¿Cómo concilias esta diferencia? Quizá parte de la respuesta está en reconocer que puedes cambiar las partes no deseadas de tus pensamientos, sentimientos y acciones, aunque cambiar sea difícil y carezcas de garantías de que vaya a resultar positivo.

¿Cómo resuelves esta disparidad entre lo que piensas de ti mismo y lo que los demás te dicen? Si te aferras a la información negativa sobre ti que tú crees acertada, entonces resuelves la incertidumbre confirmando una autoimagen negativa. Si tienes en cuenta otras informaciones, te acomodas a la retroalimentación positiva acerca de tu persona.

El análisis de las disparidades entre las ideas sobre la ansiedad y las observaciones que contradicen estas ideas puede generar un conflicto, que tiene relación directa con desagradables sentimientos de tensión.

¿Pero hasta qué punto es malo el sentimiento de tensión? ¿Puedes adaptarte a él? ¿Aceptarías diez mil dólares diarios por vivir una hora de tensión en tu búsqueda de formas de resolver un conflicto entre una vieja opinión de ti mismo impuesta por la ansiedad y otra flexible? Es posible que lo aceptaras si creyeras que la tensión debida a la incertidumbre es una experiencia de tiempo limitado. ¡Pues lo es!

Tal vez pienses que eres incapaz de cambiar la ansiedad debida a la incertidumbre aunque tienes pruebas de que puedes hacer cambios por tu propia voluntad. ¿Cómo explicas esta incoherencia? Quizá la respuesta es reconocer que puedes cambiar partes no deseadas de tus pensamientos, sentimientos y acciones aun en el caso de que el cambio sea difícil.

Adoptar una actitud de acomodación

Tu ansiedad se puede agudizar cuando piensas seriamente en lo que podría pasar cuando empieces a enfrentarte a tus angustias y miedos. Son muchas las incertidumbres, es verdad. Es posible que no sepas por dónde comenzar. Quizá te sientas incómodo y cohibido al empezar a experimentar. Pero es ahí donde quieres estar: al borde de la claridad.

Para adoptar una actitud de mayor adaptación, puedes reorientar tu pensamiento hacia los beneficios que reporta resolver problemas relacionados con el miedo y disminuir las incertidumbres. Un análisis de beneficios a corto y largo plazo es una forma clásica de adoptar una perspectiva sobre este tema. En este ejercicio, comparas los beneficios a corto plazo de repetir ciclos de ansiedad con los beneficios a largo plazo de sobrevivir a la incomodidad de ocuparte de tu ansiedad y los miedos que la acompañan.

Línea de acción	Beneficios a corto plazo	Beneficios a largo plazo
No hacer nada racional para calmar la ansiedad debida a la incertidumbre.	Evitar la incomodidad inmediata.	Sentirse aliviado de la preocupación cuando los hechos que se temían no se producen.
Cuestionar la ansiedad debida a la incertidumbre.	Empezar a ver que las acciones constructivas llevan a la claridad y el tipo de alivio que proporciona asumir el mando de tu vida.	Una perspectiva de autoeficacia para hacer frente a los problemas. Reducción de la ansiedad y el miedo relacionados con la incertidumbre. Propiciar más oportunidades. Reducción de la frecuencia, intensidad y duración de la ansiedad y el miedo relacionados con la incertidumbre. Mayor capacidad para manejar las molestias. Mejora de las habilidades para resolver problemas. Menos estrés físico.

Al hacer un análisis de los beneficios puedes ver que los resultados de cuestionar la ansiedad debida a la incertidumbre difieren de los de mantener tu ansiedad. Ahora puedes hacer tu propio análisis de beneficios.

EJERCICIO: TU ANÁLISIS DE BENEFICIOS

Línea de acción	Beneficios a corto plazo	Beneficios a largo plazo
No hacer nada racional para calmar la ansiedad debida a la incertidumbre.		
Cuestionar la ansiedad debida a la incertidumbre.		

Tal vez no te apetezca verte en circunstancias inciertas, pero sentirte libre para afrontarlas es una posición mucho mejor que huir de la incertidumbre por una precaución excesiva y el miedo al sentimiento de ansiedad.

La aceptación

El siguiente paso es la aceptación, que implica la integración emocional. El espíritu de la aceptación es resignarse a las realidades externas que no van a cambiar. Por ejemplo, reconocerías que a veces los ríos se desbordan o que puedes tener opiniones políticas distintas de las de tu primo. Al mismo tiempo, no tiene por qué gustarte el hecho de que los ríos se desborden, especialmente si alguna de esas inundaciones arrasó tu casa. Es posible que no te gusten las ideas políticas de tu primo. Pero estas cosas son como son.

Puede haber muchos elementos que te gustaría controlar pero no puedes, y no hay necesidad de que tal circunstancia te incomode. Es improbable que el hecho de saber que no puedes controlar el sol vaya a importarte. Pero en circunstancias en que el control puede marcar una diferencia y ese control no es seguro, la imagen cambia. Tal vez quieras que tu vecina cumpla unas normas que a ti te parecen razonables, por ejemplo la de que su perro no pise tu césped, pero ella no comparte tus ideas. En este caso, aceptación no significa que te quedes paralizado. Le puedes pedir a tu vecina que aleje a su perro de tu césped. Puedes colocar una valla.

Cuando repases tu vida, encontrarás buenos tiempos, malos tiempos y muchos intermedios. Algunos sucesos de la vida realmente serán lamentables, y no se puede hacer nada para cambiar lo que ocurrió. Tienes la opción de la aceptación. Pero ¿y la aceptación de lo que está pasando ahora?

Aceptar no significa que estés atrapado en un torniquete sin intentar que gire. En un estado mental de aceptación, puedes hacer lo siguiente:

- Ver que lo que pasa tiene el potencial de evocar perspectivas diferentes.
- Ver lo que pasa tal como es y no como tú quisieras que fuera.
- Reconocer lo que ocurre dentro de ti y a tu alrededor.
- Realizar ajustes mentales para tolerar la desazón, el desengaño, el miedo y la frustración.

En un estado mental de aceptación, te puedes concentrar en lo que eres capaz de desarrollar, mejorar, afrontar, cambiar y conseguir. En resumen, si no te gusta una situación, puedes ponerte en acción para llevar a cabo un cambio. Si te resulta imposible cambiar una situación negativa que ya está en proceso, encuentra la forma de adaptarte.

No todo lo del momento actual ni del futuro está claro. La ambigüedad y la incertidumbre forman parte del presente y del futuro.

Pero puedes afanarte en incorporar estos cinco puntos de la incertidumbre a tu vida:

- Aceptar los hechos y la realidad.
- Aceptar que progresivamente puedes dominar métodos para vencer el miedo a lo incierto.
- Aceptar que una solución clave para superar la ansiedad implica vivir los temores de la incertidumbre en el tiempo y el espacio en que ocurren.
- Aceptar que prepararse para lo incierto puede ser incómodo, pero es fundamental para un cambio positivo.
- Aceptar que la preparación excesiva, como repasar repetidamente todos los escenarios posibles, alimenta la idea equivocada de que la perfección es la solución para controlar la tensión.

Un buen consejo: la vida es incierta. Afróntala

El doctor John Minor es investigador asociado, miembro de la Facultad de Formación en Terapia Racional Emotiva Conductual y profesor adjunto de la Universidad de California. Lo que sigue es su consejo para controlar la intolerancia a la incertidumbre que pueda llevar a una ansiedad extrema:

> La ansiedad se puede agravar cuando te enfrentas a imprevistos sobre el futuro y crees que no sabrás arreglártelas ante cualquier posible peligro oculto que te esté reservado. Es útil reconocer la propensión a la ansiedad en condiciones de incertidumbre y no avergonzarse de aceptarla. Tenderás menos a sufrir los tormentos de la intolerancia a la incertidumbre y la intolerancia a la ansiedad.

Para enfrentarte activamente a la intolerancia a la incertidumbre, primero haz una lista de tus áreas (conscientes) donde la incertidumbre es un catalizador de la ansiedad. Luego, clasifica los elementos de tu lista del 1 al 10, donde 1 significa poca o ninguna ansiedad y 10 significa un miedo extremo o terror. ¿Alguno parece peor que 10, o «demasiado terrible», para poder calificarlo (peor que un cien por cien malo)? Ahora imagina algo peor aún que lo peor. Si lo puedes hacer, significa que las situaciones con una calificación de cien por cien o más no son completamente malas. Si haces esta clasificación de forma rutinaria, cabe esperar que veas que «catastrofizar» la incertidumbre es una exageración. Las exageraciones pueden ser reemplazadas por puntos de vista racionales, por ejemplo: «La incertidumbre en la vida es un hecho demostrado. Quiero tolerarla lo mejor posible. Quiero ser más racional. Prefiero la calma a la ansiedad. Puedo soportar mi ansiedad sobre las incertidumbres futuras».

La materialización

Materialización significa amoldar tus habilidades para descubrir lo que puedes hacer en áreas que para ti son importantes. En lugar de quedarte absorto en tus preocupaciones y problemas sobre la falta de certeza, te concentras en lo que estás haciendo. De esta manera, descubres más posibilidades sobre lo que puedes lograr.

Un objetivo fundamental de la materialización es reducir los resultados negativos esforzándote para conseguir que sean positivos. Al moverte en este sentido, dejas de evitar las incertidumbres por el simple hecho de que te incomodan. Al avanzar en una dirección positiva, superas tus incertidumbres. Te acercas a la consecución de claridad y logros. Te sientes mucho más dueño de ti mismo y al mando de tu vida.

EJERCICIO: EMPIEZA A MATERIALIZAR

Determina los pasos que has de dar para avanzar por el camino claro que te lleva a lo que realmente quisieras conseguir. Escribe tu objetivo para superar la incertidumbre y enfrentarte a retos vitales, define los beneficios a corto y largo plazo de lograr este objetivo y después esboza lo que harás para conseguirlo.

1. ¿Qué quieres conseguir?

2. ¿Cuáles son los beneficios a corto y largo plazo de ir tras este objetivo?

3. Señala brevemente lo que puedes hacer y harás para afrontar la ansiedad provocada por la incertidumbre en tu búsqueda de ese objetivo.

Ahora empieza a dar los pasos para liberarte de la incertidumbre.

Con el conocimiento, la acción, la acomodación, la aceptación y la materialización puedes mejorar tu tolerancia de la ansiedad debida a la incertidumbre. Ni siquiera es necesario seguir los pasos exactamente en este orden. El cambio personal voluntario no tiene por qué ceñirse a una secuencia específica. Puedes desarrollar nuevos conocimientos e ideas a partir de los resultados de tus acciones. Al dar mayor alcance a tus recursos, puedes influir favorablemente en las otras fases de este proceso.

INFORME SOBRE TU PROGRESO

Escribe lo que hayas aprendido de este capítulo y las acciones que piensas emprender. Después anota los resultados de estas acciones y lo que hayas conseguido.

¿Cuáles son las tres ideas fundamentales que has sacado de este capítulo?

1.

2.

3.

¿Cuáles son las tres principales acciones que puedes llevar a cabo para combatir una ansiedad o un miedo determinados?

1.

2.

3.

¿Cuáles fueron los resultados de esas acciones?

1.

2.

3.

¿Qué beneficios te ha reportado el hecho de actuar? ¿Qué harías de otro modo la próxima vez?

1.

2.

3.

CAPÍTULO 15

Calmar las sensaciones de ansiedad

Los cambios físicos leves pero repentinos pueden desencadenar pensamientos negativos. Algunos de estos cambios son la sudoración, una pequeña aceleración del ritmo cardíaco, una respiración más rápida o la tensión muscular. Si asocias tales sensaciones físicas con consecuencias negativas, como que los demás te consideren un manojo de nervios, este proceso de detección, amplificación e interpretación de sensaciones refleja una sensibilidad a la ansiedad (Reiss y McNally, 1985). Esta sensibilidad, es decir, lo que piensas sobre tus sensaciones, aumenta el riesgo de que sufras diversas formas de ansiedad (Mantar, Yemez y Alkin, 2011).

Para evitar estas sensaciones inexplicables y desagradables, las personas recurren a todo tipo de medios. Un paciente de nombre Don se mareaba en los centros comerciales y el ritmo cardíaco se le disparaba. La posibilidad de que esto ocurriera de nuevo le provocaba tal ansiedad que recurría al Valium, que no dejaba de tomar aunque le nublara la mente, le restara fuerzas y acrecentara su ansiedad. Cuando se sentía bien, Don se aferraba con tanta fuerza a ese estado de bienestar que acrecentaba su estado de tensión.

Evitar las sensaciones desagradables y ocultarse de ellas rara vez tiene consecuencias positivas. El psiquiatra Abraham Low (1950) señala que cuanto más preveas la incomodidad que temes, mayor será el miedo que vas a sentir. Tu temor a los sentimientos de ansiedad y las sensaciones de miedo pueden ser de tal envergadura que repitas un ciclo de percibir la tensión, magnificarla (con ideas de impotencia) y afanarte en evitar sensaciones desagradables. Tiene que haber otra forma de actuar en estos casos.

Un buen consejo: empeora la situación para mejorarla

El doctor Sam Klarreich es el presidente del Berkeley Centre for Effectiveness de Toronto y autor de ocho libros, entre ellos *Pressure Proofing: How to Increase Personal Effectiveness on the Job and Anywhere for That Matter* [A prueba de presión: cómo aumentar la eficacia personal en el trabajo y en cualquier lugar]. Este es su consejo:

> Cuando te encuentres en plena reacción de pánico, toma nota de todos los síntomas que sientas. Es posible que te sea difícil hacerlo en ese momento y lugar, pero haz todo lo que puedas. Presta atención a tus sensaciones físicas y tus reacciones emocionales. Una vez que hayas anotado estas sensaciones, intenta con todas tus fuerzas duplicar la intensidad de estos síntomas.
>
> Lo fundamental es que te des cuenta y que creas de verdad que estos síntomas no te van a hacer daño, que son pasajeros por su propia naturaleza y que pasarán. Sabiendo esto, verás que al intentar redoblar la gravedad de tus síntomas de ansiedad, estos, paradójicamente, pierden intensidad. En primer lugar, ahora te enfrentas con ellos cara a cara y no huyes presa

del miedo. En segundo lugar, al afrontarlos directamente descubres que no puedes aumentar su intensidad y que esta en realidad disminuye.

LO QUE TE DIGAS DE TI MISMO PUEDE MARCAR LA DIFERENCIA

Como si fuera algo instintivo, es posible que busques la causa que aclare tus inexplicables sensaciones y sentimientos negativos. Analizas minuciosamente tu entorno. Ves la cocina hecha un caos. Tu pareja es desordenada. Esa es la razón. O quizá sea tu jefe ingrato. Trabajas duro y no recibes el reconocimiento que mereces. Esa es la razón.

Puede ser cierto que tu pareja no es ordenada o que tu jefe es desagradecido. Pero si tales circunstancias no eran un problema candente ayer ni anteayer, y no ha cambiado nada que sea importante, ¿por qué hacer que sean un problema ahora? ¿Puedes descartar que tu irritabilidad se deba a que está a punto de cambiar el tiempo? ¿Tiene tu malhumor algo que ver con la hora del día? ¿Tomaste demasiada cafeína?

Una teoría del etiquetado

Los psicólogos Stanley Schachter y Jerome Singer (1962) pensaban que la unión de las sensaciones físicas y un etiquetado cognitivo describe una emoción. Es decir, cuando te pones nervioso, tiendes a buscar razones que expliquen lo que pasa y puedes utilizar una etiqueta emocional para explicar el sentimiento.

La teoría de las emociones de Schachter y Singer es imperfecta, porque puedes tener una sensación o emoción sin tener que etiquetarla. Por ejemplo, los niños pequeños no etiquetan sus emociones. Sin embargo, cuando llegas a una edad en que puedes interpretar lo que experimentas utilizando tus habilidades analíticas y el lenguaje, tu mundo cambia. Puedes buscar y etiquetar las causas de tus sensaciones inexplicables. Una misma sensación se puede etiquetar en función del contexto, como ira, felicidad o miedo. La etiqueta se convierte en tu realidad.

Modera tu lenguaje

Si, ante cambios somáticos negativos, tiendes a ponerte en estado de alerta, puedes aprender a explicar cómo te sientes sin dramatizar el significado de la sensación. Las etiquetas afectivas más suaves se pueden filtrar desde la corteza prefrontal hacia la amígdala para ayudar a suavizar las imágenes emocionales negativas (Lieberman *et al.*, 2007).

Puedes sustituir el lenguaje dramático por palabras precisas pero más suaves. Términos como *desagradable* o *incómodo* transmiten un mensaje diferente del de términos alarmistas como *terrible* u *horrible*. La frase «no me gusta sentir ansiedad» tiene un significado distinto del de «no soporto sentir ansiedad». Al moderar tu lenguaje, puedes evitar que te consideres una persona angustiada y abrumada.

Enfrentarte al miedo al malestar

El miedo al malestar es un peligro exagerado para tu estabilidad emocional (Knaus, 1982). Si experimentas una sensación desagradable, crees que no puedes soportar sentirte tenso y luego ves que te quedas emocionalmente hecho añicos, te has puesto en una posición peligrosa. Pero ¿no será que has exagerado el peligro?

Cuando caes en la trampa de un lenguaje que agrava la tensión, puedes utilizar técnicas de etiquetado afectivo para cambiar la imagen. En lugar de: «No soporto el malestar», puedes redefinir el problema como: «Prefiero no sentir malestar, pero es lo que hay».

Puedes convertir el aprender a tolerar la tensión en parte de tu participación en una situación útil pero incómoda. Al demostrarte que puedes soportar la tensión, es menos probable que conviertas las tensiones normales en emociones negativas que más tarde puedas describir como terribles. Como bonificación, es posible que reduzcas tu riesgo de reaccionar exageradamente a sensaciones físicas negativas y, por lo tanto, seas menos sensible a las fluctuaciones físicas normales. Como ventaja adicional, cabe la posibilidad de que disminuyas la procrastinación secundaria.

Un buen consejo: frena, profundiza y vive la imagen completa

El doctor Jeffrey A. Rudolph es terapeuta multimodal y psicólogo clínico titulado que ejerce en Manhattan y Ridgewood, Nueva Jersey. Este es el consejo que da a sus pacientes:

> La ansiedad hunde sus raíces en la falsa percepción de peligro y falta de control, de modo que silencia tu necesidad natural de sentirte capaz de afrontar las dificultades y dominar las diversas situaciones. Lamentablemente, muchos de los que nos consideramos sensibles por naturaleza somos propensos a que la ansiedad nos seduzca y nos quedamos atrapados en el momento y atrapados por el malestar que provoca.
>
> La ansiedad te acelera. Cuando te pones a cien, pierdes la perspectiva. Esto alimenta tu tendencia a vivir precipitadamente tus experiencias, lo cual te deja la sensación de haberte quedado agotado. En consecuencia, evitar tu ansiedad te puede llevar a ver tu vaso de experiencias vacío o medio vacío. No te permitas lamentarte por las oportunidades perdidas. Recuérdate que tanto si tu vaso está medio vacío como si está medio lleno, lo que más importa es lo que contenga.
>
> Te propongo dos acciones para añadir contenido de calidad a la mezcla:

1. Deja de acelerar y pon la primera, respira profundamente y dedica un momento a desgranar lo que te abruma en partes más pequeñas y distintas. De este modo estás utilizando lo que ya posees: tu capacidad natural para la perspectiva, el razonamiento y la resolución de problemas.
2. Sigue mi regla del 10/40: solo hace falta un diez por ciento de esfuerzo deliberado, o reducir el diez por ciento de una situación peligrosa, para conseguir que tu ansiedad disminuya en un cuarenta por ciento. Aplica esta regla para enfrentarte a cualquier problema que incluya superar una ansiedad que se encuentre en tu camino.

APLICAR LA NAVAJA DE OCKHAM

Guillermo de Ockham, filósofo del siglo XIV, decía que la explicación más sencilla probablemente sea más correcta que otra más compleja. Siguiendo el principio de la navaja de Ockham, puedes cortar falsos supuestos sobre tus sensaciones incómodas.

Las sensaciones físicas no tienen por qué aterrorizarte si las interpretas correctamente. Un cambio súbito en cómo te sientes físicamente puede tener una explicación sencilla: menor nivel de azúcar, te estás resfriando, no concilias el sueño, el tiempo está a punto de cambiar... ¿Cómo puedes saber si alguna de estas explicaciones es relevante, si es que hay alguna que lo sea? Puede que no lo sepas, y esta es la cuestión. Si no lo sabes, ¿por qué especular?

La explicación más simple no siempre es la correcta. Sin embargo, al combatir la ansiedad y los miedos alimentados por evaluaciones y embrollos complejos, eliminar los excesos puede reducir el problema a su esencia.

La navaja de Ockham aplicada a las cogniciones generadoras de miedo

Evaluaciones complicadas de la sensación	Explicaciones más sencillas
Pensamientos y sentimientos de terror después de un incremento del ritmo cardíaco.	Lo más probable es que las pulsaciones estén dentro de los límites del ejercicio físico. Un cambio rápido de tu ritmo cardíaco invita a explicaciones que pueden desencadenar el miedo. A lo largo de la semana, es normal que se produzcan algunas alteraciones en el modo de respirar, el ritmo cardíaco o la presión arterial. Las sensaciones son desagradables, pero este es el único problema.
No sé qué me pasa. No sé qué hacer. Soy un inútil.	Etiquetar este pensamiento como «pensamiento de incertidumbre», «pensamiento de impotencia» o «miedo a lo desconocido» te define unas cogniciones que debes abordar. Afronta tus evaluaciones mediante preguntas de «*qué*»: «¿Qué sé, que esté fundamentado en los hechos, sobre lo que me pasa? ¿Qué sé sobre la cognición que asocio con este miedo? ¿Qué opciones de afrontamiento tengo?». Plantear y responder estas preguntas esclarecedoras es como utilizar una navaja para cortar las evaluaciones y las complicaciones que agravan el sentimiento en cuestión.

Evaluaciones complicadas de la sensación	Explicaciones más sencillas
Voy a perder el control. Me volveré loco. Esto no se acabará nunca.	La explicación más sencilla es que estás imaginando una catástrofe que no se va a producir. Etiqueta esta actitud y reduce el problema a su esencia: ¿qué significa perder el control? ¿Cómo puede el hecho de sentir miedo provocar que pierdas el control? Si lo perdieras, ¿qué pasaría? Si te volvieras loco, ¿cómo recuperarías la cordura? Pregúntate: «¿Qué pruebas tengo de que la tensión no se acabará nunca?».

Para terminar este repaso, piensa que la tensión significa que estás vivo y sobrevives.

EJERCICIO: USAR LA NAVAJA DE OCKHAM

Utiliza la navaja de Ockham para eliminar el exceso de significado que sabes o sospechas que es falso. Piensa en una sensación física que normalmente te cause ansiedad, anota las cogniciones que te provocan miedo asociadas con la sensación y formula explicaciones más sencillas de lo que esté sucediendo.

Evaluaciones complicadas de la sensación	Explicaciones más sencillas
1.	

Evaluaciones complicadas de la sensación	Explicaciones más sencillas
2.	
3.	

Evidentemente, «sencillo» no siempre equivale a «fácil». El general prusiano decimonónico Carl von Clausewitz (1982) decía que podemos complicar acciones simples al cargar la mente con dudas, complicaciones y miedos sin sentido. Pensaba que la preparación era importante, pero la acción era preferible a la contemplación teórica de las incertidumbres y ambigüedades de las situaciones.

BAJA TOLERANCIA A LA FRUSTRACIÓN Y DESAZÓN

Si sufres ansiedad y miedos debidos a tu estado de ánimo, es probable que tengas una «baja tolerancia a la frustración» (BTF) por sentirte tenso. La consecuencia es la posibilidad de que evites de forma automática combatir los miedos que te perjudican, con lo cual los perpetúas. La BTF se alimenta del pensamiento amplificador de la tensión, de modo que tus palabras exageran lo que la tensión significa.

Desarrollar la tolerancia a la frustración

Un nivel alto de tolerancia a la frustración y uno bajo de estrés están relacionados (Mahon *et al.* 2007). ¿Cómo, pues, puedes dar el salto a una mayor tolerancia al estrés?

Desde una perspectiva basada en el mindfulness, puedes entender el pensamiento de BTF del mismo modo que contemplas las nubes que flotan en el aire. No puedes controlar la dirección de las nubes; por tanto, ¿por qué angustiarte por lo que no puedes controlar? ¿Te es posible dejarlo estar?

¿Qué pasa si no lo puedes dejar estar? Puedes cuestionar y cambiar activamente el pensamiento dramático que incrementa la ansiedad.

El pensamiento dramatizado incluye ideas como: «Estos pensamientos me superan» y «No puedo afrontarlos». Este diálogo verbal es como convertir una sensación incómoda en un gran trastorno. A continuación tienes algunos ejemplos de creencias de angustia por BTF, seis preguntas que podrías hacer para cuestionar este pensamiento y posibles respuestas que muestran cómo remediar este pensamiento de BTF.

Cuestionar el pensamiento dramatizado

Creencias de angustia por BTF	Posibles preguntas	Posibles respuestas
Estos sentimientos me superan.	¿Por qué es así?	*Es lo que creo. Afortunadamente, las creencias de este tipo se pueden cambiar. Por ejemplo, puedo decir, sin caer en lo irreal, que preferiría sentirme tranquilo, pero si no lo estoy, ¿qué le vamos a hacer? La vida sigue.*

Creencias de angustia por BTF	Posibles preguntas	Posibles respuestas
No puedo hacerles frente.	¿Qué te hace pensar que no puedes encontrar la forma de afrontarlos?	*Incluso en las peores circunstancias, puedo hacer algo que me dé una oportunidad. ¿Qué es?*
No soporto sentirme tenso.	Si crees que no soportas sentirte tenso, entonces ¿qué significa «no soporto»?	*¿Podría significar que no me gusta sentirme tenso? ¿Y a quién le gusta? ¿Pero qué puedo hacer para enfrentarme a lo que me produce estrés?*
Tengo que tranquilizarme enseguida.	Si supieras que esta tensión desaparecerá en cinco minutos, ¿sería tiempo suficiente?	*¿Es posible considerar que la desazón de la ansiedad no es ni más ni menos que una experiencia pasajera?*
No lo puedo aguantar más.	¿Qué te hace pensar que tu capacidad de tolerar la tensión es limitada?	*El aguante está limitado por los límites que yo le ponga.*
No seré capaz de sobrevivir.	Ya has sobrevivido antes a esta tensión; ¿por qué, pues, no la vas a superar de nuevo?	*Definitivamente puedo sobrevivir a lo que no me gusta y puedo progresar si acepto la proposición de que puedo controlar mis pensamientos y acciones, tanto para hacerles frente como para prosperar.*

EJERCICIO: CUESTIONAR EL PENSAMIENTO DRAMATIZADO

Señala las ideas que te provocan ansiedad, cuestiónalas racionalmente y anota las respuestas en el espacio correspondiente.

Creencias de angustia por BTF	Tus preguntas	Tus respuestas
1.		
2.		
3.		
4.		
5.		
6.		

Al cuestionar tu proceso de pensamiento siempre que tengas sensaciones físicas molestas y enseguida saques de ellas conclusiones negativas, puedes esclarecer lo que pasa y verlo desde la debida perspectiva.

INFORME SOBRE TU PROGRESO

Escribe lo que hayas aprendido de este capítulo y las acciones que piensas emprender. Después anota los resultados de estas acciones y lo que hayas conseguido.

¿Cuáles son las tres ideas fundamentales que has sacado de este capítulo?

1.

2.

3.

¿Cuáles son las tres principales acciones que puedes llevar a cabo para combatir una ansiedad o un miedo determinados?

1.

2.

3.

¿Cuáles fueron los resultados de esas acciones?

1.

2.

3.

¿Qué beneficios te ha reportado el hecho de actuar? ¿Qué harías de otro modo la próxima vez?

1.

2.

3.

CAPÍTULO 16

Vencer el pánico

El pánico se reconoce sin que quepa confusión alguna. Te falta el aire. Tiemblas. Sudas, te sientes entumecido y fuera de la realidad. Estás mareado. Tienes miedo a desmayarte, perder el control y enloquecer. Crees que te vas a morir, y esta idea intensifica el pánico. Estás tan asustado que te pones a llorar.

Aunque sus síntomas físicos puedan parecer repentinos e incontrolables, el pánico es un estado que se puede definir, explicar y corregir en muy gran medida. Para superarlo, puedes recurrir a una diversidad de técnicas de la terapia cognitivo-conductual diseñadas para tal efecto (Gallagher *et al.*, 2013) y combinar técnicas de relajación, respiración y exposición (Sánchez-Meca *et al.*, 2010). Saber cómo puedes dejar de pensar en el pánico puede aliviarlo de inmediato. En torno a dos tercios de quienes luchan contra el pánico experimentan una mejoría duradera (Gloster *et al.*, 2013). ¡Tú puedes hacerlo aún mejor!

LA REALIDAD DEL PÁNICO

Si has tenido uno o más episodios de pánico, no eres el único. Todos los años, entre el tres y medio y el diez por ciento de las personas de entre quince y sesenta años tienen reacciones de pánico graves persistentes o aisladas (Barlow, 1988; Katerndahl y Realini, 1993; Kessler *et al.*, 2012). Nada menos que el cuarenta por ciento de las personas tienen a lo largo de su vida algunos síntomas más o menos graves de pánico (Bystritsky *et al.*, 2010). Si experimentas algunos de estos patrones de pánico subumbral, no los ignores. El pánico leve es un factor de riesgo para la depresión y otros estados que afectan a la calidad de vida, como la adicción a las drogas (Pané-Farré *et al.*, 2013). Afortunadamente los libros de autoayuda de terapia cognitivo-conductual pueden serles útiles a quienes suelen sentir pánico (Lewis, Pearce y Bisson, 2012).

Síntomas del pánico

Los síntomas desencadenantes del pánico pueden parecer tan graves que te hagan pensar que tienes un problema médico, pero normalmente el pánico se puede tratar con medios psicológicos. El pánico consiste no solo en síntomas físicos sino también en desencadenantes cognitivos, intolerancia emocional y problemas de evitación conductual. La tensión muscular, los dolores en el pecho y los problemas gastrointestinales pueden ser síntomas de ansiedad y también desencadenantes del pánico. Estos síntomas físicos pueden reflejar un problema médico, por lo que conviene hacerte un chequeo, si es que aún no te lo has hecho, para asegurarte de que una ansiedad persistente no guarda relación con algún fármaco o enfermedad. Por ejemplo, el hipertiroidismo puede generar sentimientos y pensamientos de angustia.

Duración del pánico

El pánico empieza, sigue y acaba. No es un estado permanente. Y por lo general dura poco. Puede ir desde un desagradable golpe de tensión hasta una oleada repentina e intensa. Los síntomas de pánico normalmente duran entre dos y treinta minutos, con más tendencia a los dos y pocos más. En casos muy raros, esos sentimientos se pueden prolongar una hora o más. Pero unos minutos de pánico, por pocos que sean, pueden parecer una eternidad.

Lo habitual es que el pánico siga un proceso que incluye una fase de conciencia de las sensaciones, una fase de desencadenante cognitivo, una fase de intensificación del pánico y una fase de resolución. La ventaja de tal proceso es que puedes abordar el pensamiento negativo del pánico en cualquiera de sus fases, lo cual te ayudará a superarlo.

El pánico versus la ansiedad

Cuando te sientes angustiado, lo más probable es que notes tensión muscular, te duela la cabeza o tengas problemas digestivos. Sin embargo, una repentina subida de la tensión, acompañada de drásticos cambios físicos, se puede sentir con tal intensidad que notes que pierdes el control, como si estuvieras en caída libre y no pudieras detenerte. Dada la naturaleza dramática del pánico, es posible que este te provoque ansiedad.

Dos formas de pánico

El pánico tiene dos formas principales. El pánico *no provocado* parece impredecible y que surge de la nada. El pánico *provocado* es cuando solo sientes pánico en determinadas situaciones, como al entrar en sitios que consideras peligrosos. También es habitual que las personas asocien ciertos estímulos, como el tipo de luz, una melodía o una determinada textura, con el pánico (Davis, 1998).

Enfrentarse al pánico no provocado

El pánico se puede presentar por sorpresa y sin ninguna razón objetiva. No obstante, puede haber señales previas y sutiles que lo anuncien. Joseph Wolpe (1967), creador de la terapia conductual, descubrió que, en el ochenta y tres por ciento de los casos, las personas que experimentan reacciones de pánico han estado especialmente tensas el día anterior. Señalaba una relación entre la reacción de pánico y un aumento reciente de las hormonas del estrés. Algunos estudios demuestran que una subida repentina de los niveles de epinefrina (una hormona del estrés) eleva el riesgo de sentir pánico.

El pánico no provocado puede surgir de la nada, pero hay algo que puedes hacer al respecto:

1. Reflexiona sobre lo que piensas y niégate a aceptar que tal pensamiento es un hecho. Pensar que te vas a volver loco, por ejemplo, es una hipótesis, no un hecho. Recuérdatelo.
2. Ejerce la tolerancia emocional mediante una actitud de aceptación y di, por ejemplo: «Si tengo pánico, tengo pánico. Eso es lo que hay. No es lo peor del mundo».
3. Emplea medidas conductuales para hacer frente al pánico, entre ellas ejercicios de respiración, contar el tiempo que dura el estado de pánico, o tomar nota mentalmente de los síntomas físicos.
4. Cuando estés tranquilo, ensaya la tolerancia cognitiva emocional y métodos conductuales para enfrentarte al pánico, para que, si vuelves a sentirlo, sepas lo que has de hacer.

Puedes usar los mismos métodos para enfrentarte al pánico provocado.

Enfrentarse al pánico provocado

En los casos de pánico provocado, sabes qué es lo que te da miedo, por ejemplo estar en un ascensor, entre mucha gente o en un lugar que desconoces. Mirar hacia abajo desde un acantilado puede provocar una sensación de mareo que te genere pánico. Si te has visto involucrado en un accidente de tráfico de escasa importancia, es posible que sientas pánico al acercarte al punto en que se produjo el accidente. Puede ocurrir también que sientas pánico en situaciones que te recuerden un episodio traumático. Tal vez hayas tenido una experiencia cercana a la muerte. Algunas de las circunstancias en que se produjo aquel hecho pueden ser la hora del día, una determinada fecha, la temperatura del aire, un color, un olor o un sonido chirriante. Un paciente asociaba el ruido de un helicóptero con una experiencia cercana a la muerte en una zona de guerra y se escondía presa del pánico cada vez que veía u oía un helicóptero. Otro asociaba el calor con una experiencia aterradora en un campo de concentración. Se negaba a salir de casa en los meses de verano cuando la temperatura se acercaba a los 30 °C.

Si tienes miedo de perder la capacidad de pensar y actuar para protegerte cuando estás angustiado, piénsalo de nuevo. Las pruebas de rendimiento realizadas durante estados de miedo desmedido demuestran que podemos controlar acciones básicas de supervivencia de forma efectiva. Cuando sientes pánico, el flujo sanguíneo aumenta hacia el hemisferio cerebral derecho, lo cual agudiza el sentimiento de supervivencia. Al mismo tiempo, el aporte de sangre al hemisferio izquierdo se reduce. El consecuente desequilibrio dificulta un poco tus habilidades de razonamiento, pero, aun así, puedes pensar con claridad si te centras en lo que haces.

Asimismo, también puedes temer una serie de consecuencias, como desmayarte, perder el control intestinal o vomitar, pero nada de todo esto suele suceder. Tienes aproximadamente una probabilidad del tres por ciento de que cualquiera de estas cosas ocurra mientras te encuentres en estado de pánico (Green *et al.*, 2007).

GESTIONAR EL PÁNICO

Aceptar el pánico modera su intensidad y duración. Se trata de pasar del pánico al pánico a la aceptación y la tolerancia emocional de lo que sinceramente puedes considerar una experiencia sumamente desagradable.

Afrontar las interpretaciones

El pánico no se produce en el vacío. Es previsible que tengas cogniciones evaluativas: piensas que parece que estés loco; crees que la gente pensará que estás loco si muestras signos de pánico. Tales pensamientos de pánico merecen un examen. Por ejemplo, si tienes pánico a los restaurantes y evitas salir a comer porque la gente te va a ver y juzgar, hazte esta serie de preguntas:

- ¿Qué pruebas tienes de que todos los clientes del restaurante te verán del mismo modo?
- ¿Es posible que algunas personas te comprendan porque también ellas han sentido pánico alguna vez?
- ¿Qué probabilidad hay de que pases desapercibido?

Sustituye las cogniciones negativas automáticas por ideas positivas más realistas sobre lo que pudiera ocurrir, y dejarás de evitar los lugares que te pudieran provocar pánico.

Ver las cosas en perspectiva

En las situaciones en que experimentes una reacción de pánico por primera vez, puedes adquirir una perspectiva si te preguntas si hay algo de tu vida que haya cambiado recientemente. El estrés acompaña a los cambios, también a los positivos. ¿Te has puesto a dieta? ¿Has empezado a tomar algún fármaco nuevo? ¿Has padecido algún trauma hace poco?

Si conoces los desencadenantes, los signos y las causas del pánico, la autoobservación puede sustituir una reacción de pánico por una respuesta reflexiva. Realizar acciones de observación de ti mismo puede ser útil: mira el reloj para ver cuánto dura la reacción de pánico. Toma nota mental de los diversos aspectos de la reacción: qué piensas, qué haces y cómo te comportas.

Quizá una de las mejores formas de entender y gestionar el pánico es observar cómo se enfrentó a este estado Donna, psicóloga profesional con mucha experiencia.

- *El caso de Donna*

Donna sufrió una reacción de pánico después de que, en poco tiempo, fallecieran tres personas a las que se sentía muy unida. Cuando empezó el pánico, lo primero que sintió fue unos súbitos síntomas preocupantes en su cuerpo. Los describió como «oleadas de frío y calor que se extendían por el pecho y me bajaban por los brazos y las piernas, provocándome un cosquilleo en los muslos, palpitaciones, la sensación de que no podía respirar y un sudor repentino. Todo parecía surgir de la nada. Y ¡pum! Mi cuerpo entraba en estado de alerta roja y se sentía terriblemente mal».

Lo primero que pensó fue que le estaba dando un infarto: «Sentí que una nueva oleada de calor y frío me recorría la piel. Me tomé el pulso y estaba acelerado pero constante. Tengo en casa un aparato para tomar la presión arterial, y me la tomé. Estaba un poco alta, pero dentro de lo normal. Repasé los síntomas. No sentía presión en el pecho ni ningún otro tipo de dolor, tampoco en el brazo ni la mandíbula. Los síntomas estaban en la superficie, en la piel. Ya había tenido antes las mismas sensaciones debido a la sobrecarga de adrenalina. Pensé que quizá se trataba de un ataque de ansiedad, no un infarto. Si no podía aliviar los síntomas con un par de minutos de terapia racional emotiva conductual, llamaría a una ambulancia, por si acaso; no fuera a ser un ataque al corazón. Pero estaba bastante segura de que no lo era.

»Mi primer paso fue observar cómo respiraba. Era una respiración superficial y rápida. Estuve sesenta segundos haciendo respiraciones lentas y profundas. Observé que los síntomas se reducían al respirar correctamente, por lo que me sentí más segura de que era ansiedad y no un infarto. ¿En qué estaba pensando? Luego intenté averiguar los pensamientos que habían dado lugar a los síntomas físicos.

»Lo primero que se me vino a la mente fue que Tim estaba muerto. Lou estaba muerta. Mi hermana había fallecido hacía dos años. Todo el mundo había muerto, dejando tras de sí a unos familiares a los que se suponía que debía apoyar y ayudar en su dolor. Esa pena se prolongó meses y meses. Me afectó tanto que me oí decir: "Esto es terrible. No lo puedo aguantar más".

»Cuando pensaba en las personas de mi entorno, me decía: "Ya está bien. No deberían exigirme más. No tengo por qué lidiar con ninguna de esas cosas terribles. No dejan que me ocupe de mi propia vida. Todas esas muertes son horribles. Últimamente mi marido ha tenido problemas de salud. Podría ser el siguiente. No soporto la idea de estar sin él"».

Donna se sentó ante el ordenador a escribir sus pensamientos. Luego empezó a reflexionar sobre uno de ellos: «La idea de que mi esposo se muera (cuando en realidad la probabilidad de que esto ocurra es la misma que la referente a cualquiera de nosotros) y me convierta en una viuda joven fue lo que desencadenó mi ataque de ansiedad. Me di cuenta de que el pensamiento había cruzado mi mente como un meteorito a plena luz del día. Casi no lo registré conscientemente. Pero fue la gota que colmó el vaso. Había provocado en mi cuerpo una reacción de pánico de "lucha o huida'. Los síntomas físicos de ansiedad eran aún intensos pero un poco menos que unos minutos antes.

»Mientras seguía observando mi respiración, para cerciorarme de que no estaba al borde de la hiperventilación, me puse a rebatir racionalmente cada una de mis ideas irracionales. Parece que pensar "no lo puedo soportar" es un desencadenante especialmente fuerte en mi caso. Después de identificar y rebatir este diálogo interior irracional, los síntomas físicos empezaron a disminuir en unos segundos.

»Seguí controlando la respiración y el pensamiento, rebatiendo cualquier idea terrible y catastrófica, para terminar con una visión nueva más racional. Las cosas iban mal, cierto. El tiempo me apremiaba, cierto. Pero pude ver claramente que tomar una situación mala y empeorarla, y luego generarme ansiedad al pensar en el estado de mi marido como si se tratara de una catástrofe, había agravado mi sensación de terror. Afortunadamente, pude ver fácilmente qué cogniciones buscar y supe cómo hacerles frente. He practicado cuestionarlas en momentos de mayor sosiego, lo cual me incita a una serie de diálogos interiores racionales a los que puedo recurrir en momentos de estrés.

»Cuando los peores síntomas desaparecieron, fui a la cocina, me preparé una bebida rica en proteínas y me la tomé despacio. La sobrecarga de adrenalina puede provocar graves fluctuaciones del azúcar en sangre, lo cual, a su vez, puede causar más síntomas físicos. Para prevenirlo es saludable alguna bebida con proteínas e hidratos de carbono complejos. Tomé algunas dosis más de vitaminas del complejo B. Puede que fuera un placebo, pero creía que mi reacción de "lucha o huida' mermaba mis reservas de tiamina, ácido pantoténico y otras vitaminas del complejo B de mi cuerpo.

»Mi propio olor me repugnaba. El sudor provocado por la ansiedad desprendía un olor fuerte y desagradable. Me duché, esforzándome por disfrutar de sentir el agua caliente y la fragancia del jabón de lavanda. Me dije que, incluso en medio de la pérdida y el dolor, aún era capaz de gozar de los placeres más sencillos.

»Mientras me deleitaba con el agua caliente de la ducha, seguí debatiendo con mi tendencia a pensar lo peor e imaginar catástrofes. Me aseguré de que, aunque detestaba la pérdida y el dolor que la acompaña, podía soportarlo. Para entonces, la mayor parte de los síntomas habían desaparecido. Me seguía sintiendo un poco nerviosa en mi interior, en el abdomen. No me dolía el pecho. Me dije que esa sensación de nerviosismo era consecuencia del repentino flujo de adrenalina, un síntoma natural. Lo podía aguantar. Era una molestia, no una catástrofe.

»Esa noche dormí bien. Al día siguiente tuve malestar gastrointestinal, un síntoma normal de la reacción de "lucha o huida'. Al reconocer lo que estaba pasando, me ahorré otro episodio de ideas catastróficas y de pensar lo peor sobre mis sensaciones físicas. También pasé el día ocupada en tareas importantes que quería hacer y que había estado dejando porque pensaba que debía cumplir con mis responsabilidades hacia los demás. En lugar de eso, adopté comportamientos que me mejoraran la vida. Apilé otro montón de leña, adecenté el jardín, corté el césped y fui al gimnasio a hacer ejercicio, cosas, todas ellas, que realmente disfruto y que hacen que maneje mejor mi propia vida».

Controlar el pánico

Al enfrentarse a su reacción de pánico, Donna dio una serie de pasos productivos:

1. Evaluó sus síntomas y elaboró un plan para hacerles frente.
2. Hizo un esfuerzo racional para distinguir la ansiedad de otra dolencia más grave del corazón.
3. Controló la respiración, empleando una técnica destinada a evitar que aumentaran los síntomas desagradables que pueden resultar de una respiración superficial y rápida y/o de la hiperventilación.
4. Identificó el irracional monólogo que había dado lugar a la respuesta de «lucha o huida» y sustituyó las afirmaciones y creencias irracionales por otras racionales.
5. En momentos de sosiego, había practicado reconocer y cuestionar las ideas que evocan ansiedad, por lo que le fue más fácil usar de forma automática el método ABCDE de Albert Ellis (ver el capítulo once) en un momento estresante.
6. Se dedicó a cuidar de sí misma: comer, ducharse y ponerse cómoda.
7. Aceptó que su cuerpo necesitaría varios días para recuperarse por completo de la sobrecarga de adrenalina.
8. Cuando al día siguiente sintió molestias gastrointestinales, lo aceptó como una consecuencia normal de la sobrecarga de adrenalina. No exageró lo que era una leve molestia. De

esta manera, evitó que la sensibilidad a la ansiedad alimentara su pánico.

9. Adoptó activamente comportamientos que hacían que su vida fuera más agradable y que la pudiera manejar mejor.
10. Siguió controlando la respiración superficial y eligió un enfoque metacognitivo para hacer lo mismo con su pensamiento y observar los posibles indicios de un monólogo irracional.

Hay ocasiones en que múltiples presiones pueden afectar incluso a quienes saben bien lo que sucede. Pero el verdadero mensaje de la experiencia de Donna es que, mediante el conocimiento y el saber hacer, acabó con este patrón de pánico con relativa rapidez. Actuó para impedir que el pánico volviera. También tú puedes usar las mismas técnicas para superar las reacciones de pánico.

APLICAR EL MÉTODO ABCDE AL PENSAMIENTO DE PÁNICO

La siguiente tabla ABCDE ilustra cómo eliminar del pánico los pensamientos catastrofistas. Saber cómo hacerlo, y practicar lo que sabes, puede ponerte al mando de lo que hagas cuando sientas pánico.

El método ABCDE aplicado al pensamiento de pánico

Suceso (experiencia) activador: Experimentar sensaciones físicas que asocias con la aparición del pánico.
Creencias razonables sobre el suceso: «Ya he sentido eso mismo antes. Son sensaciones que seguirán activas cierto tiempo, se agravarán o disminuirán y desaparecerán».
Consecuencias emocionales y conductuales de las creencias razonables: Una sensación de aceptación y tolerancia emocionales acerca de la experiencia. Posiblemente ajustar la respiración o respirar con las manos formando un cuenco que tape la boca y la nariz para ayudar a recalibrar el sensor del CO_2 del cerebro.

Ideas equivocadas sobre el suceso: «¡No, por favor! ¡Otra vez! No lo puedo soportar. Estoy a punto de morir».

Consecuencias emocionales y conductuales de las ideas equivocadas: Un aumento repentino del pánico asociado con el temor catastrófico a morir. Comportamiento frenético. Llamar a emergencias.

Rebatir las ideas equivocadas:

1. ¿A «qué» se refiere ese «¡Otra vez!». Una respuesta posible: cabe pensar que se refiere tanto al miedo al sentimiento como a la previsión catastrofista de que las emociones y sensaciones de pánico serán inaguantables. Ahora bien, ¿por qué no puedes soportar lo que no te gusta? La respuesta es que puedes soportar lo que no te gusta.
2. Si vuelve el pánico, y crees que te vas a morir, ¿en qué se diferencia esta idea de la anterior? Una respuesta posible: esta experiencia es similar al pánico que has sentido anteriormente, incluida la idea de que te vas a morir. En aquella ocasión, no falleciste. Solo creías que ibas a hacerlo. De modo que, si tienes una historia anterior de sobrevivir al pánico, ¿por qué has de pensar que no sobrevivirías de nuevo? La respuesta es que es sumamente previsible que sobrevivas a esta experiencia. El peligro está en tus pensamientos catastrofistas y no en la realidad. Céntrate en lo que puedes controlar, que es negarte a ceder ante este pensamiento alarmista.

Efectos del rebatir: Disminuir la intensidad del pánico al cambiar la interpretación del suceso. Reducir la posibilidad de intensificar el pánico debido a tu visión catastrofista de los síntomas y el resultado. Después de sobrevivir al pánico, caben otras conclusiones razonables:

1. El hecho de que puedas empezar a pensar de otro modo cuando aparece el pánico demuestra que no eres un inútil.
2. Desactivar el pensamiento catastrófico reduce la intensidad y la duración del pánico.
3. La tormenta hormonal pasa sin ningún efecto nocivo duradero; lo mismo ocurrirá si vuelves a sentir pánico.
4. Sigue sin gustarte sentir pánico. ¿Y a quién le gusta? Pero ahora dispones de pruebas más fehacientes de que la predicción alarmista de que te vas a morir no es más que un mito mental que acompaña a las sensaciones de pánico.

EJERCICIO: PRÁCTICA DEL MÉTODO ABCDE

Ahora te toca a ti usar el método ABCDE para hacer frente al pensamiento de pánico. Escribe tu adversidad (o suceso activador), cualquier creencia (razonable o equivocada) que tengas sobre esa adversidad y las consecuencias emocionales y conductuales de tener esas ideas. Luego rebate tus creencias erróneas y observa qué pasa. Por último, anota los efectos de este proceso.

Tu resolución ABCDE

Suceso (experiencia) activador:
Creencias razonables sobre el suceso:
Consecuencias emocionales y conductuales de las creencias razonables:
Ideas equivocadas sobre el suceso:
Consecuencias emocionales y conductuales de las ideas equivocadas:
Rebatir las ideas equivocadas:

Efectos del rebatir:

TÉCNICAS DE SIMULACIÓN DE CONTROL DEL PÁNICO

Las técnicas de exposición interoceptiva están ganando popularidad como una forma de afrontar cada parte física importante del pánico. Con este sistema de exposición, descubres que los diferentes síntomas del pánico no son peligrosos, son tolerables y pueden tener un efecto transdiagnóstico en diferentes estados emocionales negativos (Boswell *et al.*, 2013).

Si te sientes mareado, se te puede ocurrir que te vas a morir. Esta idea puede ser especialmente peligrosa si vas conduciendo. ¿Pero es verdad? Cuando te encuentras en un estado de pánico, el mareo no significa que te vayas a desmayar. En este estado, aumenta el ritmo cardíaco. Normalmente el pánico te protege contra el desmayo.

La sensación de mareo es fácil de simular. Veamos una técnica común. Da vueltas alrededor de una silla las veces que sean necesarias para demostrarte que, por muy mareado que estés, no te vas a desmayar. Hasta podrías concluir que desmayarse es preferible a estar mareado.

El aumento súbito del ritmo cardíaco en estado de pánico solo es significativo si se compara con el ritmo cardíaco en reposo. Si estuvieras en estado de pánico y te tomaras el pulso, probablemente te darías cuenta de que, más o menos, es el que esperarías si estuvieras haciendo ejercicio físico. El factor alarmante es que el cambio sea repentino (los miedos primarios suelen empezar con algún hecho peligroso repentino e inesperado).

Es fácil simular un ritmo cardíaco acelerado. Haz ejercicio moderado hasta alcanzar las ciento veinte o ciento cuarenta pulsaciones por minuto. Este es un ritmo cardíaco habitual en el estado de pánico, y está muy por debajo de una taquicardia peligrosa de en torno a las doscientas pulsaciones por minuto.

La hiperventilación es intentar respirar más aire del que necesita nuestro metabolismo, y es habitual en el estado de pánico. Sentir pánico ante las dificultades para respirar puede agudizar el pánico.

También la hiperventilación se puede simular con facilidad. Por ejemplo, respirar por una pajita en la boca con la nariz tapada puede simular un síntoma de pánico de respiración entrecortada. Con un ejercicio de este tipo te puedes demostrar que si hiperventilas, no pasa nada. En poco tiempo, sentirás la necesidad de volver a respirar normalmente.

Con el uso de técnicas de simulación para experimentar deliberadamente aspectos de una reacción de pánico, puedes demostrarte a ti mismo que los síntomas del pánico no son angustiosos. Saberlo te puede ayudar a calmar el pensamiento de pánico sobre el mareo, el ritmo cardíaco y la respiración.

ROMPER LA CONEXIÓN DE LA AGORAFOBIA Y EL PÁNICO

En torno a un tercio de quienes sufren de pánico también padecen agorafobia, una fobia que, en gran medida, se reduce al miedo al pánico y a la evitación de situaciones asociadas con él.

Los aspectos físicos, cognitivos, emocionales y conductuales del pánico pueden ser tan contundentes que huyas de situaciones que relacionas con él. Evitarás los restaurantes, viajar en autobús, volar en avión, ir de compras al centro comercial o cualquier lugar donde creas que corres peligro, estás atrapado y no puedes hacer nada si el pánico se impone. Es posible que te quedes en casa por miedo a entrar en pánico adondequiera que vayas; tal vez te aventures solo si alguien te acompaña para ayudarte.

Las situaciones que temes no son peligrosas; probablemente ya lo sepas. Tienes miedo de ti mismo, de entrar en pánico y perder el control. Tienes miedo de cómo te verán los demás. Te preocupas al preguntarte: «¿Qué pasaría si me desmoronara mientras hago cola?».

Al evitar situaciones de pánico o huir de ellas y así sentirte aliviado, refuerzas la evitación. Asimismo, si tienes reacciones de pánico, puedes buscar tú mismo formas de evitarlas. Por ejemplo, te puedes distraer con música fuerte a través de auriculares. Puedes llevar contigo algún antidepresivo si sabes que no tienes más remedio que aventurarte en un área insegura. Si estas distracciones mitigan tu tensión y consolidan su uso, es probable que, tarde o temprano, descubras que hay en ti un rasgo desagradable. Te predispones a evitar el pánico o escapar de él, con lo que refuerzas un comportamiento incorrecto.

Gran parte de la solución es aprender a tolerar el pánico sin evitarlo. Si aprendes por tu propia cuenta a no tener miedo al pánico, es poco probable que la posibilidad de sentirlo haga que realmente lo sufras.

EJERCICIO: CONVERTIR EL DESASOSIEGO EN ACCIONES PRODUCTIVAS

La próxima vez que sientas que estás entrando en estado de pánico, sigue estos tres pasos para convertir todo tipo de desasosiego en acciones productivas:

1. Etiqueta las ideas catastróficas del tipo «me voy a desplomar» o «me voy a morir» como pensamientos de pánico. Recuérdate que estas ideas acaban por desvanecerse, como se escurre el agua de la palma de la mano.
2. Aguarda a que disminuyan los síntomas físicos y sensaciones del pánico, hasta que desaparezcan. Puede ser difícil de conseguir.

Pero intentar huir de los sentimientos refuerza la evasión. Estás en pleno proceso de ansiedad. Es mejor que lo aceptes.

3. Actúa sobre tu comportamiento; por ejemplo, mide el ritmo cardíaco y cronometra cuánto tarda en disminuir el pánico. Pero usa este ejercicio para recopilar información, no como una forma de escapar.

Es posible que te des cuenta de que lo que has estado simulando no hace sino empeorar una situación ya de por sí desagradable. Simular una situación no es tan malo como crees.

Un buen consejo: una forma paradójica de controlar el pánico

El doctor Rick Park es profesor de Psicología en el Springfield College. Posee un toque creativo del que se sirvió con inteligencia en cierta ocasión en que sufrió un pánico que lo ahogaba. Afortunadamente, con su experiencia y sus conocimientos empezó a trabajar en sí mismo de forma inmediata. Esto es lo que hizo para controlar su pánico:

> Nunca me ha encantado viajar en avión. Lo hago, pero no me gusta. Hace unos tres años, el Congreso Internacional de Psicoterapia de Italia aceptó unos trabajos míos y de tres de mis estudiantes de posgrado, y como no había forma de poder ir en coche hasta Europa, la única opción era volar de Boston a Roma.
>
> La terminal internacional del aeropuerto Logan es gigantesca, como cuatro o cinco campos de fútbol, así que no puedo decir que sintiera allí agorafobia, pero sí que me puse a sudar

y a sentirme incómodo mientras pasaba por la aduana y ya no podía dar media vuelta y regresar a casa. Fue un poco más tarde cuando empecé a sentir una pequeña oleada de pánico que me subía desde el estómago y, con ella, una voz que me susurraba en la cabeza: «¿Y si te descontrolas? No puedes hacer eso. No debes hacerlo». Y, evidentemente, cuanto más me lo repetía, mayor era la ansiedad que me embargaba. Pensaba en lo patético que parecería ante mis alumnos y en lo irónicamente estúpido que era que fuéramos a una conferencia para hablar sobre psicoterapia.

Probé a andar de un extremo de la terminal al otro. Probé a sentarme y respirar. Intenté pensar en otras cosas. Y nada funcionaba. No hacía más que avivar mi ansiedad.

«!Vamos, hazlo. Hazlo!». Y no podía, por supuesto. De modo que entonces dije: «Está bien, dentro de diecisiete minutos inténtalo de nuevo», lo cual me daba unos placenteros diecisiete minutos de alivio. Y, pasado este tiempo, intenté tener el mayor maldito ataque de pánico una vez más, y tampoco pude. Así que me impuse otro número aleatorio de minutos, trece, diecinueve o los que fueran, y de nuevo me sentía aliviado. Lo repetí varias veces, hasta que me sentí como un estúpido. Un poco más tarde embarcamos en el avión que, naturalmente, permaneció parado sobre el asfalto tres horas y media hasta que despegamos. Me desperecé y me puse a leer un libro.

INFORME SOBRE TU PROGRESO

Escribe lo que hayas aprendido de este capítulo y las acciones que piensas emprender. Después anota los resultados de estas acciones y lo que hayas conseguido.

¿Cuáles son las tres ideas fundamentales que has sacado de este capítulo?

1.

2.

3.

¿Cuáles son las tres principales acciones que puedes llevar a cabo para combatir una ansiedad o un miedo determinados?

1.

2.

3.

¿Cuáles fueron los resultados de esas acciones?

1.

2.

3.

¿Qué beneficios te ha reportado el hecho de actuar? ¿Qué harías de otro modo la próxima vez?

1.

2.

3.

CAPÍTULO 17

Combatir las fobias y los miedos simples

Karen tenía un miedo enfermizo a los gérmenes y evitaba por todos los medios la contaminación. A Abby le daban pánico las serpientes y se negaba a salir si existía la posibilidad de encontrarse con una. Lloyd tenía miedo a los perros. Cuando su mejor amigo se llevó una mascota a casa, Lloyd no quiso acercarse a él. ¿Qué tenían en común Karen, Abby y Lloyd? Todos experimentaban una grave fobia específica, es decir, un miedo permanente a un animal, una situación, un objeto o cualquier otro hecho, que tratan de evitar a toda costa.

Las fobias son comunes. Todos los años, el 8,7 % de la población de Estados Unidos tendrá una reacción fóbica grave a una cosa u otra. La estimación de prevalencia de por vida es del 12,1 % (Kessler *et al.*, 2005). Un elemento de las fobias es el miedo a los desastres naturales, los animales, los insectos, las inyecciones y la sangre, viajar en avión, hablar en público y los eventos sociales, como asistir a fiestas, reuniones familiares o bodas.

Algunas fobias son más una excentricidad que una discapacidad. Por ejemplo, se puede tener fobia al número trece (triscaidecafobia). Por una razón u otra, podrías evitar vivir en el piso trece de un edificio, o sentirte inquieto un martes y trece, pero, por lo demás, este miedo no te impide prácticamente nada. Incluso Hammurabi, el rey babilónico, evitaba etiquetar su decimotercera ley con el número trece. Lo omitió, y pasó de la doce a la catorce. Sin embargo, si este miedo al número trece te paraliza, tienes un auténtico problema. Cualquier fobia que interfiera en tu calidad de vida merece que se le preste atención.

A veces puedes superar una fobia incapacitante en un tiempo sorprendentemente corto y con ello obtener un beneficio transdiagnóstico. Tus esfuerzos para vencer fobias y miedos te pueden proteger de otros tipos de ansiedad.

ENTRAR EN CONTACTO CON LO QUE TEMES

Lo que debes hacer para superar tu fobia es relativamente sencillo pero no necesariamente fácil. La razón es que vencer una fobia es más un proceso que un hecho singular, en especial si tienes toda una red de complicaciones interconectadas con tu fobia. No saber si lo que sientes es miedo o fobia puede ser irrelevante. Tanto los miedos como las fobias suelen seguir caminos neurológicos similares (Schweckendiek *et al.*, 2011). Los mismos métodos de la terapia cognitivo-conductual (TCC) que son efectivos para superar los miedos lo son también para hacer lo propio con las fobias.

La TCC basada en la exposición es el patrón oro para enfrentarse a las fobias y los miedos. Los que siguen son algunos pasos de este proceso:

1. Aprende tú mismo. Descubre las causas comunes de las fobias y las soluciones basadas en pruebas.
2. Hazte el propósito de que aprenderás a tolerar la tensión hasta que dejes de temer el sentimiento de miedo que asocias con tu estado de miedo parasitario.

3. Acércate a lo que te da miedo, paso a paso, al ritmo que te sea tolerable.
4. Sentirás un impulso natural a evitar lo que te asusta. Esta evitación raramente hace otra cosa que no sea reforzarse a sí misma y perpetuar el miedo. ¡Resístete a tal impulso!
5. Persiste hasta que puedas controlarte cuando estés cerca de lo que temes.

Estos pasos básicos te ayudarán a superar cualquier fobia. Este capítulo explica cómo darlos de formas distintas y en situaciones diferentes.

Afrontar la fobia a los gérmenes

Es bueno ser consciente de la salud y tomar medidas prudentes para evitar problemas. Sin embargo, algo bueno se puede llevar a un extremo poco saludable. Si tienes fobia a los gérmenes, tienes una preocupación insana por protegerte prácticamente de todo lo que pueda estar contaminado por ellos. Las fobias a los gérmenes pueden ser leves y algo molestas o llegar al extremo del multimillonario Howard Hughes, quien se confinó en pequeños espacios esterilizados para evitar gérmenes y contaminarse.

Aun en el caso de que sepas que tienes una fobia a los gérmenes, rara vez puedes simplemente ordenar que deje de existir. Tendrás que trabajar para vencerla.

• *El caso de Karen*

Karen tenía una fobia mórbida a los gérmenes. Esta científica social de carácter normalmente afable creía que si no extremaba la prudencia, contraería alguna enfermedad grave que posiblemente la llevaría a la muerte. En consecuencia, se sentía presa del pánico siempre que pensaba que había estado expuesta a gérmenes.

Su principal problema no era solo el miedo a los gérmenes. Observaba la tensión en sus amistades y quería saber cómo comunicarse mejor. Sin embargo, era evidente que su negativa a juntarse con sus amigos en restaurantes y reuniones porque tenía miedo a los gérmenes había alejado a las personas que más quería. Su fobia interfería en sus relaciones y el sosiego de su mente.

Cuando alguien le hablaba de este asunto con toda delicadeza, Karen respondía bruscamente: «¡Los gérmenes matan!». Cuando se convenció plenamente de que negar su problema no la llevaba a ninguna parte, se puso la bata de científica y experimentó para dar con una solución.

Se puso manos a la obra, incómodamente al principio, eliminando cada semana algún comportamiento de los que le daban seguridad. Por ejemplo, para protegerse de los gérmenes, siempre usaba guantes de teflón, fuera adonde fuese. Como condición para olvidarse de los guantes, primero usaba un jabón de manos con antiséptico cada hora. Luego redujo este comportamiento a lavarse las manos antes de comer y en otros momentos apropiados. En verano, sustituyó los pesados suéteres que había estado usando por una blusa de manga corta. En sus inicios pensaba que las mangas largas la protegían de los gérmenes.

Con la introducción de cambios de conductas relacionadas con su problema y al sentirse cómoda con tales cambios, Karen se liberó del miedo a que los gérmenes le provocaran la muerte. Reanudó sus amistades. Todo este proceso se prolongó seis meses.

Para Karen, el proceso de superar su fobia implicó una serie de puntos de inflexión. El primero fue ver la contradicción entre su formación científica y su aceptación completamente acientífica de la idea de un inminente peligro de que los gérmenes acabaran con ella. El segundo punto de inflexión fue aceptar los sentimientos de pánico. El tercero se produjo cuando se convenció de que no era esclava de su miedo y que, si lo intentaba, era capaz de superarlo.

Afrontar la fobia a las serpientes

¿Qué hacer para calmar una fobia a las serpientes, insectos u otros animales; los espacios abiertos o la sensación de estar atrapado? ¿Cómo puedes conseguir llevar una vida normal en estas condiciones? Lo más eficaz que puedes hacer para vencer tales miedos es exponerte a ellos de forma controlada. Esto supone acercarse a situaciones en las que sabes, o sospechas, que estás exagerando un peligro.

• *El caso de Abby*

Abby no salía de casa por miedo a encontrarse con alguna serpiente. No acompañaba a su hija en los actos que se celebraban en la escuela. Organizaba charlas con los profesores en el ordenador a través de FaceTime. Sus sesiones de terapia eran por teléfono. La razón de todas estas restricciones era el miedo a que una serpiente venenosa la atacara y mordiera. Su hija la disculpaba diciendo: «Ella es así», algo que a Abby le resultó triste y preocupante. Quería librarse de esa carga. Había llegado el momento de tomar medidas.

Decidió recurrir a la exposición para desactivar su fobia a las serpientes. Optó por un enfoque gradual. Le gustaba la idea de entrenar su cerebro primitivo para que dejara de reaccionar de forma exagerada ante sus imágenes de serpientes.

Su objetivo era sentirse libre para salir de casa sin tener miedo a las serpientes. Creía que esa fobia era la causa de su pánico. En realidad, su mayor problema era el miedo a perder el control y caer en un estado de pánico, pero su programa de exposición también la ayudaría a superar este miedo. Concretamente, Abby pensaba que si podía pasear por algún parque cercano, podía ir prácticamente a cualquier sitio, así que se propuso ir a pasear al parque.

Lo primero que hizo fue mirar fotografías de serpientes no venenosas desde una distancia que le fuera cómoda. Lo hizo en el salón familiar porque era un lugar agradable y la relajaba. Avanzaba un pie tras otro, yendo de un extremo del salón al otro, donde su hija había colocado la fotografía de la serpiente, y se quedaba mirándola fijamente.

A continuación fue a un museo donde se exponían reptiles disecados detrás de una vitrina de cristal y los estuvo mirando. El plan era seguir el mismo procedimiento que con la imagen en su casa. Pero antes tenía que llegar al museo. En el trayecto, se sintió muy angustiada. Su marido conducía y sus dos hijas, que la acompañaban, la iban animando. Para seguir el plan establecido, el marido dejó a las tres en las escaleras por las que se subía a la entrada del museo. Ella pasó rápidamente por la puerta y se dirigió a las vitrinas. Se colocó a menos de un metro de las que mostraban serpientes. Las miró todas, incluso las venenosas. Cuando su marido se le unió, ella estaba eufórica. Había sido capaz de acercarse a la exposición de serpientes.

Después fue con su familia a ver las serpientes de una exposición en el zoo. Las serpientes vivas estaban en cajas de cristal. Como antes, ella se adelantó deprisa hacia una de las cajas. Quería terminar el ejercicio lo antes posible. Descubrió que le interesaban los colores de las serpientes y dijo que había aprendido mucho sobre ellas. Inició una conversación con otro visitante que tenía algunas serpientes como mascotas. Se dio cuenta de que podía gestionar sus miedos y, además, que estos se reducían cuanto más tiempo permanecía en el zoológico. Cuando se sintió relajada, se fue.

El paso siguiente fue ponerse unas botas altas de cuero y andar por el césped de delante de su casa. Lo hizo con la familia. Con las botas, que le protegían las piernas, se sentía segura ante la posible aparición de una serpiente. Vio que podía manejar la tensión, así que dio una vuelta a toda la casa ella sola.

Más adelante se puso unas botas de tacón alto para andar sola por el césped de su casa y, después, por todo el complejo de viviendas cercanas a la suya.

Por último, se fue a pasear sola por el parque calzando las botas. Y por fin, paseó en zapatillas deportivas por el parque junto con su familia.

¿Cuánto tiempo se requiere para que la exposición surta efecto? A Karen le costó seis meses. A Abby le bastaron unos pocos días. Cada persona es diferente. La respuesta a la pregunta de cuánto tiempo cuesta dejar de sentir alguna fobia es que cuesta el tiempo que cuesta.

UN SISTEMA CLÁSICO PARA SUPERAR LAS FOBIAS

El sistema clásico para superar una fobia o un miedo consta de seis pasos: empezar con un objetivo, establecer una jerarquía, ejercicios de relajación, formular declaraciones de afrontamiento, imaginar los pasos de exposición y dar estos pasos.

Empezar con un objetivo

Tu objetivo ha de ser significativo, razonable, medible y alcanzable. Por ejemplo, si fueras Lloyd, con una fobia a los perros, ¿qué querrías conseguir? ¿Sería traerte a casa un perro grande y agresivo? ¿Querrías pasar por delante de un perro grande sin más precaución que la normal? ¿Te gustaría acariciar a un perro grande y simpático? ¿Quisieras sentirte tranquilo cerca de perros de compañía que parecen graciosos? Antes de ocuparnos del caso de Lloyd, veamos los pasos habituales para elaborar un programa con el que hacer frente a una fobia. Utilizaré el ejemplo de la fobia a los perros.

Establecer una jerarquía

Identifica situaciones de miedo leve, moderado y grave, y ordénalas de la que más a la que menos te aterrorizan. Si tienes miedo a los perros, la imagen menos temible puede ser un perro pequeño y cariñoso; puedes imaginar una punzada de ansiedad si vieras a este perro al final del acceso a tu garaje, tumbado en el suelo y sujetado con una correa por su dueño. Esta imagen sería el primer paso de tu jerarquía. Piensa en una segunda imagen para tu lista. Podría ser el mismo perro, la misma situación, salvo que esta vez el perro está sentado. Esta imagen debería producirte un poco más de tensión que la primera. El último paso de tu lista puede ser imaginar que sostienes un perro pequeño. Al establecer una jerarquía, conviene que el grado de tensión que medie entre un paso y otro sea el mismo.

Ejercicios de relajación

Usa una técnica de relajación para conseguir un estado de tranquilidad. Quizá quieras recurrir a cualquiera de las que se explican en el capítulo nueve o a cualquier otra. Practica la relajación hasta que consigas el efecto deseado.

Formular declaraciones de afrontamiento para cada paso

Piensa en declaraciones de afrontamiento que sean útiles para cada paso de la exposición. Una idea de autoeficacia como «puedo organizar y regular mis acciones para alcanzar mi objetivo» puede servir. Se trata de afirmaciones que te ayuden a mantener una perspectiva de afrontamiento durante la exposición.

Imaginar la exposición

Con la mente sosegada y en una posición relajada, imagina el primer paso de tu jerarquía. Piensa en tu declaración de afrontamiento. Repite este proceso de relajación-imaginar-declaración de afrontamiento hasta que la imagen te satisfaga. A continuación, da en la mente el siguiente paso de tu jerarquía.

¿Con qué frecuencia deberías practicar esta técnica de visualización? La mejor referencia es lo que puedas hacer sin excesivo esfuerzo cada día. Cuando te sientas cómodo con la imagen principal de tu jerarquía, puedes pasar a aplicarla en la exposición.

Avanzar paso a paso en la exposición

Empieza con el primer paso, pasa después al siguiente y luego al siguiente, y así sucesivamente hasta que hayas dado todos los pasos de tu jerarquía y superado tu fobia. Alguien de tu confianza te puede ayudar en esta tarea.

Un buen consejo: supera tu fobia con la ayuda de un amigo

Pocas personas no han tenido algún tipo de fobia a lo largo de su vida. El doctor Howard Kassinove, profesor de Psicología de la Universidad Hofstra y coautor de *El manejo de la agresividad: manual de tratamiento completo para profesionales*, padecía una fobia que le impedía disfrutar de una de las actividades que más le gustaban. Cuenta lo que hizo para vencer su fobia y cómo tú puedes hacer lo mismo:

> En psicoterapia hablamos de la importancia de la alianza terapéutica. Entendemos por tal que el progreso a menudo se basa en la confianza con el terapeuta y el respeto hacia él. Tenemos que pensar que esa persona trabaja en nuestro nombre, para ayudarnos. Esta idea ha sido fundamental para la ayuda que necesitaba para superar algunas de mis propias variantes de ansiedad.
>
> Hace muchos años, empecé a sentir miedo a las alturas después de intentar sin éxito aprender a pilotar un avión. Tuve algunos sustos terribles. El miedo se extendió a las telesillas y me «volví incapaz» de subir en ellas. Esquiar era uno de los pasatiempos que más me gustaban, y tuve que dejarlo, pero me propuse volver a practicarlo.
>
> Me impuse un programa de desensibilización. Fui a diversas estaciones de esquí donde las telesillas me llevaban

progresivamente a puntos más altos, llegando al final a unas que me conducían hasta lo más alto de las montañas de Colorado. El secreto del éxito para mí fue que siempre iba con un amigo de confianza y que me merecía mucho respeto. Me sentía seguro y protegido, y estaba dispuesto a hacer frente a la situación que me asustaba y antes evitaba. Funcionó y, al cabo de cierto tiempo, pude subir solo a las telesillas.
Hace poco, viajé a Hong Kong y tuve que subir en un funicular hasta la cima de una montaña muy alta.
Te recomiendo que te enfrentes a tu fobia con alguien de tu confianza, a quien respetes e incluso admires. Puede serte de gran ayuda.

- *El caso de Lloyd*

La vecina de Lloyd tenía un perro pequeño y simpático. Ella sabía que a Lloyd le daban miedo los perros, porque siempre se encerraba en casa cuando ella salía con el animal. Salvo esta circunstancia, Lloyd y su vecina tenían una buena relación. A veces él bromeaba con ella y le decía que algún día acariciaría al perro. Ella lo invitó, en numerosas ocasiones, a que se acercara a este.
Cuando Lloyd decidió que quería superar el miedo a los perros, explicó a su vecina lo que intentaba hacer. Su objetivo era ser capaz de acariciar a un perro pequeño y cariñoso. A su vecina le encantó poder ayudarlo. Al día siguiente, Lloyd le dio una copia de los pasos de la exposición en orden jerárquico y le explicó que, antes de dar cada uno de esos pasos, tendría que prepararse mentalmente. Su plan era dedicar ocho minutos a cada paso de la exposición. Emplearía dos minutos a componer la imagen del primer paso al tiempo que respiraba profundamente. Terminado ese tiempo, repetiría mentalmente la declaración de afrontamiento tres veces. Después repasaría lo hecho durante un minuto. Si pensaba que

había actuado correctamente en este paso, daría el segundo, luego el tercero, etc. En caso contrario, repetiría el paso.

Lloyd consiguió superar su fobia a los perros practicando con perros pequeños. Pese a este éxito inicial, su programa no había concluido. Fue a observar varias clases de adiestramiento de perros y asistió a exposiciones caninas. Todavía toma sus precauciones cuando se encuentra con un perro extraño que le ladre, unas precauciones que no están de más. Con esta salvedad, ya no le inquietan los perros de compañía, cualquiera que sea su tamaño.

SUPERAR TU FOBIA

Ha llegado el momento de dar los pasos necesarios para superar tu fobia. Primero ponte un objetivo y después ordena jerárquicamente la exposición. Puedes usar la jerarquía de Lloyd como modelo; incluye cuatro fases clásicas: la técnica de relajación, las imágenes, la declaración de afrontamiento y la exposición.

Jerarquía de la exposición de Lloyd

Técnica de relajación	Imágenes	Declaración de afrontamiento	Exposición
1. Respirar profundamente.	El perro pequeño y simpático de la vecina, que lo lleva atado a la correa.	«Conozco a este perro. Nunca ha hecho daño a nadie antes».	Tu vecina lleva su perro al extremo del acceso a tu garaje.
2. Respirar profundamente.	El mismo perro cariñoso de la vecina atado a la correa, pero más cerca.	«Este perro es cariñoso y no muerde».	Tu vecina lo lleva a 30 cm de ti en tu casa.
3. Respirar profundamente.	El mismo perro cariñoso, ahora sin correa.	«Este perro es cariñoso y no muerde».	Tu vecina lleva el perro a tu casa y le quita la correa durante un minuto.

Técnica de relajación	Imágenes	Declaración de afrontamiento	Exposición
4. Respirar profundamente.	El mismo perro pequeño y cariñoso; lo llevas a pasear alrededor de tu casa, atado a la correa	«Este perro es cariñoso y no muerde».	Llevas al perro a pasear cinco minutos alrededor de tu casa varias veces, hasta que te sientes relajado.
5. Respirar profundamente.	Da un paseo por tu barrio con un amigo. Sigue andando hasta que veas al menos un perro.	«Estos perros llevan correa o están detrás de la valla y no me pueden hacer daño».	Da una vuelta por tu barrio con un amigo durante al menos media hora.
6. Respirar profundamente.	Repite tú solo el paso 5.	«Ya he hecho esto sin dificultad con mi amigo. Lo puedo hacer solo».	Pasea por tu barrio solo durante al menos media hora o hasta que veas varios perros y sigas sintiéndote relajado.

EJERCICIO: ESTABLECE LA JERARQUÍA DE TU EXPOSICIÓN

Aplica un enfoque jerárquico a tu fobia. Haz una lista cuyo primer paso sea la situación que menos te asusta, después una situación que te asuste un poco más, y así sucesivamente hasta que establezcas el objetivo de tu exposición. Luego sigue los pasos hasta que hayas reducido suficientemente tu fobia o la hayas superado.

Técnica de relajación	Imágenes	Declaración de afrontamiento	Exposición
1.			
2.			
3.			
4.			
5.			
6.			

INFORME SOBRE TU PROGRESO

Escribe lo que hayas aprendido de este capítulo y las acciones que piensas emprender. Después anota los resultados de estas acciones y lo que hayas conseguido.

¿Cuáles son las tres ideas fundamentales que has sacado de este capítulo?

1.

2.

3.

¿Cuáles son las tres principales acciones que puedes llevar a cabo para combatir una ansiedad o un miedo determinados?

1.

2.

3.

¿Cuáles fueron los resultados de esas acciones?

1.

2.

3.

¿Qué beneficios te ha reportado el hecho de actuar? ¿Qué harías de otro modo la próxima vez?

1.

2.

3.

CAPÍTULO 18

Ataque multimodal a la ansiedad y el miedo

Arnold Lazarus, profesor emérito de la Universidad Rutgers, fue el primero en aplicar la terapia multimodal para ayudar a combatir la ansiedad y otros estados desagradables. Utilizó el acrónimo BASIC-ID* para describir las siete *modalidades*, o aspectos de un estado problemático, para entender y superar la ansiedad: la conducta (***B****ehavior*), el afecto (***A****ffect*, en el sentido de alteración), las sensaciones (***S****ensations*), la imaginería (***I****magery*), las cogniciones (***C****ognitions*), lo interpersonal (***I****nterpersonal)* y los fármacos o drogas/la biología (***D****rugs/biology*).

En este capítulo primero se expone el sistema BASIC-ID y después se explica cómo aplicarlo a un estado en que tu ansiedad te indica que debes hacer algunos cambios.

PRESCRIPCIONES PARA EL CAMBIO

Con el sistema BASIC-ID puedes afrontar cada modalidad con una receta para el cambio:

* N. del T.: 'Identificación básica'.

1. La *conducta* se refiere a lo que quieres dejar de hacer, por ejemplo alejarte de lo que te da miedo, o lo que quieres empezar a hacer, por ejemplo enfrentarte a retos que merezcan la pena.
2. El *afecto* se refiere a tus emociones. Quizá quieras reducir afectos negativos, como la ansiedad o la ira insana. O tal vez quieras tener más momentos de satisfacción y felicidad.
3. Las *sensaciones* se refieren a lo que ves y oyes, pero también a aquellas relacionadas con la ansiedad, entre ellas las jaquecas, el dolor en la zona lumbar y los trastornos gastrointestinales.
4. La *imaginería* se refiere a las imágenes que tienes en la mente, como una caricatura de ti mismo, una fantasía o una autoimagen.
5. Las *cogniciones* incluyen tus creencias, actitudes, opiniones, valores y filosofía.
6. Lo *interpersonal* se refiere a las relaciones que tienes con los demás.
7. Los *fármacos o drogas/biología* incluyen los medicamentos que tomas o la posible adicción a las drogas, las preocupaciones por la salud o las tendencias biológicas hacia la ansiedad o la depresión. En esta modalidad también entran los problemas cerebrales.

El orden y la importancia de estas modalidades pueden variar de una persona a otra. Por ejemplo, tú puedes ser especialmente sensible a tus sensaciones. La impresión de que aumenta tu ritmo cardíaco puede desencadenar una cognición de pánico: «Me está dando un infarto y me voy a morir». A continuación te puedes ver en una ambulancia que se dirige al hospital. Esta imagen se puede sumar a la aceleración del ritmo cardíaco y los problemas para respirar. Esta mezcla sería un patrón SCID (sensación, cognición, imaginería y fármacos o drogas/biología). Cualquiera que sea tu modalidad de ansiedad, el sistema BASIC-ID sirve para desmontarla, ordenarla por prioridades y abordar cada una de ellas.

LA ANSIEDAD COMO UNA SEÑAL ÚTIL PARA EL CAMBIO

En algunos casos, la ansiedad puede ser una señal útil para el cambio. Cuando sientas una ansiedad natural, es importante que interpretes a tiempo tus sentimientos de inquietud como advertencias y reacciones. Sin embargo, a veces te puede ser difícil distinguir entre la ansiedad natural y patrones de ansiedad insanos. Es lo que le ocurría a una paciente llamada Diana.

- *El caso de Diana*

  Diana era una joven soltera de veintitrés años que se quejaba de un estado grave de ansiedad y miedo. Absorta en sus preocupaciones, solía tener problemas para conciliar el sueño. No hacía ningún tipo de ejercicio físico y le ocurría a menudo que, al subir las escaleras, jadeaba. Con esta salvedad, gozaba de buena salud. No tomaba drogas ni alcohol para aliviar sus tensiones. Tampoco ningún medicamento. Su peso era normal. Tenía un aspecto atractivo y sus modales eran cálidos y cautivadores.

  Decía que su ansiedad y sus miedos controlaban su vida. Sentía pánico a menudo. Tenía miedo de perder el control y volverse loca. Temía esos sentimientos y decía que haría prácticamente cualquier cosa para conseguir que desaparecieran. Contaba que a menudo sentía tensión muscular y un nudo en el estómago. No podía pensar con claridad. Le costaba concentrarse. Se olvidaba de las cosas. Temía hacer algo mal y que la criticaran por ello. Tenía miedo de ofender a alguien. Se sentía insegura y presa de las dudas sobre sí misma. Decía que era una persona miedosa. ¿Cuándo había comenzado su ansiedad? Diana describió su primera infancia como llena de recuerdos agradables y prácticamente sin ningún tipo de ansiedad. La descripción de esos años de su vida parecía razonable.

Al llegar a la adolescencia, la ansiedad se había agravado. Era exageradamente sensible ante la posibilidad de cometer errores, parecer que estaba loca y ser rechazada. En esa época tuvo una idea. Pensó que, para que la gente la quisiera, debía preocuparse por los intereses de los demás. Tal vez así no se darían cuenta de sus imperfecciones. Quizá podría evitar conflictos.

El día en que cumplió veinte años, se comprometió con Jack después de un breve noviazgo. Por esa época, su ansiedad y sus miedos se dispararon. Decía que, antes de comprometerse con Jack, este se mostraba solícito y atento, incluso a veces un poco celoso, pero sin que nada de todo ello mermara su encanto. Se pasaba un poco con el alcohol, claro está. Él decía que para relajarse necesitaba tomarse unas cuantas copas. Ella pensaba: «Son cosas de los hombres».

Cuando ya anunció la fecha de la boda, Diana se mudó al apartamento de Jack. En ese punto, los celos de este aumentaron. Le exigía a Diana que le dijera adónde iba y que no dejara de llamarlo por el móvil. La seguía, literalmente, cuando ella salía a dar una vuelta. Además, Jack empezó a beber más. Al cabo de tres meses de vivir juntos, Diana no conseguía definir lo que realmente sentía por él.

Separar la ansiedad insana de la natural

A veces puede ser difícil distinguir la ansiedad insana de la natural, en especial si llevas mucho tiempo en estado de ansiedad. Por ejemplo, Diana ya había padecido de ansiedad insana antes de conocer a Jack, pero los síntomas aumentaron cuando empezó a salir con él.

Al principio, Diana negaba que existiera alguna conexión entre el agravamiento de su ansiedad y su relación con Jack. Lo atribuía a la tensión previa a la boda. Pero cuando se puso a hablar de que su prometido la controlaba adondequiera que fuera y de que él bebía bastante más de la cuenta, no dejaba de sudar.

Inicialmente dudaba y se culpaba de lo que había ocurrido. Recordaba que, al principio de su relación, Jack era atento y complaciente pero, con el tiempo, su comportamiento había cambiado. Tenía que ser culpa de ella, pensaba. Ahora él conocía a la verdadera Diana. El hecho de conocerla de verdad lo empujaba a beber. Sin embargo, si beber era «cosa de los hombres», ¿cómo podía ser ella quien lo llevara a hacerlo?

Después de reflexionar sobre sí misma, Diana se dio cuenta de que su relación con Jack era poco saludable. Recordaba que le había rogado que confiara en ella, una súplica que no tuvo resultado alguno. Él le decía que dejara de quejarse, lo controlaba todo.

Diana pronto se dio cuenta de que Jack tenía graves problemas que ella no podría resolver complaciéndolo o intentando solucionar las cosas con él. Pero, a pesar de esto, la relación con Jack representaba el menor de dos males. Tenía miedo de que nadie más quisiera casarse con ella. Acabaría quedándose sola. Imaginaba un futuro espantoso. Se veía como una solterona marchita y rodeada de gatos.

Cambiar de perspectiva

Cuando una situación se puede ver de más de una forma, una *intervención incongruente* puede contribuir a cambiar el modo de pensar, pues te permite contrastar una perspectiva de ansiedad con una visión realista alternativa.

Por ejemplo, Diana tenía miedo de que si rompía su compromiso, los demás consideraran que había fracasado. Comprendía que nunca sería feliz con Jack, pero la idea de cancelar la boda la avergonzaba. Ya les había dicho a su familia y sus amigos que Jack era un hombre maravilloso y que había sido muy afortunada al conocerlo. ¿No parecería una hipócrita si suspendía la boda? Imaginaba que sus amigos y su familia se la quedarían mirando, estupefactos, y desaprobarían su decisión.

Diana cambió de perspectiva y reconoció que si su mejor amiga dejara una relación insana, ella lo entendería como un ejemplo de coraje. Si podía aceptar que su amiga rompiera una relación perjudicial sin por ello ser una hipócrita ni haber fracasado, ¿por qué tenía que pensar que ella lo era, hipócrita y fracasada? Al enfrentarse a esta incongruencia cognitiva, llegó a la conclusión de que su miedo a que todos pensaran que había fracasado era una fantasía de su imaginación.

Además, comprobó cuál era la realidad. Pidió a su madre y a dos amigas íntimas que le dijeran lo que sinceramente pensaban de Jack. Su madre fue contundente. El problema de Jack con la bebida era evidente y grave. Le preocupaba el futuro de su hija con él. Había pensado en decirle a Diana que retrasara la boda o, mejor aún, que rompiera el compromiso. Las dos amigas de Diana le dijeron que dejara a Jack. Todo esto acabó con su miedo a la vergüenza pública por suspender la boda.

Diana pensó en los otros chicos con los que salía antes de que apareciera Jack. Era físicamente atractiva. Había tenido abundantes citas. Ahora estaba ante otra incongruencia. ¿Cómo podría estar condenada a quedarse soltera con todos los pretendientes que había tenido antes de Jack? Se dio cuenta enseguida de que la imagen de solterona no se correspondía con la que se desprendía de su experiencia.

Ponerse en marcha

Aun en el caso de que sepas lo que más te conviene, te puede costar cierto tiempo decidirte a actuar en consecuencia. Por ejemplo, Diana había aceptado que nunca podría ser feliz con Jack, pero estuvo titubeando varias semanas ante la idea de considerarse una mala persona si hería sus sentimientos. Temía que Jack se enfadara con ella, se ofendiera y se negara a suspender la boda. Lo imaginaba erguido delante de ella gritando: «¿Cómo podrías hacernos esto? ¡Prometiste que te casarías conmigo!». Así que siguió esforzándose con la relación, confiando en que podría comunicarle a Jack sus deseos de ser una pareja independiente, pero él no escuchaba.

Diana se encontraba ante otra situación incongruente: si no podía comunicarse con Jack y este ya se había negado a formar una pareja con igualdad de derechos y deberes, lo que más temía ya se había hecho realidad. Decidió que no podía controlar lo que Jack pensaba de ella. Seguramente, por mucho que lo intentara, nunca lo podría satisfacer, sobre todo cuando él anteponía la bebida a su relación.

Al analizar su miedo al rechazo, Diana se pudo dar cuenta de que probablemente también sentía un miedo terrible a enfrentarse con Jack. Su estrategia había sido evitar el conflicto intentando poner paz y sosiego, pero esto estaba a punto de cambiar. En un restaurante abarrotado, le dijo que la boda se suspendía. Eligió un lugar público porque sabía que Jack no iba a armar un escándalo. Sin embargo, él la convenció para que le diera una segunda oportunidad. Diana le sugirió que comenzara una terapia, y Jack estuvo de acuerdo.

Durante unos días, Jack cambió de conducta. Dejó de beber tanto. Cuando ella salía de casa, no la controlaba como solía hacer antes. Pero al cabo de tres semanas, había dejado a su terapeuta para volver a las viejas costumbres. La ansiedad de Diana se agravó, pero ahora reconocía que estaba relacionada con su futuro con Jack.

Una vez aclarado el desorden mental de su ansiedad, Diana pudo confiar más en sus sentimientos. Aceptó que su ansiedad era una señal de que aquella relación no le convenía. Tomó la decisión final de romper, y tuvo menos motivos de ansiedad con los que lidiar.

DESCOMPONER LA ANSIEDAD EN MODALIDADES

Utilizar un enfoque BASIC-ID te puede ayudar a romper un problema complejo de ansiedad y hacer frente a la ansiedad tanto insana como natural. La siguiente tabla muestra cómo utilizó Diana el sistema BASIC-ID para personalizar su programa de cambio. Verás que el plan de modalidad BASIC-ID de Diana empieza con las cogniciones, pues esta era la modalidad más importante para ella. No obstante, algunas modalidades se solapan: su imaginería incluía pensamientos y perspectivas que, una vez cambiados, neutralizaron la imagen negativa que tenía de sí misma.

Programa de modalidad BASIC-ID de Diana

Modalidad	Evaluación del problema	Prescripción
Cogniciones	1. *Puedo evitar el conflicto y el rechazo complaciendo a los demás.* 2. *Suspender la boda me convertirá en una fracasada a los ojos de los demás.*	1. Intervención incongruente: si puedes hacer que los demás no sean complacientes al cien por cien, ¿por qué no puedes aceptar que cada persona puede tener intereses distintos en determinados temas y que esto forma parte de la vida. Posible respuesta: a menos que te hayan educado con ideas propias del fanatismo, las diferencias de opinión, percepción y perspectiva son normales. 2. Si tu mejor amiga rompiera una relación insana, lo considerarías un acto de valentía. Pide la opinión de otras personas para comprobar cuál es la realidad.

Modalidad	Evaluación del problema	Prescripción
Imaginería	1. Imagen de sí misma como una solterona arrugada. 2. Autoimagen de una persona miedosa.	1. Imagina que eres una persona capaz de afrontar sus problemas. Piensa que eres una heroína. Decide qué haría la heroína en tus circunstancias y desempeña este papel. 2. Escribe un guion de lo que te dices cuando te sientes angustiada. Haz que en tu mente dialoguen la razón y la ansiedad.
Interpersonal	Evitar los conflictos y el rechazo a cualquier precio.	Arriésgate a exigir tus derechos y expresar tus ideas y opiniones.
Conducta	Buscar excusas por el mal comportamiento de los demás.	1. Responsabiliza a los demás de sus comportamientos destructivos. 2. Evita asumir la culpa de las malas costumbres de los demás. 3. En el debido momento, reclama tus derechos.
Sensaciones	Tensión, agarrotamiento muscular.	Atiende al mensaje. Haz ejercicios de estiramiento. Toma un baño caliente. Tensa y relaja sucesivamente todos los principales grupos musculares.

Modalidad	Evaluación del problema	Prescripción
Afecto	1. Ansiedad. 2. Ansiedad natural.	1. Rechaza ideas del tipo: «Los demás me odiarán si no les hago caso». Utiliza la intervención incongruente: «Si mi madre o mis mejores amigos hicieran algo que me disgustara, ¿los odiaría para siempre? Si la respuesta es negativa, ¿por qué he de concluir que he de ser perfecta y complacer a los demás en todo o, de lo contrario, perder todas mis principales relaciones? ¿Quién dice que si no soy perfecta, no puedo disfrutar de estas relaciones?». 2. Considera que la ansiedad natural es una advertencia y reacciona como convenga. En lugar de evadirte y posponer los problemas, toma medidas para hacerles frente.
Fármacos o drogas/biología	1. Falta de ejercicio físico. 2. Problemas para conciliar el sueño.	1. Adopta un plan de ejercicio físico moderado: ve a trabajar en bicicleta todos los días. Sigue un programa aeróbico en algún centro especializado. 2. Dos horas antes de acostarte, toma un baño caliente. Haz una lista de lo que te preocupa y después piensa en hechos, informaciones o ideas que lo contradigan. Sírvete de esta lista si al acostarte vuelven las preocupaciones.

EJERCICIO: ELABORA TU PROPIO PLAN BASIC-ID PARA EL CAMBIO

Para empezar tu programa BASIC-ID, escribe un motivo de ansiedad o un miedo importantes. Después responde las preguntas para analizar cada modalidad de tu problema.

Ansiedad o miedo objetivo del programa: ________________ ______________________________

Conducta: ¿Qué haces que te impida ser feliz y gozar de buena salud? Escríbelo. ¿Qué te gustaría empezar a hacer? Por ejemplo, ¿quisieras actuar con mayor firmeza?

Afecto: ¿Qué emociones negativas afectan a tu vida psíquica? ¿Qué es lo que genera estos afectos negativos? ¿Son la cognición, la imaginería, los conflictos interpersonales o qué? ¿Cómo te comportas cuando te sientes angustiado?

Sensaciones: ¿Qué sensaciones asocias con tu ansiedad y tus miedos? Por ejemplo, ¿sueles sentir pánico cuando percibes irregularidades en tu ritmo cardíaco?

Imaginería: ¿Cómo te imaginas cuando te encuentras en un estado de desazón? ¿Tienes una autoimagen negativa?

Cogniciones: ¿Cuáles son las principales ideas que te provocan ansiedad o miedo? Por ejemplo, ¿crees que tus problemas no se acabarán nunca?

Interpersonal: ¿Cómo gestionas las relaciones? ¿Impones exigencias a los demás? ¿Evitas los contactos sociales?

Fármacos o drogas/biología: ¿Qué haces para rebajar la tensión? ¿Fumas o bebes cuando estás tenso? ¿Sales a pasear para tranquilizarte?

Ahora, usando el esquema BASIC-ID, organiza tu información en la columna central, «Evaluación del problema», de la siguiente tabla.

Dado que los mismos problemas pueden aparecer en más de una modalidad, tendrás que decidir dónde poner cada información. Lo importante es que coloques los componentes de tu ansiedad o miedo en un esquema organizado. A continuación, elabora y anota planes prescriptivos para cada problema de modalidad, utilizando técnicas de este libro u otras que tú mismo hayas ideado.

Tu programa BASIC-ID

Modalidad	Evaluación del problema	Prescripción
Cogniciones		
Imaginería		
Interpersonal		
Conducta		
Sensaciones		
Afecto		
Fármacos o drogas/ biología		

Un buen consejo: acelera tu avance hasta el dominio

El doctor Jeffrey A. Rudolph, terapeuta multimodal, aporta este consejo, que también da a sus pacientes:

> La ansiedad es como una luz roja en el panel informativo del coche. ¿Qué te indica la ansiedad que está pasando cuando te encuentras en este estado? Es posible que lo tengas claro en la mente. Te va a llegar el pago de la hipoteca y no tienes suficiente dinero. De repente sientes un dolor abdominal que no te explicas. Pero, aparte de un sentimiento de miedo, es posible que no seas consciente de otros componentes fundamentales de tu ansiedad.
>
> Empieza una comprobación rápida. ¿Qué pasa en tus modalidades de conducta, afecto-emoción, sensación, imaginería, cognición-pensamiento, interpersonal-social y fármacos o drogas/biología-salud? A continuación, para cada modalidad relevante, elabora un sistema BASIC-ID de resolución de problemas adecuado a tu personalidad y a los elementos exclusivos de la situación a la que te enfrentas.
>
> Conoce los medios que posees para resolver problemas. El sistema de psicoterapia multimodal se basa en la salud y los recursos personales y subraya lo que te conviene y lo que puedes hacer para ayudarte. Por ejemplo, ¿cuántas veces te has enfrentado a una situación que te daba miedo y en la que primero dudaste de ti mismo, pero te mantuviste firme y superaste una adversidad dolorosa? Haz una lista de situaciones anteriores en las que te enfrentaste a un problema difícil que te provocó ansiedad, pero superaste esta y tus miedos. Corrige esta lista cada vez que tengas que recordarte que ya te has

enfrentado a la ansiedad antes, has superado los obstáculos y has seguido adelante sintiéndote más fuerte.
Utiliza la ansiedad como una oportunidad para desarrollar habilidades de afrontamiento y adquirir competencia y confianza. El que sigue es un proceso de cuatro pasos que a mis pacientes les ha sido de utilidad:

1. Respeta y valora tus necesidades básicas. La mejor forma de combatir la ansiedad es buscar lo que te proporciona satisfacción emocional. Corres mayor peligro de padecer ansiedad cuando la idea de que eres incapaz te desconecta de la idea de que puedes ejercer tus capacidades positivas. Recuerda: deja de protegerte y empieza a expresarte.
2. Reflexiona dando un paso atrás para ver la situación en la debida perspectiva y volver a conectar con tu lista de experiencias afirmativas en las que tu constancia dio sus frutos. Recurre a tus puntos fuertes naturales.
3. Escoge las mejores herramientas que sean especialmente adecuadas para tus necesidades. Elabora un plan de acción y recuerda tus opciones.
4. Proyecta una imaginería positiva antes de afrontar una situación difícil. Al imaginar que eres capaz de gestionar los elementos de tu ansiedad, y poner en práctica lo que eres capaz de hacer, con un poco de entrenamiento, la maestría seguirá a la acción.

INFORME SOBRE TU PROGRESO

Escribe lo que hayas aprendido de este capítulo y las acciones que piensas emprender. Después anota los resultados de estas acciones y lo que hayas conseguido.

¿Cuáles son las tres ideas fundamentales que has sacado de este capítulo?

1.

2.

3.

¿Cuáles son las tres principales acciones que puedes llevar a cabo para combatir una ansiedad o un miedo determinados?

1.

2.

3.

¿Cuáles fueron los resultados de esas acciones?

1.

2.

3.

¿Qué beneficios te ha reportado el hecho de actuar? ¿Qué harías de otro modo la próxima vez?

1.

2.

3.

CUARTA PARTE

Tu ansiedad y tus miedos personales

- Observa cómo tu ansiedad surge de las trampas interiores de una persona por lo demás perfecta.
- Aprende a dejar de permitir que tus imperfecciones te provoquen ansiedad.
- Ejercita el libre albedrío y libérate de inhibiciones innecesarias.
- Utiliza un plan innovador PURRRRS para liberarte de las restricciones de la ansiedad.
- Descubre cómo liberarte de la ansiedad respecto a tu valía personal.
- Compón un guion para una nueva forma de ser.
- Hazte un test para evaluar en qué punto te encuentras en lo que se refiere a la ansiedad social.
- Da cincuenta pasos para dejar atrás tu ansiedad social.
- Aprende a corregir la mezcla de ansiedad y depresión.
- Piensa en cómo dejar de sentirte impotente en lo que atañe a tus sentimientos y emociones.
- Reflexiona si vuelves a caer en viejos hábitos de ansiedad.
- Fortalécete para desarrollar la resiliencia contra la ansiedad innecesaria y evitar recaídas.

CAPÍTULO 19

Acabar con el pensamiento perfeccionista

Si esperas no tener fallo alguno y que tu valor como persona dependa de que estés al nivel perfecto en todos los sentidos, caes en la trampa de la *autoestima contingente*. En este mundo de convicciones inamovibles, no basta con actuar bien; tienes que hacerlo perfectamente bien. No es suficiente rendir en la medida de lo normal, sino que tu rendimiento ha de ser excepcional. Tienes que evitar errores cueste lo que cueste, no vaya a ser que los demás te evalúen y te rechacen.

El miedo a cometer errores atraviesa estados de un perfeccionismo inaceptable (Sassaroli *et al.*, 2008). Este perfeccionismo negativo se entreteje a través de diferentes tipos de ansiedad. La depresión y el perfeccionismo pueden coexistir (Clara, Cox y Enns, 2007). La ira y el perfeccionismo pueden coexistir (Saboonchi y Lundh, 2003). El abuso de sustancias tóxicas y el perfeccionismo pueden coexistir (Holle e Ingram, 2008). La intolerancia a la incertidumbre y el perfeccionismo pueden coexistir (Reuther *et al.*, 2013). Dado que el perfeccionismo cruza por tantos estados de angustia, no cabe sorprenderse de que sea un importante factor transdiagnóstico (Egan, Wade y Shafran, 2011).

Si has caído en la trampa del perfeccionismo, puedes eludir esta adversidad autoimpuesta mediante la TCC. Esta terapia es efectiva para los problemas de perfeccionismo (Riley *et al.*, 2007). Existen pruebas fehacientes de que la TCC para tratar el perfeccionismo favorece los cambios neurobiológicos (Radhu *et al.*, 2012). Estos cambios favorables te servirán de muro de contención de la falacia según la cual, al acertar en todo, adquieres pleno control sobre tus emociones, los demás y la vida.

LAS TRAMPAS DE LA PERSONA PERFECTA

Normalmente, puedes cambiar los pensamientos y las ideas perfeccionistas que interfieran en tu calidad de vida. Estos pensamientos se producen en diferentes contextos y adquieren formas distintas y que se solapan.

El autoperfeccionismo

El autoperfeccionismo refleja una filosofía que dice: «Debo comportarme de una determinada forma o carezco de valor alguno. No he de cometer errores. Necesito la aprobación para sentirme valorado. He de mantener mi imagen y aspecto a toda costa». ¿Quién no caería en la ansiedad ante tales imposiciones?

Para cuestionar estas ideas, puedes centrarte en lo que sabes hacer, mejor que en ideas teóricas sobre cómo deberías ser y lo que tienes que hacer.

El perfeccionismo social

El perfeccionismo social es la idea de que los demás se deben adaptar a tu forma de ver el mundo. Por lo general, tal consideración es contraproducente. Lo habitual es que las otras personas tengan otras ideas sobre la realidad, unas ideas que pueden coincidir con las tuyas solo en algunos momentos.

Para desarrollar la tolerancia, puedes aprender a aceptar –no a que te guste– que los demás no están obligados a pensar y sentir como tú piensas y sientes. En este estado de tolerancia, es previsible que evites a las personas cuyas características no sean de tu agrado. Cabe pensar que buscarás amigos entre quienes comparten tus intereses y valores, y te merezcan confianza. Cuando las cosas no salgan como esperas, te sentirás menos afectado en tus emociones.

Aprender el perfeccionismo

Aprendes a ser perfeccionista cuando te conviertes en tu peor crítico al intentar dominar una habilidad nueva. Puedes aceptar la torpeza de los demás en sus esfuerzos, pero no en los tuyos.

La realidad es que cualquiera se puede sentir torpe al desarrollar una nueva habilidad. Cierto fracaso es instructivo. ¿De qué otro modo puedes aprender? Acepta que el aprendizaje y la frustración van de la mano, y es probable que te sientas más inseguro cuando te decidas a aprender algo nuevo. Puedes sustituir esa inseguridad por la curiosidad.

La trampa comparativa

La trampa comparativa se da cuando no dejas de comparar tus logros con los de otras personas y piensas que lo que haces es de peor calidad. Esta idea agrava el riesgo de sentir ansiedad en presencia de otras personas que crees que te superan.

Como antídoto a este tipo de pensamiento, concéntrate en lo que sabes hacer bien y deja que los demás se preocupen de sus propias acciones.

La ansiedad del rendimiento

La ansiedad del rendimiento es una trampa en la que puedes caer cuando crees que has de tener éxito en todo lo que emprendas. No puede haber errores. El escritor revisa una y mil veces el libro. El trabajo nunca acaba porque nunca es perfecto. El inventor abandona una idea prometedora porque no tiene garantías de que vaya a ser un éxito.

Para esquivar esta trampa, aprende a reconocer que el desarrollo de ideas y cosas complejas es un proceso. Por ejemplo, el proceso de inventar algo importante pocas veces empieza perfectamente bien.

Después puedes dar lo mejor que te permitan tus habilidades y seguir avanzando hasta conseguir unos estándares de calidad razonables.

FILOSOFÍAS DE EXIGENCIA VERSUS FILOSOFÍAS DE ASPIRACIÓN

El perfeccionismo cumple diferentes propósitos, por ejemplo, como un impulso compensatorio para superar los sentimientos de inadecuación, mediante el establecimiento de controles blindados para protegerse del peligro. Sin embargo, esta falaz fantasía de seguridad y merecimiento tiene un efecto bumerán. Todo progreso que hagas para conseguir no cometer errores nunca es suficiente.

Si has caído en la trampa de la persona perfecta, te riges por una *filosofía de exigencia*, en la que los deseos de hacer las cosas bien se convierten en necesidades, y las necesidades en exigencias, y las exigencias en coacción. En este proceso, los sentimientos de ansiedad y de nula autoestima se mezclan. La filosofía de exigencia es una fórmula de la ansiedad cuyo peligro radica en su interior. Esta filosofía tiene su propio lenguaje, compuesto de términos que indican exigencia –*deberías*, *has de...* y *tienes que...*– y sus equivalentes.

En una trampa de la persona perfecta, te defines en términos de dicotomías: tienes razón o estás equivocado, eres fuerte o débil, bueno o malo... Miras las cosas en estos términos de blanco y negro, y estas polaridades empañan la ventana por la que ves la realidad y son fórmulas del desasosiego (Egan *et al.*, 2007). Si no cumples tus expectativas, es previsible que te sientas en peligro y angustiado. Te enfrentas ahora a la tarea de intentar ser lo que no eres, un punto en el que cabe esperar que te embargue la ansiedad al pensar que, hagas lo que hagas, no lo harás bien del todo.

Una *filosofía de aspiración*, por el contrario, es una forma más flexible de ver la vida. Con esta filosofía piensas en términos de preferencias, previsión, necesidades, deseos o aspiraciones. Al perseguir lo que quieres, afirmas tus intereses y deseos positivos.

Tal vez te afanes en conseguir la excelencia, lo cual significa hacer lo que mejor puedas con el tiempo y los recursos de que dispones. Es posible que prefieras rendimientos de calidad. ¿Y quién no? Sin embargo, tu desempeño no te define como un éxito total o un completo fracaso.

Pensar en términos de preferencias

Al pensar en términos de preferencias, puedes mejorar las oportunidades de desarrollar un enfoque más relajado y tolerante de la vida. También es previsible que sufras menos ataques de ansiedad parasitaria.

EJERCICIO: CONSIDERA LAS PALABRAS QUE USAS

Observa las listas de palabras asociadas a estas dos filosofías opuestas. ¿Qué lenguaje te es más familiar?

Filosofía de exigencia	Filosofía de aspiración
Espero	Deseo
Exijo	Prefiero
Tengo que	Me gustaría
Debo	Quisiera
Obligación	Favor
Tendría que	Necesitaría

Si te inclinas por la filosofía de aspiración, la próxima vez que empieces a utilizar alguna palabra propia de la filosofía de exigencia, detente a pensar si la puedes sustituir por una palabra de la filosofía de aspiración.

No existe ninguna ley que te obligue a escoger una filosofía de aspiración y no una de exigencia, pero lo previsible es que si así lo haces las consecuencias sean positivas.

Expectativas versus previsiones

Para desligarte más aún de las exigencias perfeccionistas, piensa en la diferencia entre expectativas y previsiones. Las «expectativas» son una parte habitual del pensamiento perfeccionista. En este sentido, te comportas como si creyeras que la vida debería, debe o tiene que discurrir como tú esperas. Si crees tal tontería, la realidad frustrará una y otra vez tus expectativas.

En cambio, las «previsiones» son declaraciones de probabilidad. Si la vida está llena de probabilidades y solo unas pocas lo son de forma absoluta (por ejemplo: «El sol sale por la mañana»), tiene sentido pensar en términos de probabilidad. Es menos previsible que caigas en una trampa de pensamiento dicotómico. Es más previsible que te sientas seguro de ti mismo cuando tengas menos exigencias irracionales y expectativas no realistas con las que batallar. Si piensas en términos de previsiones, abres la mente a toda una diversidad de consecuencias que tal vez aspiras a conocer.

No cabe prever, claro está, que se puede alcanzar un estado mental de pura aspiración. Al fin y al cabo, todos nos podemos equivocar. La coherencia perfecta es improbable. El progreso es probable.

Abandonar los altibajos del valor contingente

El paradigma del valor contingente del perfeccionismo es: «Debo hacer lo que espero de mí mismo; si no, soy inaceptable». En tal estado mental condicional, vives sometido a altibajos emocionales: arriba cuando actúas bien, abajo en caso contrario.

Sin embargo, las intervenciones cognitivas te pueden sacar de tal estado. Los que siguen son cuatro ejemplos de intervenciones cognitivas para las contingencias perfeccionistas:

Contingencia 1: «Tengo que ser una persona de éxito». Puedes pensar que siempre has de ganar, pero tal creencia hará que te sientas un fracasado siempre que no cumplas con tus propias expectativas. Es importante cuestionar la idea de que no ganar siempre te convierte en un fracasado. Conviene recordar que eres la misma persona pienses o no que has tenido éxito en todas las acciones importantes o intrascendentes que emprendas. Ganar tiene sus ventajas, pero no hacer a veces las cosas tan bien como quisieras no agrava tu sentimiento de fracaso, del mismo modo que las faltas de ortografía no te convierten en analfabeto.

Contingencia 2: «Debo tener el control; de lo contrario, me sentiré impotente». Esta contingencia puede provocar que te sientas más angustiado debido a la idea de que sin un autocontrol perfecto, estás indefenso. También puedes pensar que te será imposible mejorar si no tienes todo el poder que crees que necesitas. Pero si tener el control total es la única forma de superar el sentimiento de impotencia, y si, a la vez, crees que eres incapaz de cambiar, ¿cómo vas a poder tener el control? Una forma de eludir este dilema es aceptar que el control perfecto es un mito, que es mejor tener un cierto control que carecer de él y que aceptar lo que no puedes controlar es una forma de control en que has optado por la realidad frente a la desesperanza.

Contingencia 3: «Debo sentirme cómodo y seguro». Si crees que para considerar que estás seguro, tienes que sentirte cómodo, ¿qué pasa cuando empiezas a no sentirte a gusto? ¿Te servirá de algo decirte que debes sentirte cómodo? Ahora tienes otro dilema. No puedes evitar el desasosiego. Por ejemplo, hacer frente a la inseguridad te puede incomodar. Los conflictos son inevitables y pueden generar sentimientos de incomodidad. Así pues, si liberarte de la ansiedad depende de que te sientas siempre a gusto, y si cierta incomodidad forma parte de la vida, no puedes ganar. Aceptar esta realidad es un paso hacia el alivio del miedo al malestar.

Contingencia 4: «Para valorar mi autoestima he de contar con la aprobación universal». Por lo general, llevarse bien con los demás es una buena idea. La aprobación reporta beneficios. Pero ¿qué pasa si no todos te pueden querer y, pese a ello, sigues pensando que necesitas el amor de todos? Esta contingencia para la felicidad es una fórmula para la ansiedad, especialmente si dudas de que puedas conseguir la aprobación que crees necesitar. Preferir la aprobación al rechazo es normal. Pero no puedes complacer a todo el mundo. Si lo tienes presente, es menos probable que te atormentes por lo que no puedes controlar. Puedes tener miedo a cometer errores e intentar impedirlo. Puedes usar las intervenciones de exposición conductual para vencer este tipo de miedo que sientes cuando te encuentras en una situación en la que es posible que te equivoques.

EJERCICIO: COMETE ERRORES PARA COMBATIR EL PERFECCIONISMO

Para dejar de tener miedo a cometer errores, comete alguno deliberadamente. Por ejemplo, dale a algún socio tuyo una fecha equivocada y observa qué ocurre. Informa mal de una noticia del periódico a tu vecino. Acude a una cita muchísimo antes de lo acordado.

Toma nota de lo que suceda. ¿Se han cumplido tus miedos? En el peor de los casos, ¿alguien te ha corregido? Si así ha sido, ¿significa que es el fin del mundo?

Un buen consejo: cambia la película

El doctor Joel Block, psicólogo y terapeuta de parejas residente en Long Island, es un firme defensor de ayudar a las personas a vivir felices y gozando de buena salud. Autor de más de veinte libros, entre ellos *Respuestas para una sexualidad creativa* y *Saving My Life: A Least Likely to Succeed Success Story* [Salvando mi vida: una historia de éxito con pocas probabilidades de éxito], aporta un consejo para combatir la ansiedad: «Si tienes miedo a fallar, sustituye el afán perfeccionista compensatorio por un ensayo conductual fundamentado:

> Michael Phelps, el ganador de más medallas olímpicas de la historia, elaboró en su mente un vídeo cuyo contenido repetía una y otra vez. A instancias de su entrenador, practicó ver que algo iba mal y se enfrentaba a ello. Lo que imaginaba era verse nadando con las gafas llenas de agua. Es decir, nadaba a ciegas. Cuando iba a competir, su entrenador le decía: «Ponte el vídeo», y Phelps se veía ciego con el ojo de la mente. De hecho, así ocurrió realmente en un campeonato internacional: las gafas se le llenaron de agua, y no solo nadó a ciegas, sino que batió el récord del mundo.
>
> Lo que Phelps hizo sirviéndose de la imaginería para ensayar la gestión de su ansiedad tiene una sustancial historia en la ciencia. La imaginería se ha utilizado para ayudar médicamente a enfermos a recuperar el bienestar, acelerar la recuperación de

los deportistas en los ejercicios de rehabilitación y en muchas otras situaciones. Phelps creó nuevos caminos neuronales al superar su ansiedad, y este proceso lo ayudó a mermar el poder de sus imágenes negativas. Lo mismo puedes hacer tú. En vez de pasarte la película que alimenta tu ansiedad, ponte a ver otra en la que ocurra lo que te da miedo, pero con un final distinto. Imagina que consigues enfrentarte a lo que sea que temas, pasa la película en tu mente varias veces al día, y descubrirás que, si realmente se produce lo que temes (algo que no suele ocurrir), tu reacción ante la ansiedad se reducirá considerablemente o desaparecerá por completo.

INFORME SOBRE TU PROGRESO

Escribe lo que hayas aprendido de este capítulo y las acciones que piensas emprender. Después anota los resultados de estas acciones y lo que hayas conseguido.

¿Cuáles son las tres ideas fundamentales que has sacado de este capítulo?

1.

2.

3.

¿Cuáles son las tres principales acciones que puedes llevar a cabo para combatir una ansiedad o un miedo determinados?

1.

2.

3.

¿Cuáles fueron los resultados de esas acciones?

1.

2.

3.

¿Qué beneficios te ha reportado el hecho de actuar? ¿Qué harías de otro modo la próxima vez?

1.

2.

3.

CAPÍTULO 20

Cómo dejar de inhibirte

En la obra dramática *El zoo de cristal*, de Tennessee Williams, la tímida Laura Wingfield lleva una vida tranquila, aislada con su colección de animales de cristal. Cojea un poco, una dolencia cuya importancia magnifica y con la que se identifica, y ella misma se impone límites porque se considera una inválida que no quiere serlo. Anhela amor y compañía, de modo que también teme mostrar sus deficiencias y ser rechazada. Inhibe un deseo normal debido a su miedo.

Si, como Laura, te detienes en aspectos de tu vida en que la autoexpresión y la afirmación son de gran importancia, ¿qué puedes hacer para liberarte? Tienes varias opciones: no hacer nada y quedarte atrapado en patrones que quieres abandonar pero temes dejar, esperar a que llegue el momento adecuado (aunque lo más probable es que tengas que aguardar mucho tiempo), o emprender acciones correctoras a partir de este mismo momento. Si consideras que es de suma importancia, evita que tus inhibiciones excesivas se interpongan en tu camino.

EJERCITA TU LIBRE ALBEDRÍO

Hay dos tipos importantes de inhibición. Uno es la inhibición conductual que es visible en la propia infancia y va asociada a una exploración restringida, una curiosidad reprimida, la evitación de las incertidumbres y la ansiedad social. Los niños manifiestamente inhibidos, por ejemplo, tienen muchas probabilidades de desarrollar ansiedad social en la madurez (Clauss y Blackford, 2012). El otro es una inhibición correctora, en la que, por propia iniciativa, te permites experimentar y explorar al tiempo que te reprimes de participar en inhibiciones agobiantes y angustias parasitarias. Es, en efecto, una paradoja que al aprender a inhibirte de inhibiciones innecesarias puedas avanzar considerablemente en tu propósito de liberarte de estas cadenas emocionales.

Los actos intencionados de autolimitación son actos de libre albedrío. Cuando te comportas limitándote tú mismo, lo haces a sabiendas de que podrías actuar de otra forma. Por ejemplo, como quieres conservar tu empleo, frenas tu impulso de entretenerte con juegos del ordenador mientras trabajas. Te sientes molesto con tu pareja, pero te muerdes la lengua para evitar una discusión inútil. Mostrar este tipo de autolimitación es la cara opuesta de reprimirte cuando la autoafirmación es apropiada. También es diferente de ejercer inhibiciones claramente restrictivas.

PURRRRS* es el acrónimo de *pause* ('haz una pausa'), *use your resources* ('usa tus recursos'), *reflect* ('reflexiona'), *reason* ('razona'), *respond* ('reacciona'), *review* ('revisa') y *stabilize* ('estabiliza'). Puedes usar el método PURRRRS para ejercer tu libre albedrío para reducir las inhibiciones innecesarias. Este método también te servirá para combatir sentimientos de inadaptación relacionados con una ansiedad inhibidora. Además aprenderás a desarrollar el tipo de paciencia que deriva de intentar resolver los problemas en lugar de retraerte de forma automática y evitar retos saludables.

---

* N. del T.: En inglés *purr* hace referencia al ronroneo.

Haz una pausa (*Pause*). Cuando sospeches que te estás inhibiendo en exceso, párate a considerar qué está pasando. ¿Te sientes tenso, agarrotado y limitado? Estos indicios emocionales pueden estar relacionados con pensamientos de inhibición.

Usa tus recursos (*Use your resources*). ¿Qué recursos puedes utilizar para no precipitarte por la resbaladiza pendiente de la inhibición? ¿Quizá la paciencia? Para empezar, puedes acordar contigo mismo abstenerte de juzgar tus inhibiciones hasta que hayas resuelto el problema en cuestión.

Reflexiona (*Reflect*). Las personas proclives a inhibirse en exceso saben muy bien cómo encontrar ejemplos que avalen sus ideas de inhibición. En esta fase, proponte observarte a ti mismo. Contémplate en tu totalidad y determina cuáles son tus pensamientos y creencias.

Razona (*Reason*). A menudo te darás cuenta de que existen incoherencias entre tus ideas de inhibición y tus capacidades emocionales y sociales. Contrasta tus creencias inhibidoras desde una perspectiva adaptativa. En primer lugar, busca ejemplos de habilidades que demuestren tu competencia (puedes pensar, puedes razonar, alcanzas objetivos y consigues cosas importantes). Después, contrasta los ejemplos de pensamiento inhibidor con estos ejemplos de competencia. Tienes ahora una incoherencia. ¿Dónde está la verdad? Por último, pregúntate qué pasos conductuales puedes dar para aprovechar tus capacidades y reducir las inhibiciones innecesarias. Estos pasos constituirán tu plan de acción.

Reacciona (*Respond*). Equipado como estás con una forma razonada de abordar tus inhibiciones, pasa a la acción. Sigue los pasos que esbozaste en tu plan de acción.

Revisa (*Review*). Una vez que hayas pasado a la acción para combatir una inhibición que te limita en exceso, puedes fijarte en los resultados y luego decidir si puedes mejorar lo que hayas hecho. ¿Qué acciones merece la pena repetir? ¿Qué parece prometedor y puedes modificar? ¿Qué acciones puedes descartar?

Estabiliza (*Stabilize*). ¿Cómo estabilizas los avances que has conseguido? Toda situación nueva tiene sus propias características. Al vivir experiencias para desactivar las inhibiciones conductuales, descubres qué puedes hacer en una determinada situación. Aprendes a confiar en que puedes desprenderte de las inhibiciones innecesarias.

EJERCICIO: USA EL MÉTODO PURRRRS PARA COMBATIR LA INHIBICIÓN

Escribe la inhibición de la que quieras desprenderte. Después elabora un plan PURRRRS para estimular tus habilidades autorreflexivas y vencer esa inhibición.

Inhibición que deseas tratar:______________________________

Tu plan personal PURRRRS

PURRRRS	Acciones
Haz una pausa: para y prepárate para la acción.	
Usa tus recursos: aplica tu voluntad y otros recursos para frenar los impulsos inhibitorios que te provocan ansiedad.	
Reflexiona: considera lo que piensas.	
Razona: busca incoherencias entre tus creencias inhibidoras y lo que puedes conseguir. ¿Qué otros pasos puedes dar para lograr lo que deseas?	
Reacciona: sitúate en el camino del cambio.	
Revisa: revisa el proceso y, cuando los resultados apunten a que hay que probar otras formas, haz los ajustes necesarios.	

PURRRRS	Acciones
Estabiliza: persiste en el proceso hasta que controles la inhibición parasitaria.	

Después de leer el resto de este capítulo, es posible que quieras volver a este ejercicio PURRRRS para incluir otras estrategias de afrontamiento que hayas aprendido.

SUPERAR LA INHIBICIÓN

Si vives sometido a unas normas claramente restrictivas, te sentirás obligado por unas limitaciones excesivas. Al vivir en estas condiciones de extrema autolimitación, pierdes de vista el justo término medio aristotélico, es decir, la media deseable entre los *excesos* (cuando las acciones se rigen por impulsos) y las *deficiencias* (cuando se rigen por la inhibición). En la filosofía budista también se habla del punto medio.

Salte del personaje

Una de tus características puede ser que te limites en exceso porque temes contravenir unas normas que la mayoría de las otras personas considerarían arbitrarias y excesivas. Es posible que actúes como si creyeras que no has de hacer nada para llevar la atención hacia ti mismo. Quizá pienses que no debes hacer nada que pueda molestar mínimamente a los demás.

Tal vez ha llegado el momento de que realices el ejercicio de salirte del personaje. Un ejercicio que te puede liberar para emitir juicios –y tomar decisiones– razonados, y no inhibidores.

EJERCICIO: PROBAR ALGO DISTINTO

Imagina que eres una persona con menos inhibiciones. Intenta hacer cosas como las haría esa persona:

- La próxima vez que vayas a almorzar a un restaurante y leas en el menú «dos huevos, a gusto del cliente», pide uno revuelto y otro frito.
- Si vas a comer, pide un sándwich de queso a la plancha con una rebanada de pan blanco y otra de pan integral.
- Ponte un calcetín blanco y otro negro durante todo el día.
- Visita una ciudad en la que no hayas estado nunca.
- Si lo habitual es que hables en voz baja, sube el volumen.
- En cualquier tienda, pide que te den cambio sin que hayas comprado nada.
- Ve solo a un museo y pregunta a alguien completamente desconocido lo que piensa de las obras expuestas.
- Ve a comer con alguien bullicioso y que no para de hablar. ¿En el restaurante, es esa persona quien llama la atención? ¿A quién va dirigida la atención? ¿Qué importa?

Al hacer este ejercicio, quizá quieras llevar un diario de los resultados. Repasa lo que haya sucedido. ¿Qué aprendiste de todo ello?

Al experimentar con actividades que normalmente evitarías, te sitúas en posición de superar la ansiedad inhibidora. La próxima vez que sientas que te acecha la inhibición y reconozcas que esta es irracional y excesiva, te puedes recordar que eres capaz de vencer los sentimientos de inhibición.

Un experimento lingüístico positivo

La inseguridad, la ansiedad y la inhibición normalmente implican un pensamiento y un lenguaje negativos que apoyan a esta última. Las palabras que usas asumen el mando de cómo interpretas las cosas y cómo te sientes, por lo que cambiar tu lenguaje puede producir un efecto positivo en tu actitud.

Si no estás habituado a hacerlo, al principio expresarte con palabras emocionalmente positivas te podrá parecer algo artificial e incómodo, pero ¿qué tienen de malo las expresiones positivas?

EJERCICIO: UTILIZAR UN LENGUAJE POSITIVO

Intenta decirte una serie de palabras positivas tres veces al día. Recuérdalas mentalmente antes de encontrarte en situaciones sociales. Usa términos como *suerte*, *suave*, *agradable*, *cálido*, *amablemente*, *alegre*, *delicado*, *exquisito* o *dulce*. Busca otros en el diccionario. Practica utilizar a diario una o dos de estas palabras en alguna conversación.

Superar el sentimiento de incomodidad por utilizar expresiones positivas te puede ayudar a desarrollar una actitud flexible y desinhibida.

Desactivar la inhibición con humor

El humor es un antídoto prometedor contra la inhibición. ¿Qué puedes hacer para despertar tu sentido del humor cuando te sientes inhibido?:

- Lee libros del humorista que más te guste.
- Ve una película de humor.

- Frecuenta la compañía de personas que te hagan reír.
- Utiliza la imaginación para convertir algo que te asuste en gracioso. Es difícil reírse y al mismo tiempo sentirse inhibido.

Un experimento de conciencia sensorial

El fisiólogo ruso Iván Pavlov decía que, como humanos, primero conectábamos con nuestro entorno mediante la experiencia sensorial. Pero con la evolución del lenguaje, nos apartamos de nuestras raíces y las palabras sustituyeron progresivamente a la conciencia sensorial. Esta separación se convierte en la base de muchas formas de desazón humana (Pavlov, 1941).

Fritz Perls, terapeuta Gestalt, desarrolló una técnica que es compatible con las ideas de Pavlov. Pensaba que desperdiciamos demasiado tiempo ocupándonos de conflictos mentales debidos a la polaridad, por ejemplo entre el bien y el mal. Estas polaridades te apartan de otros aspectos de tu personalidad. El objetivo de Perls era ayudar a las personas a afrontar sus conflictos, aceptar sus experiencias y desarrollar una sana *gestalt*,* un sentido de la totalidad.

Perls expuso un ejercicio de conciencia sensorial que vale la pena probar (Perls, Goodman y Hefferline, 1951).

EJERCICIO: PRACTICAR LA CONCIENCIA SENSORIAL

Durante la próxima semana, dedica quince minutos diarios a moverte por los alrededores de tu casa. Observa a través de los sentidos. ¿Qué hueles, qué oyes, qué sientes, qué ves, qué paladeas? Busca experiencias sensoriales de las que antes no hayas sido consciente. Cuando las escribas, antepón a cada una de ellas: «Ahora soy consciente de...».

* N. del T.: La palabra *gestalt* proviene del alemán y se puede traducir como 'forma' o 'contorno'.

Por ejemplo, ves una maceta llena de flores de distintos colores en la que antes no habías reparado («Ahora soy consciente de una maceta azul y dorada con flores de color rojo»). Al pasar por delante de una pizzería, puedes percibir el olor de las *pizzas* («Ahora soy consciente del olor a *pizza*»). Puedes observar un gato que va correteando («Ahora soy consciente de un gato que corre»). Las nubes del cielo pueden cambiar de forma («Ahora soy consciente de las nubes que se mueven»).

Si dejas de escucharte a ti mismo, tus oídos pueden captar sonidos que de otra forma te podrían pasar desapercibidos. Del mismo modo también se agudizan tus otros sentidos. Al regresar a tus raíces sensoriales, puedes escapar de un estado mental inhibitorio.

SÉ ASERTIVO

Alfred Adler (1927) pensaba que todo cambio conlleva aprensión y miedos. Los miedos son consecuencia de cómo evaluamos el cambio. La solución que propone Adler es reconocer que cometes errores de interpretación y aprender a acabar con ellos.

Andrew Salter (1949), terapeuta especialista en reflejos condicionados, trataba la superación de la inhibición desde una perspectiva más conductual. Recomendaba que, para desinhibirte, te manifestaras a los demás, aunque fuera para insultarlos. Pensaba que tales acciones eran preferibles a unos modales serviles e inhibidos. Decía también que si adoptas posiciones extremas que se opongan a tus inhibiciones, es probable que al final encuentres un equilibrio. A Salter se le reconoce como el creador del movimiento de la asertividad.

Sin embargo, la asertividad en el sentido agresivo que sugiere Salter actualmente está anticuada. Los psicólogos Robert Alberti y Michael Emmons (2008) describen la *asertividad* como la autoexpresión dirigida a relacionarnos desde una posición de igualdad. Las características de una actitud de sano estilo asertivo son la empatía, la sinceridad, la franqueza y evitar declaraciones innecesariamente dañinas. Por ejemplo, la mayoría de las personas suelen lamentar haberse reprimido, y sin embargo, aceptan sin grandes reparos resultados negativos cuando creen que han hecho todo lo que han podido; algunas situaciones no funcionarán, pero no podrás saberlo si no lo intentas.

Te puedes controlar y expresar al mismo tiempo. Comprendes el valor de reprimir comentarios que puedan herir sin necesidad alguna y actúas con moderación. También entiendes que manifestar tus opiniones es lo correcto. El equilibrio flexible entre las inhibiciones razonables y una sincera autoexpresión es un magnífico antídoto contra las inhibiciones que provocan ansiedad y la ansiedad que genera inhibiciones.

Un buen consejo: exprésate con confianza

El doctor Bob Alberti, especialista en asertividad, es miembro de la American Psychological Association, autor y coautor de media docena de libros, entre ellos *Con todo tu derecho: cómo proclamar nuestros propios derechos sin dejarnos manipular y sin manipular a los demás* (del que es coautor Michael Emmons), y editor de más de cien libros de otros profesionales de la psicología. Este es su consejo para que seas una persona más expresiva y asertiva:

> Te sudan las manos, se te acelera el corazón, tienes molestias gastrointestinales, tensión muscular: así es la vida. Tal vez sea por una entrevista de trabajo, pedir un favor, negarte a determinadas solicitudes o vértelas con alguien airado.

Una forma de tratar la ansiedad en situaciones como estas es comportarse con asertividad. Exprésate. Di lo que sientes. No tengas miedo de decir las palabras «correctas». No se trata tanto de *lo que digas* como de *cómo lo digas*: mira a los ojos a la otra persona, mantente erguido, emplea gestos y expresiones faciales firmes pero amables, habla con tranquilidad y propiciando la conversación, insiste en exponer tus razones.

Intenta imaginar una situación que te provoque ansiedad, por ejemplo una entrevista de trabajo. Imagina que entras sonriendo en un despacho, estrechas las mano de la otra persona con firmeza, hablas con claridad, estás tranquilo y seguro, te sientas con la espalda recta y respondes las preguntas seguro de ti mismo. Repasa estas reacciones con frecuencia antes de que se produzca la entrevista en cuestión –mentalmente, con un amigo o de ambas formas– hasta que empiecen a parecer naturales. Después acude a la entrevista y aplica lo que has aprendido. Tu acción asertiva dejará de lado la ansiedad, y, con mayor frecuencia de lo que imaginas, saldrás airoso de la situación.

¡Practica, practica y practica! Es posible que la práctica no sea perfecta, pero reporta muchos beneficios. Y la práctica –los psicólogos la llaman «ensayo conductual»– la puedes hacer también mentalmente. Los neurocientíficos han descubierto que nuestro cerebro puede aprender igual de bien al imaginar una escena que al vivirla.

No, no siempre conseguirás la perfección de decir lo correcto de la forma precisa –nadie lo hace– pero te sentirás menos angustiado y mucho más cómodo en la mayoría de las situaciones sociales. Además, y como una observación más, te sentirás mucho más dueño de tu propia vida.

INFORME SOBRE TU PROGRESO

Escribe lo que hayas aprendido de este capítulo y las acciones que piensas emprender. Después anota los resultados de estas acciones y lo que hayas conseguido.

¿Cuáles son las tres ideas fundamentales que has sacado de este capítulo?

1.

2.

3.

¿Cuáles son las tres principales acciones que puedes llevar a cabo para combatir una ansiedad o un miedo determinados?

1.

2.

3.

¿Cuáles fueron los resultados de esas acciones?

1.

2.

3.

¿Qué beneficios te ha reportado el hecho de actuar? ¿Qué harías de otro modo la próxima vez?

1.

2.

3.

CAPÍTULO 21

Superar la ansiedad del yo

La mayoría de las personas dedican la mitad de las horas en que no duermen a reflexionar sobre sí mismas (Morin y Hamper, 2012). Lo que piensas y cómo lo piensas puede incidir decisivamente en tu calidad de vida. Por ejemplo, lo que opinas de ti mismo y sobre lo que puedes hacer es fundamental para tu sensación de bienestar y determinar si sufres ansiedad o no.

Si te preocupas mucho por tu persona, es previsible que seas excesivamente sensible a lo que ponga en peligro tu autoestima. Asimismo, es probable que exageres todo tipo de peligros.

Sin embargo, al abordar tu ansiedad y tus miedos innecesarios respecto a tu propia identidad, puedes forjar una idea sólida y realista de ti, una idea basada en tu capacidad de enfrentarte a retos que merezcan la pena.

EXPLORAR TU SENTIDO DEL YO

Tu sentido del yo puede ser difícil de definir, pero no es ninguna fantasía que posees un sentido de identidad y del yo. Te describes por tu nombre. Utilizas pronombres, como *yo* o *mí*. Te reconoces ante un espejo. Te puedes señalar, en efecto, en fotografías antiguas, aunque hayan transcurrido muchos años desde que se tomaron (Butler *et al.* 2013).

De hecho, el sentido del yo se encuentra en zonas distintas interconectadas del cerebro. Por ejemplo, parece que hay zonas de este en que domina la autoconciencia (Craig, 2009), el control del rendimiento (Ham *et al.*, 1014), la reflexión sobre uno mismo (Morán, Kelley y Heatherton, 2013), la autorreferencia (Abraham, 2013) y la revaluación cognitiva (Ochsner y Gross, 2008). Cuando estas zonas del cerebro se entretejen, representan colectivamente aspectos del yo, pero no todo acaba ahí. Queda mucho por averiguar sobre cómo construimos nuestro yo en la mente y cómo procesa el cerebro la información relativa al yo.

Tu autovaloración

Sea lo que sea lo que pienses sobre ti, representa la idea que tienes de ti mismo. Esta idea puede ir unida a tu *teoría del valor*, o cómo juzgas tu sentido general del yo.

¿Basas tu autovaloración en tu desempeño, tu aspecto, tu estado de ánimo u otros factores específicos, como tus aportaciones a la sociedad? De ser así, tienes una teoría del valor que se asienta en contingencias. Por ejemplo, con una mentalidad perfeccionista, si actúas bien, tienes valor. Si no, no tienes valor alguno. Si para tu grupo la *lealtad* es un criterio para determinar el valor, lo tendrás si eres fiel o no lo tendrás si no lo eres en la medida que se estima oportuna.

Las teorías del valor contingente son semilleros de la *ansiedad del yo*, o una sensación general de desasosiego, vulnerabilidad e inseguridad en lo que a ti se refiere. Por ejemplo, si piensas que no puedes estar a la altura de los demás, es posible que te agobie la ansiedad cuando prevés que te vas a encontrar en una situación en la que puedes dejar al descubierto tus vulnerabilidades. Al exagerar el riesgo de ponerte bajo una luz que no te favorece, puedes ocultar lo que crees que te falta dejando que pasen oportunidades razonables para prosperar que la mayoría de las personas aprovecharían.

Tu teoría del valor

Cuando piensas en ti mismo, ¿qué se te ocurre? ¿Sueles pensar en términos dicotómicos: eres bueno o malo, un héroe o un cobarde, inteligente o estúpido, digno o indigno? ¿Piensas en rasgos de tu carácter, por ejemplo que eres constante, sincero, altruista o competitivo? ¿Te defines por tu forma de vestir, el barrio en que vives, tu coche, tu formación, lo que tus antepasados consiguieron, tu raza, tu religión u otras características grupales? ¿Tienes ideas fundamentales sobre la vida, la política, la religión, el éxito y la familia que tienden a ser estables, de modo que te generan un sentimiento de familiaridad con tu propio yo? ¿Crees que tu yo es la mezcla de todos estos factores o consideras que estos son solo una parte de todo tu yo?

Dependiendo del contexto, tu teoría del valor puede variar mucho en determinados aspectos y, en consecuencia, influir en cómo te ves y te sientes. Tal vez pienses que eres sumamente competente y seguro para resolver un problema de relación, o te puede atenazar el miedo en presencia de la autoridad, o quizá tu timidez te lleve a evitar situaciones en las que preveas que va a haber diferencias de opinión. ¿Cuál es, pues, tu verdadero yo?

El yo es como el horizonte, que siempre está ahí pero no deja de cambiar. Cuando la ansiedad y los miedos oscurezcan tu horizonte, cambia de lugar.

El autoconcepto y la ansiedad

El lenguaje y los relatos que empleas para describirte pueden influir, como amenazas u oportunidades, en el tipo de persona que piensas que eres. Si tiendes a considerarte frágil y vulnerable, es previsible que experimentes más amenazas a tu autoestima y una mayor necesidad de protegerte de daños reales o imaginados. En ese apuro por protegerte, consideras que muchas situaciones que podrían serte provechosas en realidad te suponen un peligro y es necesario evitarlas. Lamentablemente, esta actitud de autoprotección es una red de seguridad deshilachada. Por ejemplo, al ocultar tu ansiedad y tus miedos a los demás y evitar cualquier dificultad, no haces sino que esos miedos y ansiedad se perpetúen. ¿Es posible romper este patrón? ¡Seguro que sí!

EVITAR LA TRAMPA DEL VALOR CONTINGENTE

Muchas culturas en las que lo que prevalece son los logros de la persona basan la valía en los éxitos y lo que los demás piensan de ellos. Tienes valor si haces bien tu trabajo y se te aprueba. Careces de valor si no alcanzas el nivel que se espera de ti o si los demás te critican. De modo que puedes aspirar a ser una persona sin fallos. Pero, como veíamos en el capítulo diecinueve, esto es imposible.

Las teorías del valor contingente reflejan la condición disyuntiva, es decir, o eres una cosa o eres otra, o tienes éxito o fracasas. Tal vez pienses: «Tengo valor porque soy apuesto», «Tengo valor porque colaboro con mi sociedad» o «Tengo valor porque soy rico». Pero ¿qué pasa si estás por debajo de los estándares del valor? Con el paso del tiempo y al ir sumando años, no puedes mantener tu estándar original de apostura. Aferrarse a esta contingencia es una fórmula para la inseguridad.

Una teoría del valor contingente puede ser la base de la ansiedad del yo si piensas: «No soy lo bastante bueno», «No soy lo bastante inteligente», «No confío lo bastante en mí mismo», «No soy lo bastante atractivo». Poner estas condiciones a tu autoestima agudiza tu sensibilidad al peligro y aumenta el riesgo de que padezcas más ansiedad y más miedos de los que te corresponden.

Una teoría pluralista del yo

Tienes muchas formas de definir tu yo. Puedes optar por una definición basada en el valor contingente. Sin embargo, si la teoría del valor no te funciona, analizar una teoría pluralista del yo te puede dar una perspectiva diferente.

Una teoría pluralista del yo es la que dice que eres mucho más que la suma de tus rasgos, cualidades, aptitudes y capacidades. Desde un punto de vista pluralista, no siempre puedes ser de una sola forma: una persona con ansiedad o una persona tranquila. Tienes, por el contrario, miles de atributos, capacidades, sentimientos, experiencias y recuerdos que existen en todo un universo de oportunidades. Posees la capacidad de leer y aprender. Tienes una amplia diversidad de habilidades. Sabes pensar, visualizar un futuro positivo y sacar provecho de experiencias que hayas vivido. Tienes innumerables experiencias. Posees sensibilidades sociales. En resumen, tienes muchas cosas a tu favor, pero hay más.

Los papeles que desempeñas forman parte de una visión pluralista del yo. Algunos de ellos pueden ser los de padre, hija, profesor, ejecutivo, cocinero o impertinente. Los valores añaden otra dimensión. Son los principios que guían lo que consideras de mayor importancia y tu discurrir por la vida; algunos de ellos pueden ser la responsabilidad, la integridad y la constancia. Tus atributos cardinales también son de señalar, por ejemplo ser extrovertido, introvertido, perseverante, creativo, ingenioso, cabal, amante de la música, enérgico, flexible, devoto, asentado, autocrático, dominante, pasivo, comprensivo, reflexivo, inquieto o deportista. En efecto, en un diccionario completo puedes encontrar nada menos que casi veinte mil atributos (Allport y Odbert, 1936). Una cantidad considerable de palabras que describen el yo, como *digno de valor*, *significativo* o *insignificante*, guardan relación con la cognición social. Pero, aun así, eres más complejo que todo eso.

La teoría del valor versus la teoría del yo

Si actualmente te riges por una teoría del valor contingente que te genera ansiedad, tal vez te sea útil comparar una teoría del valor contingente con una visión pluralista del yo. Te encuentras, así, ante una paradoja. Si piensas que tu valía personal depende de lo que haces y de lo que los demás opinan de ti, pero, al mismo tiempo, te consideras una persona compleja y de múltiples facetas con incontables atributos y experiencias, ¿cómo concilias estas dos visiones de ti mismo?

Cuando te sientes angustiado por tus propias circunstancias, es conveniente que te plantees la siguiente pregunta: ¿cómo puede ser que una persona compleja y de múltiples facetas carezca de valor por cometer un error, decepcionar a alguien o no hacer las cosas todo lo bien que tal vez le gustaría? Si haces que tu valía sea contingente solo en unos pocos miles de los atributos que forman tu yo, ¿en qué te basas para descartar el valor del resto?

No existe ninguna regla inflexible según la cual debas elegir entre una teoría contingente de tu valor y una teoría pluralista del yo. Pero ¿qué es lo que más sentido tiene que hagas: definirte por una teoría del valor o por una teoría del yo?

Un buen consejo: pon tu ego en perspectiva

El doctor Russ Grieger, escritor, profesor adjunto y psicoterapeuta residente en Charlottesville, Virginia, señala que para evitar la ansiedad sobre tu ego, adoptes una visión compuesta de tu yo.

> La ansiedad del ego nace de la falsa creencia de que tu «yo» será considerado malo o inadecuado si no te comportas como debes o si los demás no aprueban tu conducta. Consideras que el éxito y la aprobación no solo son beneficiosos sino necesarios. Te embarga la ansiedad cuando piensas que tu próximo desempeño ha de ser excelente o, de lo contrario, serás condenado a la insignificancia exterior. Si caes en esta trampa, te aconsejo que des los tres siguientes pasos para liberarte:

1. Demuéstrate que tu comportamiento y tus rasgos se pueden definir, pero tú, no. Actúas de diferentes formas (por ejemplo, paseas, mascas chicle, escribes artículos), pero no eres ninguna de estas acciones. Posees cualidades interiores (como un coeficiente intelectual, unos valores y unos rasgos) y propiedades exteriores (como una casa, un cuerpo y una familia). Todos ellos existen, pero no definen la esencia de lo que tú eres.
2. Demuéstrate que, aunque puedas calificar tus acciones y propiedades como buenas o malas, es ilógico que califiques todo tu yo como bueno o malo.
3. Averigua cómo se conectan los puntos. Imagina un círculo lleno de tantos puntos que se mezclen entre sí. El círculo representa todas tus acciones, cualidades y propiedades. Un punto bueno podría dar buenos beneficios, pero no por ello puedes generalizar y pensar que eres una buena persona. Un punto malo podría tener consecuencias negativas, pero no te convierte en una persona completamente mala. Al separar el ego (los puntos) del círculo (el yo), observas que puedes calificar los puntos. Calificar el yo a partir de una selección sesgada de puntos es una arbitrariedad.

LOS CONSTRUCTOS PERSONALES DE GEORGE KELLY

George Kelly, teórico del constructo personal, determinó cómo construimos la realidad mediante unos guiones a los que nos ajustamos. Si el guion nos genera problemas, podemos corregirlo (Kelly, 1955). Lo podemos hacer gracias a nuestra capacidad de prever lo que va a ocurrir a continuación: «El mundo sigue girando y desvelando si estas predicciones son correctas o engañosas. Este hecho forma la base de la revisión de los constructos» (Kelly, 1955, pág. 14).

Tu capacidad de prever te da una gran ventaja. Puedes usar esta capacidad para afirmar mejor el autocontrol, actuar para controlar tu entorno, responder ante circunstancias cambiantes e iniciar cambios con el fin de pasarte a otro camino cuando creas que vas en dirección equivocada.

Kelly observó que la mayoría de las personas nos comportamos como científicos. Tenemos teorías sobre nosotros mismos, sobre los demás y sobre el mundo que nos rodea. Hacemos observaciones. Recabamos hechos. Generalizamos. Hacemos predicciones. Pero este proceso puede ser ingenuo y erróneo. Por ejemplo, ¿qué ocurre si no dejas de prever peligros que no existen?

Kelly sugiere reconstruir estas previsiones. Por ejemplo, la reconstrucción se puede llevar a cabo restando crédito a las expectativas exageradas para crear otras que se ajusten mejor a la realidad. Según él, los cambios de percepción se producen experimentando nuevos comportamientos. Subrayaba la importancia de asumir riesgos, de la aventura y de la creatividad. Consideraba que el desarrollo personal se asemejaba a un proceso de ampliar tus capacidades y reorganizar lo que haces a partir de los resultados.

El enfoque de Kelly se aplica para alterar las evaluaciones negativas y las exageraciones que contribuyen a la idea de un yo vulnerable. Al actuar como si pudieras hacerlo mejor, es probable tanto que lo hagas mejor como que obtengas alivio de la ansiedad orientada hacia uno mismo.

Crear un personaje nuevo

Prácticamente todas las personas pueden encontrar modelos de guiones que reflejan sus propias contradicciones. Kelly decía que haríamos bien en cambiar estos patrones. Su idea era reescribir los guiones negativos que representamos, crear un relato nuevo, practicar el guion nuevo y mantener lo que funciona.

Para cambiar tu guion obsesionado por la ansiedad por otro positivo, puedes crear un personaje ficticio, ponerle nombre y guardártelo para ti. Este personaje imaginario puede hacer lo que has visto hacer de forma eficaz a otros en circunstancias parecidas; lo más probable es que estas acciones tengan un efecto positivo.

Después de darle un nombre a tu personaje, elabora un guion nuevo para describir cambios en tu conducta que se puedan medir y conseguir. Por ejemplo, en lugar de quedarte mudo ante la autoridad, el personaje imaginario puede hablar con toda naturalidad, como si se dirigiera a un amigo. En vez de asumir la culpa casi siempre, el personaje imaginario evalúa las situaciones para determinar quién debe dar cuenta de ellas. Ese personaje acepta el conflicto y se enfrenta a él.

Al crear tu guion, puedes convertir un problema de valor contingente en una alternativa constructiva. En lugar de definir tu valía basándote en contingencias, puedes hacer que estas pasen a ser objetivos que merezcan la pena. Por ejemplo, sacar mejores notas en tus estudios puede seguir siendo un objetivo después de que ya no consideres que tu valía personal va ligada a sacar sobresaliente en todas las materias. Si deseas mejorar tus relaciones con las personas importantes de tu vida, ponte a trabajar para conseguir este objetivo. Observa lo que tu personaje ficticio puede lograr.

EJERCICIO: ESCRIBE UN GUION NUEVO

Ponte otro nombre y mantenlo en secreto (algo así como el actor que asume una identidad nueva para representar su papel). Cuando escribas tu guion, date instrucciones específicas e incluye información sobre cómo se va a comportar, hablar, vestir, mover y estar en el mundo el personaje imaginario. Oriéntate dando los siguientes pasos:

1. Explica cómo sueles prever que vas a comportarte en determinadas situaciones cuando te dominan la ansiedad y los miedos. Esto es lo que quieres cambiar. Escríbelo en tercera persona («él» o «ella»).

2. Haz un borrador que incluya los cambios que quieras introducir. Describe qué hace tu personaje ficticio en las situaciones que deseas abordar. Piensa en cómo actuaría ese personaje sin la carga del miedo: qué tendría de diferente su forma de pensar, sentir y actuar. Explica el sistema del personaje que hayas imaginado.

3. Al escribir el guion, define cómo puedes tener un efecto positivo en otras personas mientras te ocupas de tus propios intereses. Considera cómo ese personaje imaginario proyectaría la voz, utilizaría el lenguaje corporal, determinaría los tipos de riesgo y decidiría cómo expresar sus ideas y pensamientos.

Sigue el guion unas dos semanas. Al cabo de este tiempo, habrás averiguado qué debes soltar o modificar y lo que parece estar bien. Si parte de lo propuesto parece especialmente prometedor desde el principio, amplíalo. En cambio, modifica o desecha lo que parezca que se queda corto.

Pruébalo. Observa qué puedes conseguir. Si piensas que un cambio positivo en tu comportamiento es una «ficción», es posible que esta interpretación negativa sea la que rija la visión que tienes de ti mismo. Sin embargo, logres lo que logres es gracias a tu capacidad de hacerlo: si puedes fingir que actúas sin ansiedad, es que puedes actuar sin ansiedad.

INFORME SOBRE TU PROGRESO

Escribe lo que hayas aprendido de este capítulo y las acciones que piensas emprender. Después anota los resultados de estas acciones y lo que hayas conseguido.

¿Cuáles son las tres ideas fundamentales que has sacado de este capítulo?

1.

2.

3.

¿Cuáles son las tres principales acciones que puedes llevar a cabo para combatir una ansiedad o un miedo determinados?

1.

2.

3.

¿Cuáles fueron los resultados de esas acciones?

1.

2.

3.

¿Qué beneficios te ha reportado el hecho de actuar? ¿Qué harías de otro modo la próxima vez?

1.

2.

3.

CAPÍTULO 22

De la ansiedad social a la confianza social

Quieres dejar de sentirte cohibido, inseguro y socialmente inhibido. No quieres seguir preocupándote por si metes la pata y la gente pueda pensar que eres un cretino. Estás cansado de ponerte siempre en un rincón en las reuniones sociales, confiando en que nadie te vea. Estás cansado de notar que el corazón se te acelera y de ruborizarte y ponerte tenso cuando estás con otras personas. ¿Puedes cambiar un patrón de ansiedad y miedos por otro de autocontrol? Saber lo que tienes que hacer y ponerte en marcha te puede ayudar a dejar atrás la agitación que sentías por tener que asistir a una boda, ir a comer con los compañeros del trabajo o reunirte con alguien con quien te gustaría salir, u otros estados de ansiedad social que te afectan. Con los métodos emotivos y conductuales, debidamente verificados, puedes enfrentarte a tus miedos sociales y resolverlos en el contexto en que se producen.

Los sistemas de terapia cognitivo-conductual (TCC) para tratar la incapacidad debida a la ansiedad son sumamente efectivos (Butler *et al.*, 2006). Los estudios sobre neuroimagen demuestran que en el cerebro se producen cambios positivos después de seguir la TCC para resolver la ansiedad social (Galvao-de Almeida *et al.*, 2013).

LA ANSIEDAD Y LOS MIEDOS SOCIALES

Incluso las personas más seguras de sí mismas pueden sentir a veces pánico escénico. Sin embargo, la ansiedad y los miedos sociales no equivalen simplemente a ponerse nervioso. Te da miedo no saber qué decir, balbucear, ruborizarte, aburrir a la gente o parecer un estúpido. Para ti, asistir a un acto social es como una cámara de tortura. Al carecer de confianza social, es posible que evites contestar el teléfono o matricularte en algún curso porque te sientes incómodo con gente que desconoces. En conversaciones intrascendentes te puedes sentir torpe. Cuando se te pide que hagas un comentario, te sofocas y tratas de terminar lo antes posible.

El núcleo psicológico de la ansiedad social incluye, cuando menos, tres partes principales. En las situaciones sociales que temes, percibes que no controlas tus sentimientos. Prevés que te van a evaluar, juzgar, desaprobar y rechazar. Te aterrorizan las desagradables sensaciones físicas que presientes que vas a sentir en los actos sociales que te asustan. Con toda esta conmoción mental y emocional, es previsible que evites las situaciones sociales en las que adivinas que te vas a sentir apocado y torpe.

El control es un factor transdiagnóstico que comparten diferentes tipos de ansiedad social y un objetivo primordial de la TCC (Gallagher, Naragon-Gainey y Brown, 2014). Por ejemplo, si creyeras que te puedes controlar, aceptarte sin necesidad de que algunas personas te aprueben y soportar las sensaciones físicas de la tensión, podrías intentar asistir a actos sociales que normalmente evitas o que te hacen sufrir. Esta postura de *afirmación del control* puede aliviar extraordinariamente tu ansiedad y tus miedos sociales.

La realidad de la fobia social

Si padeces una dolorosa ansiedad debida a la evaluación social, no eres el único, ni mucho menos. La prevalencia de las personas que a lo largo de su vida van a sufrir miedos y ansiedad sociales graves es del 12,1 % en Estados Unidos (Kessler *et al.*, 2005). Pero seguramente las cifras reales son superiores. Es posible que mucha más gente imponga limitaciones a su vida por miedo a molestar a los demás, parecer malas personas o sentir la desaprobación por cosas triviales. La realidad es que muchos individuos que sufren ansiedad social las ocultan para no sentirse avergonzados.

Lo habitual es que la ansiedad y los miedos sociales empiecen en la infancia o durante la adolescencia (Rosellini *et al.*, 2013). Según algunos estudios, tales estados afectan por igual a hombres y mujeres (Beesdo *et al.*, 2007). Según otros, las mujeres son más proclives a la fobia social (Crome, Baillie y Taylor, 2012). Las mujeres tienden más a asumir la culpa de su fobia social, mientras que los hombres suelen echarla a los demás y recurrir a la bebida y los fármacos para resolver sus problemas de ansiedad (Xu *et al.*, 2012).

La ansiedad social, si es grave, pueden influir decisivamente en la elección de pareja, la carrera profesional, el uso que se haga del tiempo libre y la calidad de vida. Los hombres con fobias sociales suelen casarse más tarde y limitan de modo artificial sus oportunidades, sus aficiones y su calidad de vida. Las fobias sociales pueden poner límites a la carrera profesional de las mujeres y, a menudo, a la elección de pareja: una mujer con fobias sociales tiende a conformarse en lugar de elegir.

Estados coexistentes

Los miedos y la ansiedad sociales prácticamente siempre coexisten con otras complicaciones. La depresión es habitual (Ingram *et al.*, 2005). El perfeccionismo es habitual (Ashbaugh *et al.*, 2007). El alcohol y las drogas son habituales (Baillie y Sannibale, 2007).

LA ANSIEDAD SOCIAL Y TÚ

Además del circuito de supervivencia física que Joseph LeDoux, neurocientífico de la Universidad de Nueva York (2012), identificó, tienes un circuito cerebral paralelo con complejas conexiones entre diversas zonas del cerebro que procesan la información socialmente relevante, por ejemplo las expresiones faciales, los sentimientos sociales y las interacciones sociales (Li, Mai y Liu, 2014). Gracias a estas estructuras, nuestra capacidad natural de estar condicionados y un largo proceso evolutivo, estamos expuestos a un extenso condicionamiento social en el que aprendemos a ajustarnos a las reglas, las costumbres y las responsabilidades sociales. A través de este largo proceso, algunos nos convertimos en desvalidos sociales al aprender a preocuparnos en exceso por lo que otros piensan y a limitar sin necesidad lo que hacemos debido a una ansiedad exagerada fruto de la censura social (Knaus, 2000).

Nuestras creencias y emociones conforman de modo significativo nuestras vidas, por lo que esperamos comportarnos y actuar de determinadas formas según sea el contexto social en que vivamos. Sin embargo, al menos algunas de nuestras excesivas y dolorosas emociones sociales (como la ansiedad social, la culpa, la vergüenza y la cohibición) van asociadas a falsas creencias y expectativas. Cuando la ansiedad y los miedos se entretejen en tu vida social, te enfrentas al importante reto de trascender de estas interferencias si decides comportarte y sentirte como una persona sociable en situaciones sociales.

¿Tienes miedos y ansiedad sociales que debas corregir? Puedes realizar una prueba para comprobarlo. La siguiente relación de miedos sociales recoge ejemplos de pensamientos, sentimientos y acciones que suelen ser propios de quienes sufren ansiedad y miedos sociales. Utiliza esta lista para despertar la conciencia de tus propios miedos y ansiedad sociales. Después, esfuérzate por reducir aquellos que más te debilitan.

EJERCICIO: HAZ UNA LISTA DE TUS MIEDOS SOCIALES

Instrucciones: Califica cada una de las siguientes afirmaciones del 1 al 5, de modo que 1 significa «nunca me ocurre»; 2, «raramente me ocurre»; 3, «a veces me ocurre»; 4, «a menudo me ocurre, y 5, «prácticamente siempre me ocurre».

1. «Me pongo nervioso o tenso cuando conozco gente nueva».	1	2	3	4	5
2. «Me da miedo hacer el ridículo en público».	1	2	3	4	5
3. «Tengo muy poco que ofrecer a los demás».	1	2	3	4	5
4. «Lo demás son más sociables que yo».	1	2	3	4	5
5. «Si los demás me conocieran de verdad, no les gustaría».	1	2	3	4	5
6. «Cuando alguien mira hacia donde estoy, aparto la vista».	1	2	3	4	5
7. «Tengo miedo de cometer algún error delante de otras personas».	1	2	3	4	5
8. «Me siento inseguro de mis habilidades sociales».	1	2	3	4	5
9. «Cuando participo en una conversación, doy la impresión de que lo hago a la fuerza».	1	2	3	4	5
10. «No sé mantener conversaciones informales».	1	2	3	4	5
11. «Me preocupan los próximos eventos sociales».	1	2	3	4	5
12. «La presencia de una autoridad me intimida».	1	2	3	4	5
13. «Creo que los demás piensan que soy raro o estúpido».	1	2	3	4	5
14. «Me preocupa en exceso lo que los demás piensen de mí».	1	2	3	4	5
15. «Me da miedo responder al teléfono».	1	2	3	4	5
16. «Me preocupa tener que ir a un aseo público».	1	2	3	4	5
17. «Temo que en un evento social la gente se dé cuenta de que tengo miedo».	1	2	3	4	5

18. «Me siento muy incómodo en compañía de personas que no conozco bien».	1	2	3	4	5
19. «Tengo miedo de que los demás se den cuenta de que tengo miedo».	1	2	3	4	5
20. «Me siento cohibido por mi aspecto».	1	2	3	4	5
21. «Me siento incómodo comiendo solo en un restaurante».	1	2	3	4	5
22. «Entrar en una habitación donde la gente ya está sentada me provoca ansiedad».	1	2	3	4	5
23. «Me asusta que me critiquen».	1	2	3	4	5
24. «Cuando estoy con un grupo, me da vergüenza atraer la atención de los demás».	1	2	3	4	5
25. «Me bloqueo cuando estoy cerca de personas atractivas».	1	2	3	4	5
26. «Si una conversación decae, me pongo nervioso».	1	2	3	4	5
27. «Me siento cohibido cuando estoy guardando cola».	1	2	3	4	5
28. «Me asusta asistir a eventos sociales formales».	1	2	3	4	5
29. «Me siento mejor si tomo algunas copas (o más de la cuenta)».	1	2	3	4	5
30. «No estoy a la altura de los estándares de otras personas».	1	2	3	4	5
31. «En las reuniones, busco un rincón donde pasar desapercibido».	1	2	3	4	5
32. «Me hago un lío con las palabras cuando hablo con personas que no conozco bien».	1	2	3	4	5
33. «Me cambio de acera para no tener que saludar a algún conocido».	1	2	3	4	5
34. «La idea de tener que hablar ante un grupo me da terror».	1	2	3	4	5
35. «Quisiera desaparecer cuando las personas con quienes estoy llaman la atención».	1	2	3	4	5

Las afirmaciones que hayas calificado con un 4 o un 5 indican que tienes algún tipo de problema. Si has calificado con un 4 o un 5 más de diez afirmaciones, es posible que tengas un problema de ansiedad social general que debes resolver. Pero, aun así, lo puedes lograr. Los problemas transdiagnósticos fundamentales pueden ser tan evidentes como la sensación de haber perdido el control, la ansiedad provocada al ser evaluado o la de sentirte torpe y miedoso. Al superar una característica fundamental de la ansiedad social, como la que te provoca que te evalúen, puedes aprender a sentirte cómodo en situaciones sociales.

Si incumples compromisos sociales, te enfrentas a un problema difícil. Es posible que pierdas la oportunidad de establecer relaciones de tu agrado, captar señales sociales positivas, contribuir a la comunidad y seguir una trayectoria profesional satisfactoria. El proceso que supone evitar la ansiedad puede ser tan automático que tus esfuerzos por evitar la incomodidad queden ocultos, ya que se entretejen silenciosamente en el tejido de tu vida.

Teniendo presentes tus observaciones, un examen de tus debilidades sociales, y los resultados de la lista, ¿cuál es tu ansiedad o miedo más significativo? Escríbelo. Esfuérzate por reducirlo.

Cuando hayas dedicado cierto tiempo a aminorar tu ansiedad social, toma de nuevo la lista para comprobar tu progreso.

LA TORPEZA SOCIAL

Algunas personas padecen torpeza social y, debido a ello, suelen posponer sus asuntos y se desvían hacia comportamientos y situaciones más seguros. La torpeza social puede adquirir muchas formas.

- *El caso de Tom y Bob*

  Tom asistió a una fiesta de Año Nuevo con su amigo Bob. Ninguno de los dos tenía ganas de conversar con mujeres. Pero se sentían bastante a gusto hablando entre ellos.

  Tom vio a Sally con un grupo de mujeres y le pareció muy atractiva. Pensó en acercarse a ella. Para infundirse ánimo, se tomó de un trago unas cuantas copas. Pensaba: «Necesito unas copas para relajarme». Entonces, empezó a titubear. Más tarde, le comentó a Bob por qué mujeres como Sally son inaccesibles. Al final de la noche, él y Bob dejaron la fiesta ebrios y hablando de por qué las mujeres deberían acercarse a los hombres.

- *El caso de June*

  June es una persona cariñosa y afable, y le gusta conocer a gente nueva. Pese a esta cualidad y la de desear hablar con la gente en interacciones sociales, si tiene que hablar en público siente una ansiedad extrema. Por este miedo a hablar delante del personal o de grupos de clientes, rechaza cualquier tipo de ascenso en su trabajo. Se imagina que se ruboriza, que se le traba la lengua, y acaba bajando atribulada de la tarima. Dice que preferiría pasar un año en un calabozo a tener que dar una conferencia.

- *El caso de Don*

  Don y Ellen quedaron en su restaurante favorito para tantear su amor mutuo. Ellen estaba contenta con la ocasión que se le abría y se mostraba animada y expresiva. Don creía que ella hablaba demasiado fuerte. Pensaba que estaría molestando a los demás comensales. Se lo criticó. Ellen le señaló que tenía una idea retorcida de los valores: ella era con quien él se iba a ir a casa, no las personas de la mesa contigua.

¿Qué tienen en común Tom, Bob, June y Don? Todos se comportan cohibidos. Todos esperan ser evaluados. Todos esperan ser rechazados. Los cuatro sienten una desagradable sensación de miedo relacionada con la ansiedad social.

Un buen consejo: deja de pagar el peaje dos veces

Ed García, psicoterapeuta residente en Atlanta, tiene una forma eficaz de afrontar la ansiedad social. Entiende este tipo de ansiedad como pagar dos veces el peaje, una antes del puente y otra después de cruzarlo:

> Pongamos por caso que asistir a una boda te provoca ansiedad porque tienes miedo de sentirte fuera de lugar. En efecto, cuando vas a una boda, te sientes incómodo, fuera de lugar, y te refugias en cualquier rincón. En este ejemplo, un peaje es la ansiedad que padeces al prever lo que va a suceder. El otro, el miedo que sientes en la boda.
>
> Aprender a superar la ansiedad provocada por el miedo eliminaría el primer peaje. Antes de pagarlo, puedes analizar las razones de que te sientas fuera de lugar. Podrías empezar por explicar qué significa *estar fuera de lugar*. En este punto se trata de eliminar el primer peaje.
>
> Ya en la boda, cuestionar y desactivar la idea de que estás fuera de lugar ayudaría mucho a reducir o eliminar el segundo peaje. Podrías ir aún más lejos si, estando en la boda, te presentas al menos a tres personas que no conozcas y hablas con

otras tres que sí conozcas. Esta forma de exposición es una magnífica manera de vencer el miedo de participar en un encuentro social.
Una vez eliminados ambos peligros, hasta puedes pasártelo bien.

CINCUENTA FORMAS DE DESHACERTE DE TU ANSIEDAD SOCIAL

Algunas personas que tienen miedo a las relaciones sociales se ven a sí mismas como unas intrusas que merecen que se las desprecie. Por miedo a desagradar, las personas de este grupo entran y salen discretamente. ¿Qué puedes hacer, pues, si te encuentras en este vaivén social y emocional? Las que siguen son cincuenta formas de combatir tu ansiedad social:

No dejes de combatir el miedo. El miedo al miedo se autoalimenta. Hazte un plan para sobrevivir a esta desazón pasajera. Te darás cuenta de que puedes sobrevivir a ella. La tolerancia emocional es el preludio de sentirte más cómodo contigo mismo en situaciones sociales.

Mantén la perspectiva. Evita concentrarte en tus miedos. En su lugar, haz a los otros preguntas sobre ellos. Observarás que a la gente le encanta hablar de sí misma.

Observa lo que te preocupa. Te preocupa la posibilidad de comportarte como un inepto. Corrige esta preocupación aprendiendo a no emitir juicio alguno. Después, actúa como si no tuvieras ninguna dificultad en comunicarte con la mayoría de la gente.

Deja de representar a Nostradamus. Predecir que el mundo te aplastará si cometes un error social es una crisis imaginaria. La ansiedad provocada por tales predicciones falsas es auténtica.

Pero puedes esforzarte en cambiar tu forma de pensar distorsionada.

Evita la ansiedad previa. Si prevés un futuro catastrófico con multitud de peligros para tu ego, imagina que rompes una lupa y luego piensa que esa catastrofista imagen previa se ha hecho añicos.

Equilibra tu lenguaje. Una hipérbole como «si doy un paso social en falso, caerá sobre mí una permanente deshonra» es una flagrante exageración.

Ten cuidado con tus definiciones. Define un determinado tipo de evento social como el escenario en que podrás mostrarte como un loco, y lo más probable es que te sientas tal como piensas. Redefine el evento de modo más positivo, y te sentirás mejor.

Acepta que te sientes torpe. Los sentimientos pueden ser fácticos, lo que no significa que sean hechos. Si te provoca ansiedad pensar en tu torpeza social, piensa y observa que a algunas personas tus modales les parecerán encantadores. Intenta interiorizar la idea de «esto es lo que hay».

Gestiona tu limitación. No evites ningún encuentro social con la excusa de que vas a meter la pata. Imagina, por el contrario, que te comunicas con cordialidad.

Vence tus inhibiciones innecesarias. Practica algo tan sencillo como presentarte a las personas de un grupo.

Modera tu timidez. En lugar de quedarte callado, habla de forma reposada.

Ocupa tu sitio. En lugar de esperar a que alguien te rescate, decídete a participar.

Sé moderado. No hay necesidad de que todas tus observaciones sean brillantes.

Intégrate en el grupo. Haz algún comentario, por intrascendente que sea, por ejemplo sobre el tiempo.

Abandona tu indecisión. Preguntarte «¿Debo o no debo decir algo?» supone marginarte de la conversación. Da por supuesto que debes, y lo más probable es que aciertes.

Deja de cuestionar lo que debes decir o no decir. En caso de duda, habla.

No permitas que la mente se te quede en blanco. Siempre puedes decir «hola».

Olvídate del rechazo. El miedo a que la gente te rechace suele ser un temor infundado. Si alguien rechaza con razón alguna idea tuya, aún te quedan aspectos de esta idea que siguen siendo válidos.

Usa la timidez como una señal positiva. En vez de adoptar una actitud distante, mira a los demás como posibles amigos.

Gestiona tu modestia. Acostúmbrate a hablar de alguna de tus cualidades cuando estés con otras personas. Te sonrojarás menos.

Observa tu recato. No te escondas en un rincón. Da por hecho que algunas personas serán amables contigo. Búscalas.

Acepta tu timidez. Si eres de carácter tímido, no vas a eliminar esta tendencia natural. Sin embargo, puedes decidir gestionarla. Haz preguntas a los demás para averiguar sus intereses. Si así lo haces, es posible que te consideren una persona más que agradable con la que conversar, aunque hables poco de ti mismo.

No tienes que ser atrevido. Procura comunicarte con discreción y sin imponer tus ideas.

No esperes una recompensa inmediata. Si te acercas poco a poco a situaciones sociales nuevas, sabrás que no estás solo y que no eres raro.

No le eches la culpa a la amígdala. La ansiedad social está relacionada con una amígdala sensible. No obstante, puedes evitar el estrés excesivo acostumbrándote a él. Esto significa practicar, practicar y practicar comunicarse con otras personas hasta que ya no te provoque ansiedad.

No escuches tanto a tu corazón. Atender a tu ritmo cardíaco hace que dejes de prestar atención a lo que haces para centrarte en cómo te sientes. Participa. Tu corazón cuidará de sí mismo.

Cuida tu lenguaje corporal. Si habitualmente miras al suelo, parecerás inseguro. Levanta la cabeza. Mira lo que te rodea sin fijarte en nada especial. Así darás la impresión de que eres una persona segura de sí misma.

Asiente con la cabeza. Asentir con la cabeza es signo de aprobación, algo que gusta a la mayoría de las personas.

Intenta sonreír. Piensa en algo agradable y deja que esta idea haga que sonrías.

No saques excesivas conclusiones de la expresión facial. Sacar conclusiones sobre las causas y los significados de las expresiones faciales de los demás es arriesgado. Es cierto que tenemos una tendencia innata a interpretar las caras, pero no todas son fáciles de comprender.

Atente a los hechos. Deja de ensimismarte y presta atención objetiva a lo que esté pasando. Reacciona basándote en un conocimiento objetivo.

Reevalúa. Piensas que, para evitar el rechazo, debes causar una buena primera impresión. Limítate a dar una impresión razonable y deja que las cosas sucedan como tengan que suceder.

Abandona las falsas expectativas. No tienes por qué ser el alma de la fiesta si esta no es tu forma natural de comportarte.

Dale la vuelta a las cosas. Si tienes miedo al total rechazo y, en consecuencia, te ocultas callado en un rincón, imagina, en su lugar, que ganarás un millón de dólares si participas un diez por ciento del tiempo. Apuesto a que puedes hacerlo.

No pienses que debes dominar. Muestra interés. Comparte algunas ideas. Deja que hablen los demás. Da tu opinión cuando un tema te interese.

Prepárate para sorprenderte gratamente. Puedes establecer relaciones casuales pero beneficiosas.

No pienses que todo lo que vayas a decir será perfecto. Acepta la idea del efecto de fiesta de cóctel. En cualquier conversación, las personas raramente se ciñen a un único tema sino que pasan a hablar de sus ideas y opiniones.

Evita poner condiciones para socializar. Aguardar a sentirte a gusto antes de aventurarte rara vez funciona. Es una forma de procrastinación. Prueba a intervenir y observa si te sientes cómodo.

Reprime la vergüenza. Seguramente eres más consciente de tu estado mental que cualquier otra persona.

Separa la ansiedad del contexto. Si en unas ocasiones actúas socialmente cohibido y en otras no, ¿cuál es la diferencia entre lo que te dices en una ocasión y en la otra?

Niega que eres inferior. En lugar de concentrarte en lo que crees que te falta, aplica las habilidades que posees.

Ejercita tus habilidades sociales más sólidas. Haz una lista de ellas. Usa una siempre que participes en una reunión social.

Deja de avergonzarte. Ser como eres no te convierte en una persona totalmente indigna. Simplemente piensas que eres algo que en realidad no eres.

Deja de lado la culpa irracional. Es absurdo condenarte por errores que solo tú observas.

Habla. A medida que practiques expresarte, te será más fácil.

No busques defectos. Por cada defecto que te encuentres, piensa en una cualidad que otros puedan observar.

No seas falsamente modesto. Es previsible que tal modestia haga que los demás tengan de ti una opinión negativa.

Prevé. Elabora un plan para superar tensiones sociales. Con el tiempo, tendrás menos que superar.

Resiste la tentación de refugiarte en una botella de vino. Los sentidos embotados por el alcohol son terreno fértil para problemas y tensiones que llevan a beber más.

Reconoce que no te puedes ganar a todo el mundo. Nadie complace a todos.

MÍRATE EN EL ESPEJO

La ansiedad y los miedos a la evaluación social se deben a lo que piensas sobre ti y tu imagen pública. Sin embargo, también puedes pensar que los demás te ven como tú te ves. Es el efecto espejo (Cooley, 1902). Si crees que las situaciones sociales tienen mucho de negativo, tus ideas sobre lo que crees que los demás opinan de ti pueden reflejar tu temor a la ansiedad.

Puedes adivinar razonablemente lo que piensan y sienten otras personas, sus intenciones y lo que las motiva. La capacidad de deducir los deseos, sentimientos e intenciones de los demás constituye la *teoría de la mente* (Krause *et al.*, 2012). La teoría de la mente también tiene en cuenta que los intereses, las creencias y las motivaciones de algunas personas son distintos de los tuyos y de los que esperas que sean.

En lugar de aferrarte al efecto espejo, puedes concluir acertadamente que determinados individuos no piensan como tú crees que piensan. Desde esta perspectiva, es posible que te inclines menos a sacar conclusiones precipitadas sobre lo que otros opinen de ti. En su lugar, con el análisis de dónde puedes estar en lo cierto, equivocado o inseguro sobre las impresiones que otros tienen de ti, puedes dejar de mirar a través de un espejo distorsionado y ver con mayor claridad a través de la lente de la realidad.

DEJA DE CONSIDERAR QUE LA ANSIEDAD SOCIAL ES UNA CATÁSTROFE

Puedes agravar la ansiedad social si utilizas un lenguaje dramático, por ejemplo las palabras *terrible* o *insoportable*, para decirte cómo te sientes ante un próximo evento o sobre algo que ya hayas hecho. En esta mentalidad catastrofista, tu desasosiego es «horrible». Tu actuación fue «espantosa». Sin embargo, a veces la situación no fue ni remotamente tan mala.

Puedes usar el método ABCDE, de Albert Ellis (ver el capítulo once), para vencer la ansiedad pensando que incluye el catastrofismo. Como ejemplo, esta tabla ABCDE recoge una actuación musical de escasa calidad ante el público.

Una resolución ABCDE para no convertir en una catástrofe una actuación deficiente

Adversidad o hecho activador: Interpretar un concierto de escasa calidad.
Creencias razonables sobre el hecho: «Quisiera haberlo hecho mejor, pero no siempre puedes acertar». Lo típico de la vida es la variabilidad, no la perfección.
Consecuencias emocionales y conductuales de las creencias razonables: Desengaño y descontento por el resultado. Repasa la retroalimentación y aprovecha la información para mejorar actuaciones futuras.
Creencias potencialmente erróneas sobre los hechos: «Es horrible», «Soy un desastre», «La gente me odia», «Nunca lo voy a superar».
Consecuencia emocional y conductual de las creencias potencialmente erróneas: Autodesprecio, ansiedad, negarse a interpretar conciertos en el futuro.

Rebatir creencias que puedan ser erróneas: La discusión empieza con el supuesto de que las actuaciones de una calidad superior a la media reportan beneficios. La siguiente discusión se ocupa de ideas catastrofistas:

1. ¿La situación es tan horrible como piensas? Respuesta: si «horrible» significa cien por cien mala, ¿puedes imaginar una situación que fuera peor? Probablemente. Te podrías haber quedado ciego durante la representación. En la primera página del periódico local podría aparecer un titular que dijera que hiciste tu trabajo pésimamente. Reconocer que podrían haber ocurrido cosas peores te puede dar una perspectiva muy necesaria. Es posible que tu situación sea difícil de digerir, pero no merece la pena que te preocupes doblemente por lo ocurrido.
2. ¿Tu creencia de que has fracasado tiene validez empírica? Respuesta: la conclusión de que fracasaste es una extensión del «debo pensar», por lo que, a partir de una única actuación, eres una persona de éxito o fracasada. Tal afirmación es ridícula. Significa que un único incidente te va a marcar para toda la vida, pero las personas podemos mejorar a la hora de perfeccionar nuestro trabajo si nos empeñamos en hacerlo.
3. ¿Tu idea de que la gente te menosprecia por tu mala interpretación es válida? Respuesta: abordar el problema desde la perspectiva del espejo y pensar que todos los demás tienen de ti la misma opinión que la tuya propia indica que posees unas facultades extraordinarias, lo cual no es probable que sea así. Una actuación, sea perfecta o imperfecta, no te define.
4. ¿Tu creencia «No lo voy a superar en la vida» parece razonable? Respuesta: concluir que se te va a recordar siempre por ese incidente indica que lo que hiciste fue tan memorable que, treinta años después, alguien se te puede acercar y decirte: «¿No eres tú el que dio aquel concierto de una calidad tan por debajo de la que cabía esperar?». ¿Qué probabilidades hay de que así ocurra?

Efectos del ejercicio de refutación: Desengaño por la actuación. Aceptación de la realidad de que las actuaciones en público pueden ser variables. Una más que considerable reducción del catastrofismo y de pensamientos negativos afines. La voluntad de trabajar en tus habilidades musicales con todas tus fuerzas y volver a actuar en público.

Puedes usar el método ABCDE para combatir el catastrofismo o cualquier otra idea irracional que alimente tu ansiedad social.

EJERCICIO: PRACTICA EL MÉTODO ABCDE PARA VENCER LA ANSIEDAD SOCIAL

Describe tu adversidad o situación desencadenante (o el evento social que va a tener lugar o que ya se ha celebrado). Después, haz una lista de tus creencias razonables sobre el evento y las consecuencias emocionales y conductuales de pensar tales cosas. A continuación, escribe las ideas que te provocan ansiedad y las consecuencias emocionales y conductuales de tenerlas. Luego, discute tus ideas de ansiedad y toma nota de los efectos.

Tu resolución ABCDE para una idea irracional sobre la ansiedad social

Adversidad o hecho activador:
Creencias razonables sobre el hecho:
Consecuencias emocionales y conductuales de las creencias razonables:
Creencias potencialmente erróneas sobre los hechos:
Consecuencia emocional y conductual de las creencias potencialmente erróneas:

Rebatir creencias que puedan ser erróneas:
Efectos del ejercicio de refutación:

INFORME SOBRE TU PROGRESO

Escribe lo que hayas aprendido de este capítulo y las acciones que piensas emprender. Después anota los resultados de estas acciones y lo que hayas conseguido.

¿Cuáles son las tres ideas fundamentales que has sacado de este capítulo?

1.

2.

3.

¿Cuáles son las tres principales acciones que puedes llevar a cabo para combatir una ansiedad o un miedo determinados?

1.

2.

3.

¿Cuáles fueron los resultados de esas acciones?

1.

2.

3.

¿Qué beneficios te ha reportado el hecho de actuar? ¿Qué harías de otro modo la próxima vez?

1.

2.

3.

CAPÍTULO 23

Afrontar la mezcla de ansiedad y depresión

¿Tienes la sensación de que vas por la vida sumido en la desgracia? ¿Te ves como un caso manifiesto de la ley de Murphy, según la cual, si algo puede salir mal, saldrá mal? ¿Te pasas gran parte del tiempo rumiando tus preocupaciones o en un estado depresivo? Es posible que padezcas una mezcla de ansiedad y depresión.

Cuando la ansiedad y la depresión se juntan, te puedes sentir abatido y pensar: «Siento que soy un desastre irremediable». Seguramente tu tolerancia a las molestias y el malestar sea mucho menor de lo habitual. Si no se trata el problema, la mezcla de ansiedad y depresión puede persistir. Pero no tiene por qué ser así. (Para más información sobre cómo lidiar con la depresión, consulta *The Cognitive Behavioral Workbook for Depression*, mencionado en el apartado «Lecturas recomendadas»).

Si acudes a un profesional, recurres a sistemas de autoayuda o haces ambas cosas, conviene que sepas que puedes enfrentarte a la ansiedad y la depresión de forma simultánea con métodos perfectamente verificados. Tienes motivos para ser optimista. En este capítulo, primero analizaremos los descubrimientos de la investigación sobre el trastorno mixto ansioso-depresivo. Luego, te ayudaré a que te ocupes en reconocer y combatir el sentimiento de impotencia propio de la ansiedad y la depresión.

HALLAZGOS DE LA INVESTIGACIÓN SOBRE LA COMBINACIÓN DE ANSIEDAD Y DEPRESIÓN

Si padeces una mezcla de ansiedad y depresión, no eres el único. Es una combinación habitual (Kessler *et al.*, 2011). Los casos son de entre el cincuenta y el ochenta por ciento (Watson y Kendall, 1989; Gorwood, 2004; Das, 2013). Parece que la depresión contribuye a un mayor sentimiento general de desazón (Malyszczak *et al.*, 2006).

Cuando la ansiedad y la depresión van de la mano, por lo general primero aparece la ansiedad; el cincuenta y siete por ciento de las personas dicen que empezaron por sentir ansiedad y el dieciocho por ciento, depresión (Lamers *et al.*, 2011). Pero sea lo que sea lo que aparezca en primer lugar, puedes desarrollar métodos de TCC para aliviar ambos estados (Norton, Hayes y Hope, 2004).

Se pueden realizar acciones para reducir la depresión. Por ejemplo, los métodos de la TCC y otros debidamente testados parecen efectivos para las personas que padecen ansiedad y depresión y estén ingresadas en centros médicos (Campbell-Sills *et al.*, 2012). Si padeces una mezcla de ansiedad y depresión, si actúas contra la ansiedad es posible que no tengas que enfrentarte directamente a la depresión que la acompaña (Fergus *et al.,* 2013). Si también sufres ataques de pánico, ni la ansiedad ni la depresión te han de impedir hacer frente a ese estado (Allen *et al.,* 2010). La biblioterapia es útil para un subgrupo de personas que sufren depresión (Gregory *et al.* 2004). Si te centras específicamente en esta, puedes utilizar métodos de TCC para realizar cambios en las funciones cerebrales superiores que están asociadas con una reducción en la depresión (Goodapple *et al.*, 2004).

AFRONTAR LA IDEA DE IMPOTENCIA

Los problemas de ansiedad difieren en lo que se refiere a su forma y su contexto. También hay distintas formas de depresión, por ejemplo las depresiones atípicas, las crónicas leves, las estacionales, las graves y las bipolares. Algunas son consecuencia del estrés. Cualquiera que sea el tipo de mezcla de depresión y ansiedad que padezcas, normalmente verás que va acompañada de distorsiones de tu pensamiento. Si cambias este pensamiento, puedes reducir a la vez la ansiedad y la depresión.

Una vez más, el pensamiento de impotencia es la idea de que no puedes controlar tus sentimientos o a ti mismo. En este estado de la mente, las situaciones reales o imaginadas empeoran. El futuro se te antoja sombrío. Tienes miedo de que tu lamentable estado perdure. Te incomoda sentirte molesto. Te comportas como si pensaras que estás condenado. Sientes ganas de desistir. Si te aferras a estas ideas fatalistas, corres el riesgo de agravar tus sentimientos de tristeza.

Alfred Adler, precursor de la psicología individual, decía: «La persona no cambia su patrón de conducta sino que da la vuelta a sus experiencias, las retuerce y distorsiona hasta que encajan en él» (Adler, 1927, pág. 11). Si la depresión y la ansiedad parasitaria siguen juntas y no dejan de aparecer de nuevo, tal vez pienses que nada puedes hacer por cambiarlas y caes en la trampa de pesimista desidia de no intentarlo nunca.

Si crees que no puedes actuar, no actuarás. No se trata de que no puedas enseñarte a pensar y actuar de otro modo; se trata de que no lo vas a hacer porque te crees incapaz de hacerlo. Es verdad que resulta imposible controlar determinadas circunstancias, pero, por citar un proverbio chino: «No puedes evitar que los pájaros de la pena revoloteen por encima de tu cabeza, pero sí impedir que aniden en tu cabello».

Analizar los pensamientos de impotencia

El sufrimiento humano normal existe. La pérdida de un hijo o la ruptura traumática de una relación. Lo sucedido te aflige, y no puedes hacer nada por remediarlo. En esos momentos, puedes experimentar un doble problema de angustia, de modo que te lamentas por lamentarte. Asimilar lo ocurrido implica desarrollar un sentimiento de aceptación. Con el paso del tiempo, puedes convertir el sobresalto de una pérdida en un triste recuerdo.

Tener soluciones y aplicarlas son dos cosas distintas. Por ejemplo, puede que pienses que eres incapaz de afrontar tus problemas, pero ¿recuerdas alguna vez que lo hicieras con éxito y vieras la realidad de otro modo? De ser así, el hecho de que puedas cambiar tu forma de pensar indica que no eres incapaz de cambiar tus ideas.

Te puedes sentir impotente ante tus sentimientos si crees que estás en manos de unas fuerzas externas que no puedes controlar: «Jack me volvió loca». Pero si Jack te vuelve loca, y no puedes controlar a Jack, ¿qué puedes hacer? Puedes asumir la responsabilidad de tu parte del problema: ¿qué te dices acerca del comportamiento de Jack que te provoque ira? ¿Cuáles son los fallos de tu razonamiento?

La aceptación y el pensamiento de impotencia

Es posible que un gato se deprima, pero no se rinde a la idea de que es incapaz ni hace de ella la base de su valía como gato. Pero cuando estás deprimido, es posible que te sientas impotente para comportarte de modo que mejores tu futuro. Este pensamiento de impotencia agrava tu depresión, y te sigues sintiendo incapaz de actuar.

Sin embargo, te puedes decir que tus pensamientos son solo pensamientos. Algunos tienen significados negativos y exagerados. Pueden adoptar formas distintas.

EJERCICIO: LA TÉCNICA DE DAR LA VUELTA

Utiliza una técnica de darle la vuelta a las cosas para fomentar una perspectiva nueva realista. Por ejemplo, si puedes aprender nuevas formas de recomponer un jarrón roto, no eres incapaz. Si puedes aprender a reflexionar sobre tu pensamiento, no eres tan impotente. ¿Eres capaz de ver las ideas de impotencia como motas de polvo que barres bajo la alfombra? ¿Puedes imaginar que lanzas rayos a estos pensamientos y los destruyes?

Si le das la vuelta a lo que ocupa tu mente, es posible que llegues a comprender que el sentimiento de impotencia es pasajero. Si posees la capacidad de crear imágenes aterradoras, puedes usar tu imaginería para cambiar tu pensamiento de impotencia. Aunque lo que pienses pueda parecerte nubes que oscurecen el horizonte, las puedes juzgar sin juzgarte a ti mismo.

Puedes pensar que eres incapaz de cambiar pese a que tienes pruebas de que puedes hacer cambios por tu propia voluntad. ¿Cómo resuelves esta incoherencia? Quizá la respuesta sea reconocer que puedes cambiar partes no deseadas de tus pensamientos, sentimientos y acciones, aunque el cambio sea difícil.

Usar el método PURRRRS

Puedes utilizar el método PURRRRS expuesto en el capítulo veinte para elaborar un plan para enfrentarte al pensamiento de impotencia que acompaña a la mezcla de ansiedad y depresión. Puedes proceder así:

Haz una pausa. Si te sientes impotente para cambiar, tómate tiempo para resolver este problema.

Usa tus recursos. Adopta una mentalidad de resolución de problemas. En este caso, el problema es la idea de impotencia. Escribe o graba lo que pienses, para que lo puedas repasar.

Reflexiona. Lee o escucha tus pensamientos y, después, reflexiona sobre ellos. ¿Qué parte de este pensamiento se da por supuesta? Por ejemplo, ¿te dices que no puedes hacer nada para mejorar tu capacidad de lidiar con los problemas? ¿Esta idea se traduce en el convencimiento de que eres incapaz de cambiar? Si es así, pasa a razonarlo.

Razona. Busca excepciones al pensamiento de impotencia. ¿Alguna vez has pensado que eras incapaz y luego te diste cuenta de que podías hacer algo trascendente? ¿Tienes el poder de aceptar la realidad aunque es posible que no te guste?

Reacciona. ¿Qué pasos puedes dar en estos momentos para enfrentarte al pensamiento de impotencia? ¿Cuál será el primero? ¿Y el segundo? ¿Puedes actuar para cambiar tu pensamiento mediante un análisis ABCDE (ver el capítulo once)?

Repasa. ¿Y si se te ocurre un buen plan y después lo pospones? Cuando te metes en este proceso de dejar las cosas para más adelante, ¿el pensamiento de impotencia contribuye a subvertir la persistencia? Por ejemplo, ¿es que esperas que no vas a terminar y luego haces lo que esperas? Pero ¿cómo es posible que tengas la fuerza suficiente para preparar, actuar y avanzar, pero no para terminar? Este tipo de repaso puede ser revelador. Contando ahora con esta nueva información, reconsidera lo que pasa. Inténtalo de nuevo.

Estabiliza. Sigue la rutina de esforzarte por cuestionar el pensamiento de impotencia en todas sus formas. Repasa lo que te funciona y vuelve a hacerlo. Practica, practica y practica fortalecer tu razonamiento para protegerte de las ficciones del pensamiento de impotencia.

EJERCICIO: USA EL MÉTODO PURRRRS PARA COMBATIR LOS PENSAMIENTOS DE IMPOTENCIA

Pensamiento que deseas combatir:__________________________.

Tu plan PURRRRS personal

PURRRRS	Acciones
Haz una pausa: para y prepárate para la acción.	
Usa tus recursos: aplica tu voluntad y otros recursos para frenar los impulsos a rendirte al pensamiento de impotencia.	
Reflexiona: considera lo que está pasando.	
Razona: razónalo.	
Reacciona: sitúate en el camino del cambio.	
Repasa: repasa el proceso y, cuando los resultados apunten a que hay que probar otras formas, haz los ajustes necesarios.	
Estabiliza: mantente firme en el proceso en marcha hasta que controles el pensamiento de impotencia	

Un buen consejo: cómo hablar y emprender el camino que te aleje de la ansiedad

El doctor Clifford N. Lazarus, terapeuta multimodal, autor de *Mantenerse cuerdo en un mundo de locos: más de cien consultas breves al terapeuta* y cofundador del Lazarus Institute de Skillman, Nueva Jersey, explica dos errores de pensamiento comunes que se producen tanto en la ansiedad como en la depresión. Este es su consejo:

> Como suele ocurrir con la depresión, es difícil convencerse uno mismo de salir de la ansiedad. Para vencer de verdad una mezcla de ansiedad y depresión, es preciso que des unos determinados pasos, por ejemplo el de reconocer y combatir dos errores de pensamiento habituales. La ansiedad suele preceder a una depresión importante, por lo que te digo que combatas la ansiedad antes de que se extienda y te provoque la depresión.
>
> Las personas que padecen ansiedad sobrestiman exageradamente las probabilidades de que suceda algo terrible y la gravedad de las consecuencias de ese hecho si realmente ocurre. En primer lugar, quienes padecen ansiedad confunden calamidades de baja posibilidad (es decir, sucesos muy improbables) con hechos cuya posibilidad de que se produzcan es muy alta (es decir, sumamente probables). En otras palabras, confunden lo posible con lo probable. El segundo error cognitivo común es sobrestimar el efecto de los sucesos malos. Dicho de otro modo, las personas con tendencia a la ansiedad suelen creer que si ocurre algo malo, tendrá una consecuencia dramática, incluso devastadora, que puede ser muy difícil de manejar.

Una vez que contengas y corrijas estas falsas estimaciones mentales, puedes empezar a enfrentarte con mayor facilidad a situaciones que te provoquen ansiedad y superarlas. En efecto, la exposición a los desencadenantes de la ansiedad son la parte más importante de su solución.

En los individuos que sufren ansiedad, no se trata de que su sistema inmunitario reaccione desproporcionadamente al desencadenante de un alérgeno psicológico (la percepción de algún peligro o amenaza), sino de una vulnerabilidad de su sistema nervioso que suele desembocar en la pena de la ansiedad. Y, del mismo modo que a quienes sufren alergias se los puede desensibilizar exponiéndolos gradualmente a dosis cada vez mayores de aquello a lo que son alérgicos, a las personas que sufren alergia psicológica a la ansiedad se las puede desensibilizar.

Te puedes ayudar a ti mismo a dejar de reaccionar en demasía exponiéndote progresivamente a las propias situaciones que te provocan ansiedad. Por ejemplo, si te angustia cometer un error, comete deliberadamente errores en condiciones controladas. Como en el caso de la desensibilización a las alergias, con el tiempo tu sistema nervioso se ajusta y deja de reaccionar en exceso ante lo que solía provocarte una reacción de ansiedad.

INFORME SOBRE TU PROGRESO

Escribe lo que hayas aprendido de este capítulo y las acciones que piensas emprender. Después anota los resultados de estas acciones y lo que hayas conseguido.

¿Cuáles son las tres ideas fundamentales que has sacado de este capítulo?

1.

2.

3.

¿Cuáles son las tres principales acciones que puedes llevar a cabo para combatir una ansiedad o un miedo determinados?

1.

2.

3.

¿Cuáles fueron los resultados de esas acciones?

1.

2.

3.

¿Qué beneficios te ha reportado el hecho de actuar? ¿Qué harías de otro modo la próxima vez?

1.

2.

3.

CAPÍTULO 24

Impedir que vuelvan la ansiedad y el miedo

Por mucho que avances, es posible que la ansiedad y los sentimientos negativos no desaparezcan del todo. Pasas unas noches sin dormir bien, y puede regresar una antigua costumbre de ansiedad inaceptable.

Sin embargo, no hay razón para que las recaídas sean tan intensas, duraderas y frecuentes como antes. Te puedes recuperar con mayor rapidez. Si no mantienes una actitud constante en la gestión de tus preocupaciones y problemas, no tienes por qué considerarte a ti mismo ni la situación en cuestión de forma negativa. Como dice el dicho: «Si te caes del caballo, vuelve a montar».

En el caso de las recaídas, conviene ver la imagen completa. Con cierta perspectiva, te darás cuenta de que puedes evitar problemas dobles al caer de nuevo si evitas convertir los contratiempos en catástrofes. Asimismo, podrás ver que posees herramientas cognitivas, emotivas y conductuales para imponer tu control a problemas de ansiedad nuevos o antiguos. Verás que eres capaz de tolerar tensiones, lo cual no equivale a que te complazcan. Y, lo más importante, podrás percatarte de que la vida es algo más que limitarse a afrontar la ansiedad. Es lo que decidas hacer con ella. Esta idea de la imagen general te ofrece una forma legítima de controlar la ansiedad si aparece de nuevo.

Si das por supuesto que el cambio es un proceso y no un hecho, es más fácil que aceptes los altibajos de la autosuperación y el crecimiento personal. Entender así el cambio es mucho menos agotador que pensar que, si retrocedes, todo lo que hayas hecho hasta este momento no tiene ningún valor.

Cada nuevo caso de ansiedad te brinda la oportunidad de perfeccionar tu tolerancia emocional y cognitiva y tus habilidades conductuales. Pero no tienes que esperar a que vuelva la ansiedad para practicar. Puedes usar estas habilidades de forma regular para hacer realidad tus mejores cualidades.

ANÍMATE

Tienes a continuación cinco pasos rápidos que puedes dar, en el orden que prefieras, para animarte ante la aparición de la ansiedad:

Repasa las ideas, los planes de acción y los apartados de ejercicios fundamentales de cada capítulo de este libro. Es una forma rápida de acceder a lo que consideraste más importante que debías pensar y hacer. Como medida de mantenimiento, revisa este registro escrito siempre que te encuentres ante una situación de ansiedad. Como medida de prevención, repasa esos ejercicios todos los meses.

Ocúpate de los problemas dobles. Si la ansiedad y los miedos se repiten, lo habitual es que lo hagan también los problemas dobles. Este segundo malestar adopta diferentes formas: asumir tú la culpa de este retroceso, preocuparte porque te preocupas, sentirte agobiado por sentirte agobiado y deprimirte por sentirte deprimido. Si te enfrentas a estos problemas dobles cuando aparezcan, te ahorrarás muchas complicaciones.

Haz una revisión de BASIC-ID con fines diagnósticos, prescriptivos y de mantenimiento. ¿Qué ocurre con cada una de las modalidades? Si hay un punto crítico, pregúntate qué puedes hacer al respecto. Y a continuación, ¡actúa! El pionero del sistema, Arnold Lazarus (1992), recomienda una revisión mensual de BASIC-ID como sistema de alerta temprana (ver el capítulo dieciocho).

Recuerda el PURRRRS para poner en marcha tus habilidades de autoobservación. Si controlas tu ansiedad mediante este método, te sitúas en una posición que te permite controlar los resultados.

Utiliza el sistema ABCDE para cuestionar el pensamiento detonante de ansiedad. A medida que practiques el método ABCDE (ver los capítulos once, dieciséis y veintidós), lo harás cada vez mejor, hasta el punto de que no sentirás necesidad de utilizarlo.

ALIGERA TU CARGA ALOSTÁTICA

La vida cotidiana implica sentir estrés y ajustarlo. No lo puedes evitar. Por ejemplo, cuando te metes a nadar en el mar, tu cuerpo se adapta al cambio. Si te encuentras en un atasco y te retrasas en lo que tenías programado, te sientes malhumorado. Tu cuerpo se adapta al mal humor y después al alivio cuando de repente los coches empiezan a moverse

Bruce McEwen (2006), profesor de la Universidad Rockefeller, estudia la relación entre la mente y la totalidad del cuerpo para demostrar cómo afecta el estrés a este sistema interactivo. Le interesa en especial el *factor de carga alostática* de la salud y la enfermedad. Se trata de la acumulación de desgaste de tu cuerpo debido a repetidos cambios y readaptaciones a diversos hechos sociales, personales y ambientales estresantes (McEwen y Wingfield, 2003). Si reduces el estrés innecesario, puedes mejorar tu salud, lo cual es sumamente beneficioso.

La teoría de la carga alostática vincula un mayor estrés con la enfermedad, y una débil capacidad de afrontar los problemas es signo de una mayor carga alostática (Glei *et al.*, 2007). Una constante liberación o retención de adrenalina y otras reacciones ante el estrés aumentan el riesgo de padecer hipertensión, enfermedad coronaria y diabetes (McEwen, 1998). El abuso del tabaco, una elevada ingesta de cafeína y anfetaminas, y beber más de la cuenta para aliviar el estrés no hacen nada para paliarlo a largo plazo, y ponen en grave peligro tu salud.

Puedes reducir todo tipo de estrés psicológico desarrollando y fortaleciendo tu capacidad de enfrentarte a adversidades y peligros ficticios (Holden, 1992). En efecto, desarrollar y aplicar habilidades de afrontamiento y resolución de problemas es una forma de reafirmar el control. Las acciones destinadas a reducir el estrés y mejorar la salud implican asumir un tipo saludable de estrés (Nelson y Cooper, 2005). Este estrés propulsor (estrés-p) deriva de los esfuerzos por resolver problemas (Knaus, 1994). Pero ¿qué es lo que quieres resolver?

El resto de este capítulo se centra en tres aspectos principales –liberar tu mente, fortalecer tu cuerpo y usar la inteligencia, el ingenio y la voluntad– para aligerar tu carga alostática, estabilizar lo conseguido y seguir adelante.

Liberar tu mente

Libera tu mente de errores constantes, como el de engañarte a ti mismo pensando que puedes evitar las consecuencias de procrastinar. El camino cognitivo es aprender a reconocer y eliminar distorsiones cognitivas y desarrollar habilidades de evaluación realistas.

Reescribe el guion

El tipo de guion por el que te riges marca una gran diferencia en cómo vives la vida. Por ejemplo, si esperas vivir en una burbuja de felicidad, lo más probable es que te sientas frustrado.

¿Qué diría Albert Ellis al respecto? Aconsejaría trabajar con la aceptación incondicional de ti mismo, de los demás y de la vida. En definitiva, tomarse las cosas como son, no como desearías y esperarías que fueran.

Tomás de Aquino, monje dominico, teólogo y filósofo del siglo XIII, decía: «Dejad que controle lo que puedo, aceptar lo que no puedo y saber distinguir lo uno de lo otro». En otras palabras, no puedes detener las olas del mar cavando una zanja en su orilla, pero, aun así, puedes construir castillos de arena o darte un chapuzón.

Usa la mente de forma creativa y constructiva

Los que siguen son algunos ejemplos de cómo puedes aprovechar los beneficios obtenidos al pensar con claridad sobre tu ansiedad:

- Etiqueta cada caso de malestar por sentir malestar como una forma de problema doble. Un buen etiquetado puede hacer que el proceso sea más comprensible, controlable y corregible. Recordarte que puedes cometer errores también ayuda a reducir la ansiedad derivada del pensamiento perfeccionista.
- Practica una visión acrítica. El pensamiento detonante de ansiedad tiene consecuencias; puedes evaluar y desacreditar los pensamientos para eliminar las consecuencias. Juzgar las ideas que evocan ansiedad, sin juzgarte por ello, es una acción responsable.
- Busca incongruencias en tu pensamiento y actúa para resolverlas. Por ejemplo, si te calificas de fracasado por tus recaídas, ¿significa que todos los demás también lo son por compartir la misma tendencia humana? De ser así, ¿por qué? En caso contrario, ¿por qué no? Lo más probable es que consideres que tu pensamiento original es una generalización exagerada y que te rías al pensarlo.
- Dibuja en la mente una imagen en la que aparezcas firme y seguro ante la adversidad. En situaciones adversas, imagina que

te preguntas: «¿Qué problema es este que no puedo resolver?». Imagina que lo resuelves. Después haz lo que imaginas.

- Recuérdate que la ansiedad y los miedos no son más que pensamientos pasajeros. Son consecuencia de lo que piensas en un determinado momento. No duran siempre ni definen tu yo global.

A partir de tus experiencias y usando tus reflexiones y tu juicio práctico para esclarecer lo que te pasa y lo que ocurre a tu alrededor, puedes seguir haciendo cambios positivos.

Fortalecer tu cuerpo

Cuida de tu cuerpo para que pueda soportar los efectos de múltiples tipos de estrés. Es una cuestión biológica. Para robustecer tu cuerpo contra el estrés y la enfermedad, no fumes, no consumas drogas y no bebas en exceso. Acude con regularidad al dentista. Dedica cuando menos treinta minutos a hacer algún ejercicio físico todos los días. Duerme bien. Sigue una dieta saludable. Este apartado se centra con mayor detalle en tres de estas áreas: el ejercicio físico, la calidad del sueño y la comida sana.

El ejercicio físico

Existen pruebas de que el ejercicio físico ayuda a reducir la ansiedad (Berk, 2007), pero probablemente sea más una actividad sana en general que un instrumento para mitigar la ansiedad. El ejercicio aeróbico contribuye a reducir la carga alostática y, como efecto secundario, es posible que notes que te bajan el ritmo cardíaco y la presión arterial y que el sistema inmunitario cobra mayor fuerza. Incluso el ejercicio moderado –andar treinta minutos cuatro días a la semana– puede tener un efecto positivo. El ejercicio también tiene beneficios a corto plazo. Es previsible que te encuentres mejor, prestes más atención y te puedas concentrar mejor después de realizar algún ejercicio físico.

El tipo de ejercicio depende de ti. Tienes una evidente variedad de posibilidades, desde simular que estás corriendo hasta hacer kayak, montar en bicicleta, acudir a un gimnasio o caminar por algún sendero que bordee un río apacible, todo lo cual puede aumentar la sensación de sosiego (ver el capítulo ocho). La música estimulante favorece que, al andar, la zancada sea más larga, sientas mayor vigor y vayas más deprisa (Leman *et al.*, 2013). Piensa en utilizar unos auriculares para escuchar este tipo de música mientras vas caminando.

Dormir bien

La falta de sueño es habitual en las personas que padecen ansiedad: quizá afecte a nada menos que el setenta y cinco por ciento (Belleville *et al.*, 2010). La mala calidad del sueño altera tu capacidad de regular y reducir los sentimientos negativos (Mauss, Troy y LeBourgeois, 2013).

Si no duermes todo lo que deberías, puedes tener problemas para concentrarte en lo que hagas y controlar tus pensamientos y acciones relacionados con la ansiedad. La fatiga y distraerse fácilmente pueden provocar una tensión debida a la falta de tiempo para concluir tareas importantes. Además, preocuparte por hacer las cosas puede interferir en el sueño. La TCC dispone de métodos empíricamente demostrados para mejorar los patrones del sueño (Yang y Hsiao, 2012).

La dificultad para dormir bien se puede deber a tal variedad de causas que no existe un sistema perfecto para enmendar este estado. No obstante, las técnicas de la TCC son especialmente útiles para los problemas de sueño relacionados con la preocupación y otras cogniciones estresantes.

Supongamos que te sientes estresado por el trabajo. Es medianoche. Quisieras tranquilizarte y dormir. Sin embargo, lamentas los errores que cometiste ayer. Te preocupan los problemas que te vas a encontrar mañana. Eres consciente de que estos pensamientos no te dejarán dormir todo lo que deberías. No quieres estar cansado mañana. Te dices: «Tengo que dejar de preocuparme. Necesito dormir». Ahora te sientes más despejado que antes. Quieres dejar de inquietarte y liberarte de esa agitación emocional. Pones todo tu empeño en deshacerte de pensamientos negativos no deseados. Te dices: «Tengo que quedarme dormido. Tengo que quedarme dormido». Cuanto más lo intentas, mayor es la angustia que sientes.

De modo similar, si alguien te dijera que no pienses en un elefante de color rosa, seguramente pensarías en un elefante de color rosa. Para librarte del elefante rosa, podrías intentar distraerte. Podrías pensar en un zorro morado. Pero, aun así, el elefante rosa permanecería en tu mente. Cuanto más intentas eliminar la imagen, mayor es la intensidad con que brilla.

Cuando llevas una carga emocional, es menos probable que concilies el sueño. Entonces, ¿qué puedes hacer? Empieza con un ejercicio de *volición pasiva*, con el que practicas una actitud de permisividad. Se trata, en resumen, de lo siguiente: «Si pienso en un elefante rosa, pienso en un elefante rosa. ¿Y qué?». Al dejar de afanarte en tus esfuerzos, es posible que el elefante rosa desaparezca de tu mente. Asimismo, si te permites estar despierto sin tratar de no estarlo, es posible que te encuentres con que acabas por dormirte.

Las que siguen son algunas técnicas cognitivas, emotivas y conductuales para mejorar los patrones del sueño:

- Sigue un plan regular. Acuéstate cuando sea más probable que te venza el sueño.
- Reconoce que, aunque te preocupes por seguir despierto, si permaneces inmóvil, de un modo u otro también descansarás. Probablemente te adormecerás y despertarás varias veces, y conseguirás descansar más de lo que imaginas.
- Prueba el ruido blanco* para amortiguar los sonidos externos. Un buen ejemplo de ruido blanco es el sonido que emite

* N. del T.: El ruido blanco es un sonido siseante en el que se alcanzan todas las frecuencias auditivas en una potencia constante. Diversos estudios a nivel mundial indican

el televisor cuando no sintoniza ningún canal. Baja el volumen y programa el televisor para que se apague, por ejemplo, dentro de una hora.

- Evita asociar la cama con la imposibilidad de conciliar el sueño. Cuando no te puedas dormir, sal de la cama. Acuéstate de nuevo pasados unos minutos. Es posible que te sientas más dispuesto a dormir.
- Modera el ejercicio aeróbico por la tarde.
- No tomes café, Coca-Cola ni nada similar, té, chocolate ni otras sustancias que contengan cafeína siete horas antes de la hora en que sueles acostarte.
- No tomes bebidas alcohólicas tres horas antes de acostarte. Es posible que un vaso de vino por la noche te relaje, con lo que te sería más fácil conciliar el sueño, pero cuando el cuerpo abusa del alcohol, mermas la calidad de tu sueño.
- Duerme en una habitación bien ventilada, con una temperatura de entre 18 y 20 °C.
- Cada vez que, una vez dormido, te despiertes, relaja el cuerpo, con ello consigues un efecto reparador. Por ejemplo, tensa y relaja los principales grupos musculares. Imagina una nube de algodón que se mueve despacio por el cielo.
- Levántate entre las seis y las siete de la mañana. Dormir hasta más tarde aumenta el riesgo de depresión.
- Piensa en algo para combatir las cogniciones negativas. Cuenta hacia atrás desde cien de tres en tres. Recuerda algún hecho positivo para cada pensamiento negativo.
- Si normalmente te cuesta dormir porque piensas con angustia en los contratiempos y problemas del día que acaba, adopta una actitud de afrontamiento. Siempre que sea posible y razonable, resuelve los conflictos diarios a medida que surjan.

---

que es un tipo de sonido ideal para dormir profundamente, porque enmascara otros ruidos ambientales.

Si sabes o sospechas que tienes algún problema de salud que te afecta al sueño, acude al médico.

La comida sana

El ejercicio físico regular y mantener el peso adecuado reducen los riesgos cardíacos en un setenta y nueve por ciento (Völler, 2006). Si tienes sobrepeso, parece que adelgazar mejora sustancialmente la salud (Foreyt, 2005). Conviene subrayar una paradoja de la obesidad: puedes pesar lo que te corresponde pero tener excesiva grasa, lo cual puede afectar negativamente a las arterias coronarias (Chaikriangkrai *et al.*, 2014).

Actualmente, no existe ningún estudio definitivo sobre si el exceso de peso provoca ansiedad (porque eres consciente de tu propia imagen) o si la ansiedad provoca sobrepeso (comer para aliviarla). Sin embargo, las palabras clave son *a veces*. A veces ocurre una cosa y a veces otra. El estrés que supone el hecho de que el exceso de grasa sea la consecuencia o la causa de la ansiedad, es un factor de carga alostática.

La costumbre de comer mal o en exceso no cede fácilmente a la decisión de adoptar hábitos alimentarios saludables. Así ocurre en especial cuando te sientes angustiado y recurres a la comida para aliviar tal condición o si dejas de comer cuando tu aspecto te provoca ansiedad y estás obsesionado en perder peso.

Fijarte unos objetivos relativos a tu peso que te obliguen a esforzarte para conseguirlos puede ser un plan de acción más sensato que situarlos a un nivel que no te suponga ningún esfuerzo (De Vet *et al.*, 2013). Sin embargo, lo que marca la diferencia es el proceso de cómo introduces y mantienes cambios saludables en tu dieta. El plan de *dieta-sin-dieta* es un ejemplo de un objetivo que deberás esforzarte por alcanzar (Knaus, 2012). Con este plan, atiendes a la vez el proceso –qué haces para fortalecer tu cuerpo mediante una dieta saludable– y el resultado de reducir el exceso de grasa. Utilízalo si acumulas demasiada grasa o para ganar peso si estás demasiado flaco:

- Proponte conseguir un determinado peso, que te obligue a esforzarte pero que puedas alcanzar.
- Planifica el consumo diario de las calorías que necesites para alcanzar y mantener el peso deseado.
- Toma alimentos que te gusten en la debida proporción y con los nutrientes que requiere una dieta equilibrada.

Supongamos que eres una mujer que mide unos 165 centímetros, tiene cuarenta años y pesa unos 75 kilos, y quieres rebajar el peso hasta los 60 kilos para evitar futuros problemas de salud relacionados con el exceso de grasa. Haces un moderado ejercicio físico.

Con un ejercicio físico moderado, se necesitan unas 2.100 calorías para mantener tu peso en 75 kilos. Si quieres rebajar el peso a 60 kilos, necesitarías unas 1.919 calorías diarias. En Internet encontrarás multitud de calculadoras para averiguar las calorías diarias que necesitas para conseguir y mantener el peso que deseas dado tu nivel de ejercicio físico. Algunas calculadoras te darán un marco temporal en el que situar tu decisión de alcanzar tu objetivo. Como regla general, pierdes unos 500 gramos por cada 3.600 calorías menos que consumes o quemas con el ejercicio físico. Ganas unos 500 gramos por cada 3.600 calorías de más que consumas.

Si eres como la mayoría de las mujeres, no vas a ejercer un control estricto del proceso de no dieta. Piensa que tanto el proceso como el resultado van a ser variables, y no te desengañarás. Lo habitual es que haya que introducir ajustes. Si padeces alguna enfermedad, es posible que no puedas hacer un ejercicio físico moderado. No busques la perfección; en su lugar, esfuérzate por mejorar el proceso. Cuando hayas conseguido el peso deseado, habrás desarrollado unos hábitos alimentarios que se ajustarán a ese peso.

Sería difícil medir el valor calórico de cada alimento y luego contarlos todos los días. En su lugar, apréndete los alimentos que son ricos en calorías y aquellos que tienen mayor valor nutricional sin por ello tener más calorías. Podrías probar una técnica de sustitución en la que reemplaces un alimento rico en grasas por otro más nutritivo y con menos calorías. Por ejemplo, si consumes una galleta de chocolate rica en calorías al día, sustitúyela por algo más sano, como un trozo de chocolate negro.

Observa que no tienes que privarte del chocolate. De hecho, está demostrado que el cacao produce un efecto tranquilizador en personas que no padecen ansiedad, y los próximos estudios que se hagan se deberán ocupar en averiguar si los polifenoles del cacao pueden producir un efecto calmante en individuos con altos niveles de ansiedad (Pase *et al.*, 2013). En un estudio a pequeña escala, estudiantes de Enfermería que tomaban 50 gramos de chocolate negro al día decían que al cabo de tres días notaban que disminuían su ansiedad y su depresión (Lua y Wong, 2011).

Desarrollar patrones positivos de estilo de vida

Un tema fundamental que se repite a lo largo de este libro es cómo usar métodos cognitivos, de tolerancia emocional o conductuales para superar la ansiedad y los miedos parasitarios. En este proceso intervienen la inteligencia, el ingenio y la voluntad. Con el uso de estos seis procesos complementarios, puedes elaborar un plan para evitar que se repitan tu ansiedad y tus miedos. Reducir todos estos elementos negativos es positivo. Valga el siguiente ejemplo:

Un plan de mantenimiento preventivo

Factor de prevención	Inteligencia	Ingenio	Voluntad
Cognitivo	Reconoce el pensamiento detonante de ansiedad y miedo en cuanto asome la cabeza.	Mantén una perspectiva saludable mediante el reconocimiento y la puesta en duda de las incoherencias. Presta especial atención al razonamiento de problemas dobles.	No puedes ajustar la voluntad a tu antojo, pero sí crear condiciones para fortalecerla. Céntrate en tus principales incentivos para evitar que la ansiedad y los miedos se repitan.
Tolerancia emocional	Averigua los impulsos de impedir el malestar que van de la mano del pensamiento detonante de ansiedad. Si sientes la necesidad de desistir, ¿se te ocurre una forma mejor de gestionar tu pensamiento?	Busca formas adaptativas de aceptar el malestar. Elabora una imagen de afrontamiento positiva de ti mismo mientras gestionas el problema que deriva del desasosiego. Después incorpora la aceptación del desasosiego como parte de tu plan para traducir la imagen de afrontamiento en acción.	La voluntad de impedir el malestar puede ser fuerte. ¿A qué otros sentimientos puedes recurrir para sobrellevar el malestar, de modo que dejes de tenerle miedo? ¿Eres capaz de hacer frente a la fuerza que empuja a la voluntad a retirarte? ¿Puedes imaginarte enfrentándote directamente al miedo?

Factor de prevención	Inteligencia	Ingenio	Voluntad
Conductual	Determina qué comportamientos son consecuencia del pensamiento y las sensaciones de ansiedad. ¿Qué acciones puedes emprender para contrarrestarlos? Por ejemplo, en lugar de desistir por miedo a la derrota, reacciona con firmeza haciendo todo lo posible por vencer el miedo.	Emprende acciones creativas para reforzar la prevención secundaria. Sabrías componer un poema que elogiara los beneficios de la prevención que te puedan orientar en este camino? ¿Puedes dar un toque creativo a una lista de tareas de técnicas de mantenimiento preventivo?	Piensa en los beneficios que obtienes al afirmar tu voluntad de revisar y renovar técnicas conductuales para impedir que se repitan las reacciones de ansiedad-y-miedo. Tenlas firmemente presentes en tu mente.

EJERCICIO: TU PLAN DE MANTENIMIENTO PREVENTIVO

Elabora tu propio plan de mantenimiento preventivo, especificando los métodos cognitivos, de tolerancia emocional y conductuales que vayas a usar, además de tu inteligencia, ingenio y voluntad, para mantener tu ansiedad y tus miedos a raya. Luego, pon en práctica tu plan.

Factor de prevención	Inteligencia	Ingenio	Voluntad
Cognitivo			

Factor de prevención	Inteligencia	Ingenio	Voluntad
Tolerancia emocional			
Conductual			

La mayoría de las personas se pueden beneficiar de abordar dos áreas naturales. La primera es reducir los aspectos negativos de tu vida. La segunda es buscar experiencias positivas que te sirvan para avanzar. Una vez que hayas progresado en estos dos sentidos, sigue con tu plan de mantenimiento preventivo.

Un buen consejo: ocúpate de la ansiedad lo antes posible

La doctora Nancy Knaus, Máster en Administración Empresas, psicóloga y coautora de *Fearless Job Hunting* [Buscar empleo sin miedo], aporta su mejor consejo sobre la prevención de la ansiedad:

> Si percibes una ansiedad innecesaria que revolotea sobre algún aspecto de tu vida, toma medidas preventivas para impedir que esa ansiedad se afiance:
>
> 1. Ten presente qué es lo más importante de tu vida. Puede ser la familia. Puede ser conseguir algo que te apasiona. Impón lo que valoras a lo que temes.
> 2. Sepárate de los síntomas de la ansiedad. Eres una persona nerviosa que a veces sufre ansiedad y no quiere tener esta misma experiencia tan a menudo. Al no identificarte con tu ansiedad, tienes mayor libertad para alejarla de ti.
> 3. Pasa a la ofensiva. Da el paso más importante que puedas para avanzar contra la ansiedad que sientes. Si te cuesta motivarte para dar primero este paso, recuérdate que actúas contra la ansiedad para evitar que interfiera en lo que más quieres de la vida.

La autosuperación se reduce a esto: mantente enfocado en lo más importante de toda la imagen, es decir, en disfrutar de la vida. Mantén una perspectiva de autoobservación. Pon todo tu empeño en ver hasta dónde puedes llegar en beneficio de tus intereses. Aprovecha las oportunidades de poder contribuir al bienestar de los demás. Si sigues este proceso, no te limitarás a sobrevivir emocionalmente, sino que prosperarás.

INFORME SOBRE TU PROGRESO

Escribe lo que hayas aprendido de este capítulo y las acciones que piensas emprender. Después anota los resultados de estas acciones y lo que hayas conseguido.

¿Cuáles son las tres ideas fundamentales que has sacado de este capítulo?

1.

2.

3.

¿Cuáles son las tres principales acciones que puedes llevar a cabo para combatir una ansiedad o un miedo determinados?

1.

2.

3.

¿Cuáles fueron los resultados de esas acciones?

1.

2.

3.

¿Qué beneficios te ha reportado el hecho de actuar? ¿Qué harías de otro modo la próxima vez?

1.

2.

3.

Lecturas recomendadas

Anger Management: The Complete Treatment Guidebook for Practitioners (The Practical Therapist Series), por Howard Kassinove y Raymond Chip Tafrate. Atascadero, CA: Impact Publishers, 2002. (Trad. cast.: *El manejo de la agresividad: manual de tratamiento completo para profesionales [Monografía]*. Editorial Desclée De Brouwer, 2018).

The Beck Diet Solution Weight Loss Workbook: The Six-Week Plan to Train Your Brain to Think Like a Thin Person, por Judith S. Beck. Birmingham, AL: Oxmoor House, 2007.

Changeology: Five Steps to Realizing Your Goals and Resolutions, por John Norcross, Kristin Loberg y Jonathon Norcross. Nueva York: Simon and Schuster, 2012.

The Cognitive Behavioral Workbook for Depression, 2.ª ed., por William Knaus. Oakland, CA: New Harbinger Publications, 2012.

The Dutiful Worrier: How to Stop Compulsive Worry Without Feeling Guilty, por Elliot D. Cohen. Oakland, CA: New Harbinger Publications, 2011.

Fearless Job Hunting: Powerful Psychological Strategies for Getting the Job You Want, por William Knaus, Samuel Klarreich, Russell Grieger y Nancy Knaus. Oakland, CA: New Harbinger Publications, 2010.

Get Out of Your Mind and Into Your Life, por Steven C. Hayes, con Spencer Smith. Oakland, CA: New Harbinger Publications, 2005. (Trad. cast.: *Sal de tu mente, entra en tu vida. La nueva terapia de aceptación y compromiso*, Editorial Desclée de Brouver, 2021).

A Guide to Shameless Happiness, por Will Ross. Amazon Digital Services, Inc., 2012.

Healing, Volume 2: Reflections for Clergy, Chaplains and Counselors, por George Morelli. Fairfax, VA: Eastern Christian Publications, 2012.

Homer the Homely Hound Dog, por Edward García y Nina Pellegrini. Nueva York: Institute for Rational Emotive Therapy, 1974.

Preasure Proofing: How to Increase Personal Effectiveness on the Job and Anywhere Else for That Matter, por Samuel Klarreich. Nueva York: Routledge, 2007.

The Procrastination Workbook, por William Knaus. Oakland, CA: New Harbinger Publications, 2002.

Rational-Emotive and Cognitive-Behavior Therapy, vol. 10, n.º 1, por Russell Grieger y Paul Woods (eds.), Nueva York: Human Sciences Press, 1992. (Trad. cast.: *Manual de terapia racional emotiva*.Editorial: Desclé de Brouver, 2020).

Rational and Irrational Beliefs: Research, Theory, and Clinical Practice, por Daniel David, Steven Lynn y Albert Ellis (eds.). Nueva York: Oxford University Press, 2009.

The REBT Super-Activity Guide: 52 Weeks of REBT for Clients, Groups, Students, and YOU!, por Pamela D. Garcy. CreateSpace: Independent Publishing Platform, 2009.

Saving My Life: A Least Likely to Succeed Success Story, por Joel Block. Amazon Digital Services, Inc. 2011.

The Search for Fulfillment: Revolutionary New Research That Reveals the Secret to Long-term Happiness, por Susan Krauss Whitbourne. Nueva York: Ballantine Books, 2010.

The 60-Second Shrink: 101 Strategies for Staying Sane in a Crazy World, por Arnold A. Lazarus y Clifford N. Lazarus. San Luis Obispo, CA: Impact Publishers, 1997. (Trad. cast.: *Mantenerse cuerdo en un mundo de locos: más de cien consultas breves al terapeuta*, Editorial Mensajero, 2004).

Your Perfect Right: Assertiveness and Equality in Your Life and Relationships, 9.ª ed., por Robert Alberti y Michael Emmons. Atascadero, CA: Impact Publishers, 2008.

Referencias

Abraham, A. 2013. The World According to Me: Personal Relevance and the Medial Prefrontal Cortex. *Frontiers in Human Neuroscience* 7: 341. doi: 10.3389/fnhum.2013.00341.

Adler, A. 1927. *Understanding Human Nature*. Nueva York: Garden City Publishing.

Ainslie, G. 2005. Précis of Breakdown of Will. *Behavioral and Brain Sciences* 28(5): 635-650.

Alberti, R. y M. Emmons. 2008. *Your Perfect Right: Assertiveness and Equality in Your Life and Relationships*. 9.ª ed. Atascadero, CA: Impact Publishers. (Trad. cast.: *Con todo tu derecho: cómo proclamar nuestros propios derechos sin dejarnos manipular y sin manipular a los demás*, Ediciones Obelisco S.L., 2006).

Allen, L. B., K. S. White, D. H. Barlow, M. K. Shear, J. M. Gorman y S. W. Woods. 2010. Cognitive-Behavior Therapy (CBT) for Panic Disorder: Relationship of Anxiety and Depression Comorbidity with Treatment Outcome. *Journal of Psychopathology and Behavioral Assessment 32*(2): 185-192.

Allport, G. W. y H. S. Odbert. 1936. *Trait-Names: A Psycho-Lexical Study*. Albany, NY: Psychological Review Company.

Arnold, M. B. 1960. *Emotion and Personality*. Nueva York: Columbia University Press.

Ashbaugh, A., M. M. Antony, A. Liss, L. J. Summerfeldt, R. E. McCabe y R. P. Swinson. 2007. Changes in Perfectionism Following Cognitive-Behavioral Treatment for Social Phobia. *Depression and Anxiety 24*(3): 169-177.

Åsli, O. y M. A. Flaten. 2012. How Fast Is Fear? Automatic and Controlled Processing in Conditioned Fear. *Journal of Psychophysiology 26*(1): 20-28.

Averina, M., O. Nilssen, T. Brenn, J. Brox, V. L. Arkhipovsky y A. G. Kalinin. 2005. Social and Lifestyle Determinants of Depression, Anxiety, Sleeping Disorders and Self-Evaluated Quality of Life in Russia: A Population-Based Study in Arkhangelsk. *Social Psychiatry and Psychiatric Epidemiology 40*(7): 511-518.

Baillie, A. y C. Sannibale. 2007. Anxiety and Drug and Alcohol Problems. En *Clinical Handbook of Co-Existing Mental Health and Drug and Alcohol Problems*, de

A. Baker y R. Velleman (eds.). Nueva York: Routledge/Taylor and Francis Group.

Bandura, A. 1988. Self-Efficacy Conception of Anxiety. *Anxiety Research 1*(2): 77-98.

———. 1997. *Self-Efficacy: The Exercise of Control*. Nueva York: W.H. Freeman and Company.

———. 1999. Self-Efficacy: Toward a Unifying Theory of Behavioral Change. En *The Self in Social Psychology*, de R. F. Baumeister (ed.). Nueva York: Psychology Press.

Bar-Haim, Y., D. Lamy, L. Pergamin, M. J. Bakermans-Kranenburg y M. H. van Ijzendoorn. 2007. Threat-Related Attentional Bias in Anxious and Nonanxious Individuals: A MetaAnalytic Study. *Psychological Bulletin 133*(1): 1-24.

Barlow, D. H. 1988. *Anxiety and Its Disorders*. Nueva York: Guilford Press.

Barrett, L. F., E. Bliss-Moreau, S. L. Duncan, S. L. Rauch y C. I. Wright. 2007. The Amygdala and the Experience of Affect. *Social, Cognitive, and Affective Neuroscience 2*(2): 73-83.

Barton J., M. Griffin y J. Pretty. 2012. Exercise-, Nature- and Socially Interactive-Based Initiatives Improve Mood and Self-Esteem in the Clinical Population. *Perspectives in Public Health 132*(2): 89-96.

Barton J. y J. Pretty. 2010. What Is the Best Dose of Nature and Green Exercise for Improving Mental Health? A Multi-Study Analysis. *Environmental Science and Technology 44*(10): 3947-3955.

Bateson, M., B. Brilot y D. Nettle. 2011. Anxiety: An Evolutionary Approach. *Canadian Journal of Psychiatry* 56(12): 707-715.

Baumeister, H. y M. Härter. 2007. Prevalence of Mental Disorders Based on General Population Surveys. *Social Psychiatry and Psychiatric Epidemiology 42*(7): 537-546.

Beck, A. T. y D. J. Dozois. 2011, Cognitive Therapy: Current Status and Future Directions. *Annual Review of Medicine 62*: 397-409.

Beesdo, K., A. Bittner, D. S. Pine, M. B. Stein, M. Hofler, R. Lieb y H.-S. Wittchen. 2007. Incidence of Social Anxiety Disorder and the Consistent Risk for Secondary Depression In the First Three Decades of Life. *Archives of General Psychiatry 64*(8): 903-912.

Belleville, G., H. Cousineau, K. Levrier, M. E. St-Pierre-Delorme y A. Marchand. 2010. The Impact of Cognitive-Behavior Therapy for Anxiety Disorders on Concomitant Sleep Disturbances: A Meta-Analysis. *Journal of Anxiety Disorders 24*(4): 379-386.

Benight, C. C. y A. Bandura. 2004. Social Cognitive Theory of Posttraumatic Recovery: The Role of Perceived Self-Efficacy. *Behaviour Research and Therapy 42*(10): 1129-1148.

Berk, M. 2007. Should We Be Targeting Exercise as a Routine Mental Health Intervention? *Acta Neuropsychiatrica 19*(3): 217-218.

Berkowitz, R. L., J. D. Coplan, D. P. Reddy y J. M. Gorman. 2007. The Human Dimension: How the Prefrontal Cortex Modulates the Subcortical Fear Response. *Reviews in the Neurosciences 18*(3-4): 191-208.

Berman, M. G., J. Jonides y S. Kaplan. 2008. The Cognitive Benefits of Interacting with Nature. *Psychological Science 19*(12): 1207-1212.

Birrella, J., K. Meares, A. Wilkinson y M. Freeston. 2011. Toward a Definition of Intolerance of Uncertainty: A Review of Factor Analytical Studies of the Intolerance of Uncertainty Scale. *Clinical Psychology Review 31*(7): 1198-1208.

Bishop, S. R. 2007. What We Really Know About Mindfulness-Based Stress Reduction. En vol. 2 de *The Praeger Handbook on Stress and Coping*, de A. Monat, R. S. Lazarus y G. Reevy (eds.). Westport, CT: Praeger Publishers.

Blascovich, J., E. Vanman, W. B. Mendes y S. Dickerson. 2011. *Social Psychophysiology for Social and Personality Psychology*. Nueva York: Sage.

Boswell, J. F., T. J. Farchione, S. Sauer-Zavala, H. W. Murray, M. R. Fortune y D. H. Barlow. 2013. Anxiety Sensitivity and Interoceptive Exposure: A Transdiagnostic Construct and Change Strategy. *Behavior Therapy 44*(3): 417-431.

Brown, D. K., J. L. Barton y V. F. Gladwell. 2013. Viewing Nature Scenes Positively Affects Recovery of Autonomic Function Following Acute-Mental Stress. *Environmental Science and Technology 47*(11): 5562-5569.

Buhr, K. y M. J. Dugas. 2006. Investigating the Construct Validity of Intolerance of Uncertainty and Its Unique Relationship with Worry. *Journal of Anxiety Disorders 20*(2): 222-236.

Butler, A. C., J. E. Chapman, E. M. Forman y A. T. Beck. 2006. The Empirical Status of Cognitive-Behavioral Therapy: A Review of Meta-Analyses. *Clinical Psychology Review 26*(1): 17-31.

Butler, D. L., J. B. Mattingley, R. Cunnington y T. Suddendorf. 2013. Different Neural Processes Accompany Self-Recognition in Photographs Across the Lifespan: An ERP Study Using Dizygotic Twins. *PLoS One 8*(9): e72586. doi:10.1371/journal.pone.0072586. Collection 2013.

Bystritsky, A., L. Kerwin, N. Niv, J. L. Natoli, N. Abrahami, R. Klap, K. Wells y A. S. Young. 2010. Clinical and Subthreshold Panic Disorder. *Depression and Anxiety 27*(4): 381-389.

Cammin-Nowak, S., S. Helbig-Lang, T. Lang, A. T. Gloster, L. Fehm, A. L. Gerlach *et al.*, 2013. Specificity of Homework Compliance Effects on Treatment Outcome in CBT: Evidence from a Controlled Trial on Panic Disorder and Agoraphobia. *Journal of Clinical Psychology 69*(6): 616-629.

Campbell-Sills, L., C. D. Sherbourne, P. Roy-Byrne, M. G. Craske, G. Sullivan, A. Bystritsky, *et al.* 2012. Effects of Co-occurring Depression on Treatment for

Anxiety Disorders: Analysis of Outcomes from a Large Primary Care Effectiveness Trial. *The Journal of Clinical Psychiatry 73*(12): 1509-1516.

Carlson, J., R. E. Watts y M. Maniacci. 2006. *Adlerian Therapy: Theory and Practice.* Washington, D. C.: American Psychological Association.

Chaikriangkrai, K., M. Kassi, S. K. Bala, F. Nabi y S. M. Chang. 2014. Atherosclerosis Burden in Patients with Acute Chest Pain: Obesity Paradox. *ISRN Obesity* 2014: 634717. http://dx.doi. org/10.1155/2014/634717.

Clara, I. P., B. J. Cox y M. W. Enns. 2007. Assessing Self-Critical Perfectionism in Clinical Depression. *Journal of Personality Assessment 88*(3): 309-316.

Clauss, J. A. y J. U. Blackford. 2012. Behavioral Inhibition and Risk for Developing Social Anxiety Disorder: A Meta-Analytic Study. *Journal of the American Academy of Child and Adolescent Psychiatry 51*(10): 1066-1075.

Cody, M. W. y B. A. Teachman. 2011. Global and Local Evaluations of Public Speaking Performance in Social Anxiety. *Behavior Therapy 42*(4): 601-611.

Collerton, D. 2013. Psychotherapy and Brain Plasticity. *Frontiers in Psychology 4*: 548. http://www .ncbi.nlm.nih.gov/pmc/articles/PMC3764373/

Cooley, C. H. 1902. *Human Nature and the Social Order*. Nueva York: Charles Scribner's Sons.

Craig, A. 2009. How Do You Feel –Now? The Anterior Insula and Human Awareness. *Nature Reviews: Neuroscience 101*: 59-70.

Craske, M. G. 2012. Transdiagnostic Treatment for Anxiety and Depression. *Depression and Anxiety 29*(9): 749-753.

Crome, E., A. Baillie y A. Taylor. 2012. Are Male and Female Responses to Social Phobia Diagnostic Criteria Comparable? *International Journal of Methods in Psychiatric Research 21*(3): 222-231.

Cuijpers, P., M. Sijbrandij, S. Koole, M. Huibers, M. Berking y G. Andersson. 2014. Psychological Treatment of Generalized Anxiety Disorder: A Meta-Analysis. *Clinical Psychology Review 34*(2): 130-140.

Das, A. 2013. Anxiety Disorders in Bipolar I Mania: Prevalence, Effect on Illness Severity, and Treatment Implications. *Indian Journal of Psychological Medicine 35*(1): 53-59.

Davey, G. C. L., F. Eldridge, J. Drost y B. A. MacDonald. 2007. What Ends a Worry Bout? An Analysis of Changes in Mood and Stop Rule Use Across the Catastrophising Interview Task. *Behaviour Research and Therapy 45*(6): 1231-1243.

Davis, M. 1998. Are Different Parts of the Extended Amygdala Involved in Fear Versus Anxiety? *Biological Psychiatry 44*(12): 1239-1247.

De Vet, E., R. M. Nelissen, M. Zeelenberg y D. T. De Ridder, 2013. Ain't No Mountain High Enough? Setting High Weight Loss Goals Predict Effort and Short-Term Weight Loss. *Journal of Health Psychology 18*(5): 638-647.

Debiec, J. y J. E. LeDoux. 2009. The Amygdala and the Neural Pathways of Fear. En *Post-Traumatic Stress Disorder: Basic Science and Clinical Practice*, de P. J. Shiromani, T. M. Keane y J. E. LeDoux (eds.). Totowa, NJ: Humana Press.

Dollard, J. 1942. *Victory Over Fear*. Nueva York: Reynal and Hitchcock.

Dugas, M. J., P. Savard, A. Gaudet, J. Turcotte, N. Laugesen, M. Robichaud, K. Francis y N. Koerner. 2007. Can the Components of a Cognitive Model Predict the Severity of Generalized Anxiety Disorder? *Behavior Therapy 38*(2): 169-178.

Dunn, M. C. 1976. Landscape with Photographs: Testing the Preference Approach to Landscape Evaluation. *Journal of Environmental Management 4*: 15-26.

Dutton, D. 2003. Aesthetics and Evolutionary Psychology. En *The Oxford Handbook for Aesthetics*, de J. Levinson (ed.). Nueva York: Oxford University Press.

Eberth, J. y P. Sedlmeier. 2012. The Effects of Mindfulness Meditation: A Meta-Analysis. *Mindfulness 3*(3): 174-189.

Egan, S. J., J. P. Piek, M. J. Dyck y C. S. Rees. 2007. The Role of Dichotomous Thinking and Rigidity in Perfectionism. *Behaviour Research and Therapy 45*(8): 1813-1822.

Egan, S. J., T. D. Wade y R. Shafran. 2011. Perfectionism As a Transdiagnostic Process: A Clinical Review. *Clinical Psychology Review 31*(2): 203-212.

Ellis, A. 2000. *How to Control Your Anxiety Before It Controls You*. Nueva York: Citadel Press. (Trad. cast.: *Cómo controlar la ansiedad antes de que ella le controle a usted*, Ediciones Paidós Ibérica, 2001).

———. 2008. Rational Emotive Behavior Therapy. En *The Quick Theory Reference Guide: A Resource for Expert and Novice Mental Health Professionals*, de K. Jordan (ed.). Hauppauge, NY: Nova Science Publishers.

Ellis, A. y R. A. Harper. 1997. *A Guide to Rational Living*. 3.ª ed. North Hollywood, CA: Wilshire Book Company.

Emerson, R. W. 1870. *Society and Solitude*. Cambridge, MA: University Press: Welch Bigelow and Co.

Engels, A. S., W. Heller, A. Mohanty, J. D. Herrington, M. T. Banich, A. G. Webb y G. A. Miller. 2007. Specificity of Regional Brain Activity in Anxiety Types During Emotion Processing. *Psychophysiology 44*(3): 352-363.

Epicteto. 2004. *Discourses* (libros 1 y 2). Nueva York: Dover Publications.

Eppley, K. R., A. I. Abrams y J. Shear. 1989. Differential Effects of Relaxation Techniques on Trait Anxiety: A Meta-Analysis. *Journal of Clinical Psychology 45*(6): 957-974.

Evans, S., S. Ferrando, M. Findler, C. Stowell, C. Smart y D. Haglin. 2008. Mindfulness-Based Cognitive Therapy for Generalized Anxiety Disorder. *Journal of Anxiety Disorders 22*(4): 716-721.

Fairburn, C. G., Z. Cooper, H. A. Doll, M. E. O'Connor, K. Bohn, D. M. Hawker, J. A. Wales y R. L. Palmer. 2009. Transdiagnostic Cognitive-Behavioral Therapy for Patients with Eating Disorders: A Two-Site Trial with Sixty-Week Follow-Up. *The American Journal of Psychiatry 166*(3): 311-319.

Falk, J. H. y J. D. Balling. 2010. Evolutionary Influence on Human Landscape Preference. *Environment and Behavior 42*(4): 479-493.

Feltz, D. L. 1982. Path Analysis of the Causal Elements in Bandura's Theory of Self-Efficacy and an Anxiety-Based Model of Avoidance Behavior. *Journal of Personality and Social Psychology 42*(4): 764-781.

Fergus, T. A., D. P. Valentiner, P. B. McGrath, S. Gier-Lonsway y S. Jencius. 2013. The Cognitive Attentional Syndrome: Examining Relations with Mood and Anxiety Symptoms and Distinctiveness from Psychological Inflexibility in a Clinical Sample. *Psychiatry Research 210*(1): 215-219.

Foreyt, J. P. 2005. Need for Lifestyle Intervention: How to Begin. *American Journal of Cardiology 96*(4A): 11E-14E.

Furukawa, T. A., Y. Nakano, T. Funayama, S. Ogawa, T. Ietsugu, Y. Noda, J. Chen, N. Watanabe y T. Akechi. 2013. Cognitive-Behavioral Therapy Modifies the Naturalistic Course of Social Anxiety Disorder: Findings from an ABA Design Study in Routine Clinical Practices. *Psychiatry and Clinical Neurosciences 67*(3): 139-147.

Gadermann, A. M., J. Alonso, G. Vilagut, A. M. Zaslavsky y R. C. Kessler. 2012. Co-Morbidity and Disease Burden in the National Comorbidity Survey Replication (NCS-R). *Depression and Anxiety 29*(9): 797-806.

Galante, J., S. J. Iribarren y P. F. Pearce. 2013. Effects of Mindfulness-Based Cognitive Therapy on Mental Disorders: A Systematic Review and Meta-Analysis of Randomised Controlled Trials. *Journal of Research in Nursing 18*(2): 133-155.

Gallagher, M. W., K. Naragon-Gainey y T. A. Brown. 2014. Perceived Control Is a Transdiagnostic Predictor of Cognitive-Behavior Therapy Outcome for Anxiety Disorders. *Cognitive Therapy and Research 38*(1): 10-22.

Gallagher, M. W., L. A. Payne, K. S. White, K. M. Shear, S. W. Woods, J. M. Gorman, y D. H. Barlow. 2013. Mechanisms of Change in Cognitive Behavioral Therapy for Panic Disorder: The Unique Effects of Self-Efficacy and Anxiety Sensitivity. *Behaviour Research and Therapy 51*(11): 767-777.

Galvao-de Almeida, A., G. M. de Araujo Filho, A. A. Berberian, C. Trezsniak, F. Nery-Fernandes, C. A. Araujo Neto, A. P. Jackowski, A. Miranda-Scippa e I. R. de Oliveira. 2013. The Impacts of Cognitive-Behavioral Therapy on the Treatment of Phobic Disorders Measured by Functional Neuroimaging Techniques: A Systematic Review. *Revista Brasileira de Psiquiatria 35*(3): 279-283 (traducción al inglés).

Glei, D. A., N. Goldman, Y. Chuang y M. Weinstein. 2007. Do Chronic Stressors Lead to Physiological Disregulation? Testing the Theory of Allostatic Load. *Psychosomatic Medicine 69*(8): 769-776.

Gloster, A. T., C. Hauke, M. Höfler, F. Einsle, T. Fydrich, A. Hamm, A. Sthröhle y H. U. Wittchen. 2013. Long-Term Stability of Cognitive Behavioral Therapy Effects for Panic Disorder with Agoraphobia: A Two-Year Follow-Up Study. *Behaviour Research and Therapy 51*(12): 830-839.

Goldapple, K., Z. Segal, C. Garson, M. Lau, P. Bieling, S. Kennedy y H. Mayberg. 2004. Modulation of Cortical-Limbic Pathways in Major Depression: Treatment-Specific Effects of Cognitive Behavior Therapy. *Archives of General Psychiatry 61*(1): 34-41.

Golkar, A., M. Bellander y A. Öhman. 2013. Temporal Properties of Fear Extinction –Does Time Matter? *Behavioral Neuroscience 127*(1): 59-69.

Goossens, L., S. Sunaert, R. Peeters, E. J. Griez y K. R. Schruers. 2007. Amygdala Hyperfunction in Phobic Fear Normalizes After Exposure. *Biological Psychiatry 62*(10): 1119-1125.

Gorwood, P. 2004. Generalized Anxiety Disorder and Major Depressive Disorder Comorbidity: An Example of Genetic Pleiotropy? *European Psychiatry 19*(1): 27-33.

Green, S. M., M. M. Antony, R. E. McCabe y M. A. Watling. 2007. Frequency of Fainting, Vomiting and Incontinence in Panic Disorder: A Descriptive Study. *Clinical Psychology and Psychotherapy 14*(3): 189-197.

Gregory, R. J., S. S. Canning, T. W. Lee y J. C. Wise. 2004. Cognitive Bibliotherapy for Depression: A Meta-Analysis. *Professional Psychology: Research and Practice 35*(3): 275-280.

Ham, T. E., V. Bonnelle, P. Hellyer, S. Jilka, I. H. Robertson, R. Leech y D. J. Sharp. 2014. The Neural Basis of Impaired Self-Awareness After Traumatic Brain Injury. *Brain 137*(2): 586-597.

Hazlett-Stevens, H. y M. G. Craske. 2008. Breathing Retraining and Diaphragmatic Breathing Techniques. En *Cognitive Behavior Therapy: Applying Empirically Supported Techniques in Your Practice*, W. T. O'Donohue y J. E. Fisher (eds.), 2.ª ed., Hoboken, NJ: John Wiley and Sons.

Hirai, M. y G. A. Clum. 2006. A Meta-Analytic Study of Self-Help Interventions for Anxiety Problems. *Behavior Therapy 37*(2): 99-111.

Hofmann, S., A. Asnaani, I. J. J. Vonk, A. T. Sawyer y A. Fang. 2012. The Efficacy of Cognitive Behavioral Therapy: A Review of Meta-analyses. *Cognitive Therapy and Research 36*(5): 427-440.

Holden, G. 1992. The Relationship of Self-Efficacy Appraisals to Subsequent Health Related Outcomes: A Meta-Analysis. *Social Work in Health Care 16*(1): 53-93.

Holle, C. y R. Ingram. 2008. On the Psychological Hazards of Self-Criticism. En *Self-Criticism and Self-Enhancement: Theory, Research, and Clinical Implications*, de E. C. Chang (eds.), Washington, D. C.: American Psychological Association.

Hölzel, B. K., J. Carmody, M. Vangel, C. Congleton, S. M. Yerramsetti, T. Gard y S. W. Lazar. 2011. Mindfulness Practice Leads to Increases in Regional Brain Gray Matter Density. *Psychiatry Research: Neuroimaging 191*(1): 36-43.

Indovina, I., T. W. Robbins, A. O. Núñez-Elizalde, B. D. Dunn y S. J. Bishop. 2011. Fear Conditioning Mechanisms Associated with Trait Vulnerability to Anxiety in Humans. *Neuron 69*(3): 563-571.

Ingram, R. E., W. Ramel, D. Chavira y C. Scher. 2005. Social Anxiety and Depression. En *The Essential Handbook of Social Anxiety for Clinicians*, de W. R. Crozier y L. E. Alden (eds.), Nueva York: John Wiley and Sons.

Jebb, R. C. 1909. *The Rhetoric of Aristotle*. Reino Unido: Cambridge University Press.

Kabat-Zinn, J. 1990. *Full Catastrophe Living*. Nueva York: Delta Publishing.

———. 2003. Mindfulness-Based Interventions in Context: Past, Present, and Future. *Clinical Psychology: Science and Practice 10*(2): 144-156.

Katerndahl, D. A. y J. P. Realini. 1993. Lifetime Prevalence of Panic States. *The American Journal of Psychiatry 150*(2): 246-249.

Kelly, G. 1955. *The Psychology of Personal Constructs*. Nueva York: Norton.

Kertz, S. J., J. S. Bigda-Peyton, D. H. Rosmarin y T. Björgvinsson. 2012. The Importance of Worry Across Diagnostic Presentations: Prevalence, Severity and Associated Symptoms in a Partial Hospital Setting. *Journal of Anxiety Disorders 26*(1): 126-133.

Kessler, R. C., S. Avenevoli, E. J. Costello, K. Georgiades, J. G. Green, M. J. Gruber, J. P. He, D. Koretz, K. A. McLaughlin, M. Petukhova, N. A. Sampson, A. M. Zaslavsky y K. R. Merikangas. 2012. Prevalence, Persistence, and Sociodemographic Correlates of DSM-IV Disorders in the National Comorbidity Survey Replication Adolescent Supplement. *Archives of General Psychiatry 69*(4): 372-380.

Kessler, R. C., P. Berglund, O. Demler, R. Jin, K. R. Merikangas y E. E. Walters. 2005. Lifetime Prevalence and Age-of-Onset Distributions of DSM-IV Disorders in the National Comorbidity Survey Replication. *Archives of General Psychiatry 62*(6): 593-602.

Kessler, R. C., B. J. Cox, J. G. Green, J. Ormel, K. A. McLaughlin, K. R. Merikangas *et al.* 2011. The Effects of Latent Variables in the Development of Comorbidity Among Common Mental Disorders. *Depression and Anxiety 28*(1): 29-39.

Kessler, R. C., M. Petukhova, N. A. Sampson, A. M. Zaslavsky y H. U. Wittchen. 2012. Twelve-Month and Lifetime Prevalence and Lifetime Morbid Risk of

Anxiety and Mood Disorders in the United States. *International Journal of Methods in Psychiatric Research 21*(3): 169-184.

Khoury, B., T. Lecomte, G. Fortin, M. Masse, P. Therien, V. Bouchard, M. A. Chapleau, K. Paquin y S. G. Hofmann. 2013. Mindfulness-Based Therapy: A Comprehensive Meta-Analysis. *Clinical Psychology Review 33*(6): 763-767

Kircher, T., V. Arolt, A. Jansen, M. Pyka, I. Reinhardt, T. Kellermann *et al.* 2013. Effect of Cognitive-Behavioral Therapy on Neural Correlates of Fear Conditioning in Panic Disorder. *Biological Psychiatry 73*(1): 93-101.

Knaus, W. 1982. *How to Get Out of a Rut*. Englewood Cliffs, NJ: Prentice-Hall.

———. 1994. *Change Your Life Now*. Nueva York: John Wiley and Sons.

———. 2000. Take Charge Now. Nueva York: John Wiley and Sons.

———. 2012. *The Cognitive Behavioral Workbook for Depression*. 2.ª ed. Oakland, CA: New Harbinger Publications.

Kobayakawa, K., R. Kobayakawa, H. Matsumoto, Y. Oka, T. Imai, M Ikawa *et al.* 2007. Innate Versus Learned Odour Processing in the Mouse Olfactory Bulb. *Nature 450*(7169): 503-508.

Krause, L., P. G. Enticott, A. Zangen y P. B. Fitzgerald. 2012. The Role of Medial Prefrontal Cortex in Theory of Mind: A Deep rTMS Study. *Behavioural Brain Research 228*(1): 87-90.

Kravitz, D. J., C. S. Peng y C. I. Baker. 2011. Real-World Scene Representations in High-Level Visual Cortex: It's the Spaces More Than the Places. *Journal of Neuroscience 31*(20): 7322-7333.

Kuo, F. E. 2001. Coping with Poverty: Impacts of Environment and Attention in the Inner City. *Environment and Behavior 33*(1): 5-34.

Kweon, B. S., R. S. Ulrich, V. D. Walker y L. G. Tassinary. 2008. Anger and Stress: The Role of Landscape Posters in an Office Setting. *Environment and Behavior 40*(3): 355-381.

Lamers, F., P. van Oppen, H. C. Comijs, J. H. Smit, P. Spinhoven, A. J. van Balkom *et al.* 2011. Comorbidity Patterns of Anxiety and Depressive Disorders in a Large Cohort Study: The Netherlands Study of Depression and Anxiety (NESDA). *Journal of Clinical Psychiatry 72*(3): 341-348.

Lazarus, A. A. 1992. The Multimodal Approach to the Treatment of Minor Depression. *American Journal of Psychotherapy 46*(1): 50-57.

Lazarus, R. S. y B. N. Lazarus. 1994. *Passion and Reason: Making Sense of Our Emotions*. Nueva York: Oxford University Press.

Lebeau, R. T., C. D. Davies, N. C. Culver y M. G. Craske. 2013. Homework Compliance Counts in Cognitive-Behavioral Therapy. *Cognitive Behavior Therapy 42*(3): 171-179.

LeDoux, J. 2012. Rethinking the Emotional Brain. *Neuron 73*(4): 653-676.

Lee, J. K. y S. M. Orsillo. 2014. Investigating Cognitive Flexibility as a Potential Mechanism of Mindfulness in Generalized Anxiety Disorder. *Journal of Behavior Therapy and Experimental Psychiatry 45*(1): 208-216.

Leman, M., D. Moelants, M. Varewyck, F. Styns, L. van Noorden y J. P. Martens. 2013. Activating and Relaxing Music Entrains the Speed of Beat Synchronized Walking. *PLoS One* 8 (7): e67932. doi: 10.1371/journal.pone.0067932.

Lench, H. C., S. A. Flores y S. W. Bench. 2011. Discrete Emotions Predict Changes in Cognition, Judgment, Experience, Behavior, and Physiology: A Meta-Analysis of Experimental Emotion Elicitations. *Psychological Bulletin 137*(5): 834-855.

Leung, M. K., C. C. Chan, J. Yin, C. F. Lee, K. F. So y T. M. Lee. 2013. Increased Gray Matter Volume in the Right Angular and Posterior Parahippocampal Gyri in Loving-Kindness Meditators. *Social Cognitive and Affective Neuroscience 8*(1): 34-39. doi: 10.1093/scan/nss076.

Lewis, C., J. Pearce y J. I. Bisson. 2012. Efficacy, Cost-Effectiveness and Acceptability of Self-Help Interventions for Anxiety Disorders: Systematic Review. *The British Journal of Psychiatry 200*(1): 15-21.

Li, W., X. Mai y C. Liu. 2014. The Default Mode Network and Social Understanding of Others: What Do Brain Connectivity Studies Tell Us? *Frontiers in Human Neuroscience 8*: 74. doi: 10.3389/fnhum.2014.00074.

Lieberman, M. D., N. I. Eisenberger, M. J. Crockett, S. M. Tom, J. H. Pfeifer y B. M. Way. 2007. Putting Feelings into Words: Affect Labeling Disrupts Amygdala Activity in Response to Affective Stimuli. *Psychological Science 18*(5): 421-428.

Linares, I. M., C. Trzesniak, M. H. Chagas, J. E. Hallak, A. E. Nardi y J. A. Crippa. 2012. Neuroimaging in Specific Phobia Disorder: A Systematic Review of the Literature. *Revista Brasileira de Psiquiatria 34*(1): 101-111.

Low, A. 1950. *Mental Health Through Will Training*. Boston: Christopher Publishing House.

Lua, P. L. y S. Y. Wong. 2011. Can Dark Chocolate Alleviate Anxiety, Depressive and Stress Symptoms Among Trainee Nurses? A Parallel, Open-Label Study. *ASEANJournal of Psychiatry 12*(2): 157-168.

Lyubomirsky, S., L. King y E. Diener. 2005. The Benefits of Frequent Positive Affect: Does Happiness Lead to Success? *Psychological Bulletin 131*(6): 803-855.

Mahon, N. E., A. Yarcheski, T. J. Yarcheski y M. M. Hanks. 2007. Relations of Low Frustration Tolerance Beliefs with Stress, Depression, and Anxiety in Young Adolescents. *Psychological Reports 100*(1): 98-100.

Mahoney, A. E. y P. M. McEvoy. 2012. A Transdiagnostic Examination of Intolerance of Uncertainty Across Anxiety and Depressive Disorders. *Cognitive Behaviour Therapy 41*(3): 212-222.

Malyszczak, K., T. Pawlowski, A. Pyszel y A. Kiejna. 2006. Correlation Between Depressive and Anxiety Symptoms, Distress, and Functioning. *Psychiatria Pols*ka *40*(2): 269-277.

Mantar, A., B. Yemez y T. Alkin. 2011. Anxiety Sensitivity and Its Importance in Psychiatric Disorders. *Turkish Journal of Psychiatry 22*(3): 187-193.

Manzoni, G. M., F. Pagnini, G. Castelnuovo y E. Molinari. 2008. Relaxation Training for Anxiety: A Ten-Years Systematic Review with Meta-Analysis. *BMC Psychiatry 8*: 41. doi: 10.1186/1471-244X-8-4

Mauss, I. B., A. S. Troy y M. K. LeBourgeois. 2013. Poorer Sleep Quality Is Associated with Lower Emotion-Regulation Ability in a Laboratory Paradigm. *Cognition and Emotion 27*(3): 567-576.

McAndrew, F. T., S. Turner, A. C. Fiedeldey y Y. Sharma. 1998. A Cross-Cultural Ranking of the Pleasantness of Visual and Non-Visual Features of Outdoor Environments. Artículo presentado en el encuentro anual de la Human Behavior and Evolution Society, Davis, CA.

McEvoy, P. M., H. Watson, E. R. Watkins y P. Nathan. 2013. The Relationship Between Worry, Rumination, and Comorbidity: Evidence for Repetitive Negative Thinking as a Transdiagnostic Construct. *Journal of Affective Disorders 151*(1): 313-320.

McEwen, B. S. 1998. Protective and Damaging Effects of Stress Mediators. *New England Journal of Medicine 338*(3): 171-179.

———. 2006. Protective and Damaging Effects of Stress Mediators: Central Role of the Brain. *Dialogues in Clinical Neuroscience 8*(4): 367-381.

McEwen, B. S. y J. C. Wingfield. 2003. The Concept of Allostasis in Biology and Biomedicine. *Hormones and Behavior 43*(1): 2-15.

McLean, C. P., A. Asnaani, B. T. Litz y S. G. Hofmann. 2011. Gender Differences in Anxiety Disorders: Prevalence, Course of Illness, Comorbidity and Burden of Illness. *Journal of Psychiatric Research 45*(8): 1027-1035.

McMillan, K. A., G. J. Asmundson, M. J. Zvolensky y R. N. Carleton. 2012. Startle Response and Anxiety Sensitivity: Subcortical Indices of Physiologic Arousal and Fear Responding. *Emotion 12*(6): 1264-1272.

Morán, J. M., W. M. Kelley y T. F. Heatherton. 2013. What Can the Organization of the Brain's Default Mode Network Tell Us About Self-Knowledge? *Frontiers in Human Neuroscience* 7: 391. doi: 10.3389/fnhum.2013.00391.

Morin, A. y B. Hamper. 2012. Self-Reflection and the Inner Voice: Activation of the Left Inferior Frontal Gyrus During Perceptual and Conceptual Self-Referential Thinking. *Open Neuroimaging Journal 6*: 78-89. doi: 10.2174/1874440001206010078.

Nechvatal, J. M. y D. M Lyons. 2013. Coping Changes the Brain. *Frontiers in Behavioral Neuroscience* 7: 13. doi: 10.3389/fnbeh.2013.00013. Collection 2013.

Nelson, D. y C. Cooper. 2005. Stress and Health: A Positive Direction. *Stress and Health: Journal of the International Society for the Investigation of Stress 21*(2): 73-75.

Norton, P. J., S. A. Hayes y D. A. Hope. 2004. Effects of a Transdiagnostic Group Treatment for Anxiety on Secondary Depression. *Depression and Anxiety 20*(4): 198-202.

Ochsner, K. N. y J. J. Gross. 2008. Cognitive Emotion Regulation: Insights from Social Cognitive and Affective Neuroscience. *Current Directions in Psychological Science 17*(2): 153-158.

Olatunji, B. O., J. M. Cisler y B. J. Deacon. 2010. Efficacy of Cognitive Behavioral Therapy for Anxiety Disorders: A Review of Meta-Analytic Findings. *Psychiatric Clinics of North America 33*(3): 557-577.

Olatunji, B. O., K. Naragon-Gainey y K. B. Wolitzky-Taylor. 2013. Specificity of Rumination in Anxiety and Depression: A Multimodal Meta-Analysis. *Clinical Psychology: Science and Practice 20*(3): 225-257.

Olsson, A., K. I. Nearing y E. A. Phelps. 2007. Learning Fears by Observing Others: The Neural Systems of Social Fear Transmission. *Social Cognitive and Affective Neuroscience 2*(1): 3-11.

Öst, L. 2008. Cognitive Behavior Therapy for Anxiety Disorders: Forty Years of Progress. *Nordic Journal of Psychiatry 62* (supl. 47): 5-10.

Otte, C. 2011. Cognitive Behavioral Therapy in Anxiety Disorders: Current State of the Evidence. *Dialogues in Clinical Neuroscience 13*(4): 413-421.

Pané-Farré, C. A., K. Fenske, J. P. Stender, C. Meyer, U. John, H. J. Rumpf, U. Hapke y A. O. Hamm. 2013. Sub-Threshold Panic Attacks and Agoraphobic Avoidance Increase Comorbidity of Mental Disorders: Results from an Adult General Population Sample. *Journal of Anxiety Disorders 27*(5): 485-493.

Pase, M. P., A. B. Scholey, A. Pipingas, M. Kras, K. Nolidin, A. Gibbs, K. Wesnes y C. Stough. 2013. Cocoa Polyphenols Enhance Positive Mood States But Not Cognitive Performance: A Randomized, Placebo-Controlled Trial. *Journal of Psychopharmacology 27*(5): 451-458.

Pavlov, I. P. 1941. *Lectures on Conditioned Reflexes*. Vol. 2 de *Conditioned Reflexes and Psychiatry*, traducido y editado por W. H. Gantt. Londres: Lawrence and Wishart.

Pennebaker, J. W. y S. K. Beall. 1986. Confronting a Traumatic Event: Toward an Understanding of Inhibition and Disease. *Journal of Abnormal Psychology 95*(3): 274-281.

Penney, A. M., D. Mazmanian y C. Rudanycz. 2013. Comparing Positive and Negative Beliefs About Worry in Predicting Generalized Anxiety Disorder Symptoms. *Canadian Journal of Behavioural Science 45*(1): 34-41.

Perkins, A. M., A. Cooper, M. Abdelall, L. D. Smillie y P. J. Corr. 2010. Personality and Defensive Reactions: Fear, Trait Anxiety, and Threat Magnification. *Journal of Personality 78*(3): 1071-1090.

Perls, F. 1973. *The Gestalt Approach and Eye Witness to Therapy*. Palo Alto: Science and Behavior Books.

Perls, F., P. Goodman y R. Hefferline. 1951. *Gestalt Therapy: Excitement and Growth in the Human Personality*. Nueva York: Julian Press. (Trad. cast.: *Terapia Gestalt: excitación y crecimiento de la personalidad humana*, Ediciones de ka Sociedad de Cultura Valle-Inclán, 2002).

Perou, R., R. H. Bitsko, S. J. Blumberg, P. Pastor, R. M. Ghandour, J. C. Gfroerer *et al.* 2013. Mental Health Surveillance Among Children –United States, 2005-2011. *Morbidity and Mortality Weekly Report 62* (supl. 2): 1-35.

Philippot, P., N. Vrielynck y V. Muller. 2010. Cognitive Processing Specificity of Anxious Apprehension: Impact on Distress and Performance During Speech Exposure. *Behavior Therapy 41*(4): 575-586.

Piet, J., H. Würtzen y R. Zachariae. 2012. The Effect of Mindfulness-Based Therapy on Symptoms of Anxiety and Depression in Adult Cancer Patients and Survivors: A Systematic Review and Meta-Analysis. *Journal of Consulting and Clinical Psychology 80*(6): 1007-1020.

Popper, K. 1962. *Conjectures and Refutations: The Growth of Scientific Knowledge*. Nueva York: Basic Books.

Posner, M. I. y M. K. Rothbart. 2007. Research on Attention Networks as a Model for the Integration of Psychological Science. *Annual Review of Psychology 58*: 1-23.

Pothoulaki, M., R. MacDonald y P. Flowers. 2012. The Use of Music in Chronic Illness: Evidence and Arguments. En *Music, Health, and Wellbeing*, de R. A. R. MacDonald, G. Kreutz y L. Mitchell (eds.). Nueva York: Oxford University Press.

Querstret, D. y M. Cropley. 2013. Assessing Treatments Used to Reduce Rumination and/or Worry: A Systematic Review. *Clinical Psychology Review 33*(8): 996-1009.

Radhu N., Z. J. Daskalakis, C. L. Guglietti, F. Farzan, M. S. Barr, C. A. Arpin-Cribbie, P. B. Fitzgerald y P. Ritvo. 2011. Cognitive Behavioral Therapy-Related Increases in Cortical Inhibition in Problematic Perfectionists. *Brain Stimulation 5*(1): 44-54.

Rayburn, N. R. y M. W. Otto. 2003. Cognitive-Behavioral Therapy for Panic Disorder: A Review of Treatment Elements, Strategies, and Outcomes. *CNS Spectrum 8*(5): 356-362.

Redding, R. E., E. M. Forman, B. A. Gaudiano y J. D. Herbert. 2008. Popular Self-Help Books for Anxiety, Depression and Trauma: How Scientifically

Grounded and Useful Are They? *Professional Psychology: Research and Practice 39*(5): 537-545.

Reinecke, A., J. Hoyer, M. Rinck y E. S. Becker. 2013. Cognitive-Behavioural Therapy Reduces Unwanted Thought Intrusions in Generalized Anxiety Disorder. *Journal of Behavior Therapy and Experimental Psychiatry 44*(1): 1-6.

Reiss, S. y R. J. McNally. 1985. Expectancy Model of Fear. En *Theoretical Issues in Behavior Therapy*, de S. Reiss y R. R. Bootzin (eds.), Nueva York: Academic Press.

Reuther, E. T., T. E. Davis, B. M. Rudy, W. S. Jenkins, S. E. Whiting y A. C. May. 2013. Intolerance Of Uncertainty as the Mediator of the Relationship Between Perfectionism and Obsessive-Compulsive Symptom Severity. *Depression and Anxiety 30*(8): 773-777.

Richo, D. 2008. *Everyday Commitments: Choosing a Life of Love, Realism, and Acceptance*. Boston: Shambhala.

Riley, C., M. Lee, Z. Cooper, C. G. Fairburn y R. Shafran. 2007. A Randomized, Controlled Trial of Cognitive-Behaviour Therapy for Clinical Perfectionism: A Preliminary Study. *Behaviour Research and Therapy 45*(9): 2221-2231.

Rosellini, A. J., L. A. Rutter, M. L. Bourgeois, B. O. Emmert-Aronson y T. A. Brown. 2013. The Relevance of Age of Onset to the Psychopathology of Social Phobia. *Journal of Psychopathology and Behavioral Assessment 35*(3): 356-365.

Sabatinelli, D., E. E. Fortune, Q. Li, A. Siddiqui, C. Krafft, W. T. Oliver, S. Beck y J. Jeffries. 2011. Emotional Perception: Meta-Analyses of Face and Natural Scene Processing. *Neuroimage 54*(3): 2524-2533.

Saboonchi, F. y L. G. Lundh. 2003. Perfectionism, Anger, Somatic Health, and Positive Affect. *Personality and Individual Differences 35*(7): 1585-1599.

Salter, A. 1949. *Conditioned Reflex Therapy*. Nueva York: Creative Age Press.

Sánchez-Meca, J., A. I. Rosa-Alcázar, F. Marín-Martínez y A. Gómez-Conesa. 2010. Psychological Treatment of Panic Disorder with or Without Agoraphobia: A Meta-Analysis. *Clinical Psychology Review 30*(1): 37-50.

Sassaroli, S., L. J. R. Lauro, G. M. Ruggiero, M. C. Mauri, P. Vinai y R. Frost. 2008. Perfectionism in Depression, Obsessive-Compulsive Disorder and Eating Disorders. *Behaviour Research and Therapy 46*(6): 757-765.

Schachter, S. y J. Singer. 1962. Cognitive, Social, and Physiological Determinants of Emotional State. *Psychological Review 69*(5): 397-399.

Schweckendiek J., T. Klucken, C. J. Merz, K. Tabbert, B. Walter, W. Ambach, D. Vaitl, y R. Stark. 2011. Weaving the (Neuronal) Web: Fear Learning in Spider Phobia. *Neuroimage 54*(1): 681-688.

Scott, K. M., M. von Korff, J. Alonso, M. Angermeyer, E. J. Bromet, R. Bruffaerts *et al.* 2008. Age Patterns in the Prevalence of DSM-IV Depressive/Anxiety Disorders with and Without Physical Co-Morbidity. *Psychological Medicine 38*(11): 1659-1669.

Seery M. D., M. Weisbuch, M. A. Hetenyi y J. Blascovich. 2010. Cardiovascular Measures Independently Predict Performance in a University Course. *Psychophysiology 47*(3): 535-539.

Seih, Y. T., C. K. Chung y J. W. Pennebaker. 2011. Experimental Manipulations of Perspective Taking and Perspective Switching in Expressive Writing. *Cognition and Emotion 25*(5): 926-938.

Siev, J. y D. L. Chambless. 2007. Specificity of Treatment Effects: Cognitive Therapy and Relaxation for Generalized Anxiety and Panic Disorders. *Journal of Consulting and Clinical Psychology 75*(4): 513-522.

Spielberg, J. M., A. A. de León, K. Bredemeier, W. Heller, A. S. Engels, S. L. Warren, L. D. Crocker, B. P. Sutton y G. A. Miller. 2013. Anxiety Type Modulates Immediate Versus Delayed Engagement of Attention-Related Brain Regions. *Brain and Behavior 3*(5): 532-551.

Stamps, A. E. 1990. Use of Photographs to Simulate Environments: A Meta-Analysis. *Perceptual and Motor Skills 71*(3): 907-913.

———. 2008. Some Findings on Prospect and Refuge Theory: II. *Perceptual and Motor Skills 107*(1): 141-158.

———. 2010. Use of Static and Dynamic Media to Simulate Environments: A Meta-Analysis. *Perceptual and Motor Skills 111*(2): 355-364.

———. 2012. How Distance Mitigates Perceived Threat at 30-90 M. *Perceptual and Motor Skills 114* 3): 709-716.

Stockdale, B. 2011. Writing in Physical and Concomitant Mental Illness: Biological Underpinnings and Applications for Practice. En *Research on Writing Approaches in Mental Health. Studies in Writing*, de L. L'Abate y L. G. Sweeney (eds.). Bingley, Reino Unido: Emerald Group Publishing.

Thoma, M. V., R. la Marca, R. Brönnimann, L. Finkel, U. Ehlert y U. M. Nater. 2013. The Effect of Music on the Human Stress Response. *PLoS One 8*(8): e70156. doi: 10.1371/journal.pone.0070156.

Trappe, H. J. 2009. Music and Health –What Kind of Music Is Helpful for Whom? What Music not? *Deutsche Medizinische Wochenschrift 134*(51-52): 2601-2606 (artículo en alemán).

Ulrich, R. S 1977. Visual Landscape Preference: A Model and Application. *Man-Environment Systems* 7(5): 279-293.

van der Zwaag, M. D., C. Dijksterhuis, D. de Waard, B. L. Mulder, J. H. Westerink y K. A. Brookhuis. 2012. The Influence of Music on Mood and Performance While Driving. *Ergonomics 55*(1): 12-22.

van der Zwaag, M. D., J. H. Janssen, C. Nass, J. H. Westerink, S. Chowdhury y D. de Waard. 2013. Using Music to Change Mood While Driving. *Ergonomics 56*(10): 1504-1514.

van Emmerik, A. A., J. H. Kamphuis y P. M. Emmelkamp. 2008. Treating Acute Stress Disorder and Posttraumatic Stress Disorder with Cognitive Behavioral Therapy or Structured Writing Therapy: A Randomized Controlled Trial. *Psychotherapy and Psychosomatics* 77(2): 93-100.

Velarde, M. D., G. Fry y M. Tveit, 2007. Health Effects of Viewing Landscapes –Landscape Types in Environmental Psychology. *Urban Forestry and Urban Greening* 6(4): 199-212.

Völler, H. 2006. Significance of Changes in Habits Followed by Risk Reduction. *Clinical Research in Cardiology* 95 (supl. 6): V16-V11.

Von Clausewitz, C. 1982. *On War*. Nueva York: Penguin. (Trad. cast.: *De la guerra: versión íntegra*, La Esfera de los Libros, S.L., 2005).

Walther, D. B., E. Caddigan, L. Fei-Fei y D. M. Beck. 2009. Natural Scene Categories Revealed in Distributed Patterns of Activity in the Human Brain. *Journal of Neuroscience* 29(34): 10573-10581.

Watson, D. y Kendall, P. C. 1989. Understanding Anxiety and Depression: Their Relation to Negative and Positive Affective States. En *Anxiety and Depression: Distinctive and Overlapping Features*, de P. C. Kendall y D. Watson (eds.). San Diego, CA: Academic Press.

Weich, S., H. L. Pearce, P. Croft, S. Singh, I. Crome, J. Bashford y M. Frisher. 2014. Effect of Anxiolytic and Hypnotic Drug Prescriptions on Mortality Hazards: Retrospective Cohort Study. *British Medical Journal 348*: g1996. http://www.bmj.com/content/348/bmj.g1996.

Williams, T. 1974. *The Glass Menagerie*. Nueva York: New Directions.

Wolitzky-Taylor, K. B., N. Castriotta, E. J. Lenze, M. A. Stanley y M. G. Craske. 2010. Anxiety Disorders in Older Adults: A Comprehensive Review. *Depression and Anxiety* 27(2): 190-211.

Wolpe, Joseph. 1967. Clase impartida en la Temple University, Filadelfia, PA.

Xu, Y., F. Schneier, R. G. Heimberg, K. Princisvalle, M. R. Liebowitz, S. Wang y C. Blanco. 2012. Gender Differences in Social Anxiety Disorder: Results from the National Epidemiologic Sample on Alcohol and Related Conditions. *Journal of Anxiety Disorders* 26(1): 12-19.

Yang, C. M. y F. C. Hsiao. 2012. Management of Sleep Disorders –Cognitive Behavioral Therapy for Insomnia. Introducción de *Modern Sleep Technology*, de R. P. Chiang y S. Kang (eds.), Nueva York: Springer Science + Business Media.

Sobre el autor

WILLIAM J. KNAUS, doctor en Educación, es psicólogo titulado y cuenta con cuarenta años de experiencia clínica en el ámbito de la ansiedad y la depresión. Ha participado en numerosos programas de televisión, entre ellos *Today*, y en más de cien programas de radio. Sus ideas han aparecido en revistas como *U. S. News and World Report* y *Good Housekeeping*, así como en importantes periódicos como *The Washington Post* y *The Chicago Tribune*. Es uno de los primeros directores de la formación en terapia racional emotiva conductual (TREC). Ha publicado veinte libros, entre ellos varios manuales para combatir la ansiedad, la depresión y la procrastinación.

El autor del Prefacio, JOHN CARLSON, doctor en Psicología, doctor en Educación y miembro del American Board of Professional Psychology es profesor distinguido del Departamento de Psicología y asesor de la Governors State University, de Illinois.

Índice temático

D

E

F

G

H

I

J

K

L

M

V

W

Z